教育部高等学校科学研究发展中心
高等学校中国共产党革命精神与文化资源研究中心 组编

高校
红色文化资源育人
年度发展报告（2023）

罗方述 主编

北京大学出版社
PEKING UNIVERSITY PRESS

图书在版编目（CIP）数据

高校红色文化资源育人年度发展报告. 2023 / 罗方述主编. -- 北京：北京大学出版社，2025.6. -- ISBN 978-7-301-36389-8

Ⅰ. G641.2

中国国家版本馆 CIP 数据核字第 20254DA573 号

书　　　名	高校红色文化资源育人年度发展报告（2023） GAOXIAO HONGSE WENHUA ZIYUAN YUREN NIANDU FAZHAN BAOGAO（2023）
著作责任者	罗方述　主编
责 任 编 辑	张玮琪
标 准 书 号	ISBN 978-7-301-36389-8
出 版 发 行	北京大学出版社
地　　　址	北京市海淀区成府路 205 号　100871
网　　　址	http://www.pup.cn　新浪微博：@北京大学出版社
电 子 邮 箱	编辑部 zyjy@pup.cn　总编室 zpup@pup.cn
电　　　话	邮购部 010-62752015　发行部 010-62750672　编辑部 010-62754934
印 刷 者	天津裕同印刷有限公司
经 销 者	新华书店
	787 毫米×1092 毫米　16 开本　15.75 印张　352 千字 2025 年 6 月第 1 版　2025 年 6 月第 1 次印刷
定　　　价	148.00 元

未经许可，不得以任何方式复制或抄袭本书之部分或全部内容。
版权所有，侵权必究
举报电话：010-62752024　电子邮箱：fd@pup.cn
图书如有印装质量问题，请与出版部联系，电话：010-62756370

本书编委会

主　编　罗方述

副主编　刘红斌

编委会成员（姓氏笔画排序）

王　婧　吕延勤　李　冉　李佑新　邱小云

张泰城　张劲松　张　翔　高子伟　黄　晟

曾伯平　裴鸿卫

前　言

党的十八大以来，习近平总书记高度重视对红色资源的保护利用，反复强调要用好红色资源，传承好红色基因，把红色江山世世代代传下去。红色文化资源以可感知、可触摸的革命遗址和红色文物镌刻了中国共产党人的牺牲与奉献，既是开展理想信念教育的载体，也是补足精神之钙的"营养剂"。红色文化资源以丰富的革命精神和厚重的历史文化内涵蕴含了中国共产党人的情怀与担当，是涵养家国情怀、砥砺强国之志的"教科书"。红色文化资源以生动感人的红色故事诠释了中国共产党人的初心与使命，是锤炼党性修养、永葆政治本色的"清醒剂"。高校是人才培养的重要阵地，肩负着培养中国特色社会主义合格建设者和可靠接班人的重任，应充分发挥红色文化资源的资政育人功能，为大学生的全面成长成才提供有力支撑。大学生处在"拔节孕穗期"，将红色文化资源融入高校人才培养的各个环节，有利于培养大学生的理想信念，锤炼其良好品质，提升其思想境界，帮助其树立正确人生目标，使其努力成长为堪当民族复兴重任的时代新人。

2023年，各高校在红色文化资源融入课程教学、校园文化建设、社会实践活动等方面取得了诸多成效，形成了一系列可借鉴推广的经验和模式，为进一步提升高校育人质量、培养担当民族复兴大任的时代新人提供了有力支撑。因此，编写《高校红色文化资源育人年度发展报告（2023）》（以下简称《报告》）不仅是对过去工作的全面回顾和总结，而且是对未来工作的指导和引领。《报告》在继承往年优良传统的基础上，进行了一系列创新和拓展，特别强调了高校红色文化资源育人与"大思政课"建设的深度融合以及数字化赋能在高校红色文化资源育人中的重要作用。《报告》通过详细分析"大思政课"建设背景下红色文化资源育人的新路径、新机制和新模式，展示了红色文化资源在拓展思政课教学空间、提升思政课教学质量方面的独特价值。同时，《报告》深入探讨了数字化技术在红色文化资源挖掘、整合、传播和应用中的广泛应用和前景展望，为高校红色文化资源育人的现代化转型提供了有力支撑。此外，《报告》还客观分析了当前高校红色文化资源育人工作中存在的不足和问题，如育人内容和形式有待优化、育人队伍能力有待加强、育人路径和机制有待创新等,并针对这些问题提出了切实可行的建议和措施。这些分析和建议不仅有助于各高校更加清醒地认识自身工作中的短板和不足,也为未来工作的改进和提升指明了方向。

总之,《高校红色文化资源育人年度发展报告(2023)》在总结新进展、新成果和新经验的基础上,更加注重理论与实践的结合、历史与现实的呼应以及问题与对策的对接,力求为新时代高校红色文化资源育人工作提供全面、深入、系统的指导和参考。

编者
2024 年 12 月

目　录

第一章　党和政府高度重视红色文化育人　　1

第一节　习近平总书记关于弘扬红色文化、传承红色基因的重要论述……4
一、红色文化、红色基因是中国共产党带领人民百年奋斗形成的宝贵财富……4
二、红色文化、红色基因是迈向中国式现代化的精神动力……5
三、红色文化、红色基因是立德树人的宝贵财富……6

第二节　各部委推动高校红色文化资源育人的政策与措施……8
一、理论研究：厚实红色文化资源育人基础……8
二、课程资源：丰富红色文化资源育人体系……9
三、师资队伍：筑牢红色文化资源育人根基……11
四、"大思政课"：拓展红色文化资源的育人路径……13

第三节　地方政府推动红色文化资源育人的政策与措施……15
一、政策文件：强化红色文化资源的保护利用……15
二、学术研讨：汇集红色文化资源的育人智慧……17
三、帮扶结对：加强红色文化资源的协同育人……17
四、专项行动：发挥红色文化地方资源的育人特色……18
五、塑造精品：凸显红色文化资源的育人成效……21

第二章　高校红色文化资源育人取得新进展　　25

第一节　高校红色文化资源育人的研究动态……28
一、科研成果数量和质量实现稳步增长……28
二、基础研究领域扎实推进……32
三、新学科场域和新研究方法不断拓展……41

第二节　高校红色文化资源育人的实践创新……45
一、运用红色文化资源推动"大思政课"建设取得重要突破……45

二、依托数字化赋能红色文化资源育人取得新进展…………… 47
三、构建红色文化资源育人新平台实现一体化…………………… 48
四、统筹推进大中小一体化建设取得新成效…………………… 49

第三节　高校红色文化资源育人的成果展示……………………… **52**

一、躬耕教坛结硕果（教学成果奖）…………………………… 52
二、奋楫扬帆创佳绩（科研成果奖）…………………………… 56
三、砥砺奋进新征程（实践成果奖）…………………………… 58

第三章　高校红色文化资源育人与"大思政课"建设（一）　**61**

第一节　红色文化资源融入高校思政课程……………………… **64**

一、凝练高质量教学理念………………………………………… 64
二、丰富课程教学内容…………………………………………… 66
三、新技术赋能教学方法革新…………………………………… 71
四、深化课堂教学实践…………………………………………… 74

第二节　红色文化资源融入高校课程思政……………………… **82**

一、红色文化资源融入人文类专业主体课程…………………… 82
二、红色文化资源融入理工类专业精品课程…………………… 86
三、红色文化资源融入红色艺术类课程………………………… 90
四、红色文化资源融入体育类课程……………………………… 93

第四章　高校红色文化资源育人与"大思政课"建设（二）　**95**

第一节　红色文化资源助力高校师资队伍建设………………… **98**

一、有效发挥专兼职教师的作用………………………………… 98
二、有效发挥辅导员的作用……………………………………… 99
三、高度重视学生党员的作用…………………………………… 100

第二节　红色文化资源融入高校实践教学建设………………… **101**

一、积极宣讲党的创新理论……………………………………… 102
二、创办学术交流论坛…………………………………………… 103
三、推动课程建设数字化转型…………………………………… 104

第三节　红色文化资源融入大中小学思政课一体化建设 ·················· **106**
- 一、以红色课堂吸引学生 ················ 106
- 二、以红色足迹引领学生 ················ 107
- 三、以红色奋斗激励学生 ················ 108

第五章　数字化赋能高校红色文化资源育人的创新性发展　**109**

第一节　夯实数字化红色文化资源育人学术支撑 ·················· **112**
- 一、数字化赋能红色文化资源育人的理论建构 ················ 113
- 二、数字化赋能红色文化资源育人的功能价值 ················ 115
- 三、数字化赋能红色文化资源育人的现实困境 ················ 117
- 四、数字化赋能红色文化资源育人的路径 ················ 119

第二节　协同形成数字化红色文化资源育人合力 ·················· **123**
- 一、校内协同育人机制构建 ················ 123
- 二、校地协同育人机制构建 ················ 127
- 三、校际协同育人机制构建 ················ 130

第三节　探索构建红色文化资源数字化育人平台 ·················· **132**
- 一、红色数字资源平台 ················ 132
- 二、在线学习服务平台 ················ 134
- 三、虚拟交互体验平台 ················ 136
- 四、红色融媒体矩阵宣发平台 ················ 139

第六章　高校红色文化资源育人与校园文化建设　**141**

第一节　红色文化资源场馆建设 ·················· **144**
- 一、图书馆的建设及成效 ················ 144
- 二、特色场馆的建设及成效 ················ 145
- 三、共建场馆的建设及成效 ················ 147

第二节　红色校园景观建设 ·················· **149**
- 一、红色校园建筑景观 ················ 149
- 二、红色校园雕塑景观 ················ 150
- 三、红色校园人文景观 ················ 152

第三节　红色文化资源传播媒体建设 …………………………………… **155**
　　一、红色文化资源传播的传统媒体建设 ………………………………… **155**
　　二、红色文化资源传播的新媒体建设 …………………………………… **157**
　　三、红色文化资源的传播平台建设 ……………………………………… **158**

第四节　红色文化资源融入党团活动建设 ……………………………… **161**
　　一、红色文化资源在开展党课、团课中的运用 ………………………… **161**
　　二、引入社会红色文化资源，助力高校党团活动 ……………………… **163**
　　三、高校党团组织运用红色文化资源回馈社会思想政治教育 ………… **164**

第七章　高校红色文化资源育人的不足、建议与展望　　**167**

第一节　高校红色文化资源育人的内容和形式有待优化 ……………… **170**
　　一、教育内容要突出"大视野"，契合中华民族伟大复兴时代主题 …… **170**
　　二、教学理念要富有"大情怀"，切合高校立德树人根本任务 ………… **172**
　　三、教学形式要立足"大时代"，符合新时代中国的发展趋势 ………… **175**

第二节　高校红色文化资源育人队伍的能力有待加强 ………………… **177**
　　一、要抓好"大师资"，加强红色文化资源育人队伍建设 ……………… **177**
　　二、要用好"大思政"，推动红色文化资源育人队伍整合协同 ………… **180**

第三节　高校红色文化资源育人的路径和机制有待创新 ……………… **182**
　　一、探索多元有效的育人"大场域" ……………………………………… **182**
　　二、建立科学长效的育人"大机制" ……………………………………… **184**
　　三、构建协同高效的育人"大格局" ……………………………………… **185**

第四节　高校红色文化资源育人的展望 ………………………………… **188**
　　一、高校红色文化资源育人中的历史虚无主义批判不能缺位 ………… **188**
　　二、高校红色文化资源育人中的中国故事的国际传播值得重视 ……… **189**
　　三、高校红色文化资源育人可与高校学生党员发展有效衔接 ………… **190**

第八章　高校红色文化资源育人创新案例　　**193**

第一节　师资队伍建设篇 ………………………………………………… **196**
　　一、华中师范大学开展"校馆合作·协同育人"，打造"红色金课"大师资队伍 …… **196**

二、广西师范大学打造"五望"品牌和"1+1+10"导师制,为"大思政课"
　　保驾护航·················196
三、西南大学推进"四化同构"思政课教学改革,融通育人新合力·······197
四、渤海大学打造"经师"与"人师"相统一的新时代教师队伍·······198
五、内蒙古大学构建引育并举制度体系,建设高水平师资队伍········199
六、武汉轻工大学以"名师示范""明德讲坛""品味中国"推进学校师资建设·····200
七、浙江大学强化使命担当,持续开展"育人强师"专题培训········200
八、中国医科大学健全"全链条、贯通式"育人共同体,构建红医"大思政课"
　　育人格局·················201
九、齐鲁工业大学立足"人才强校"战略,引培并重,全面加强人才队伍建设·····201
十、广西民族大学以全周期"五强化"师德教育模式增强师资队伍战斗力·····202
十一、大连工业大学以学铸魂、以思促行,在"大实践"中打造高素质思政课
　　　教师队伍················202
十二、对外经济贸易大学以"三结合""六位一体"培训体系打造特色导师培训
　　　体系··················203
十三、成都理工大学以"三事一场五问七理"田野教学模式构建师资学习新体系···204
十四、中国人民大学构建具有人大特色的"先锋"社会实践体系·······205
十五、桂林电子科技大学重塑校园服务,引领"多位一体"智慧
　　　教育主体机制···············205
十六、西安交通大学构建教师教学发展体系,锻造"四有"好老师······206
十七、深圳大学将"良心活"变为"内心活",以文化引领实现教师心态转变····207

第二节　党团支部建设篇·················**208**

一、西北农林科技大学打造红色党课"讲学自助"工程,用红色资源做出
　　"风味菜"·················208
二、河北经贸大学打造以艺术党课为载体的红色文化浸润工程········209
三、中南林业科技大学坚持"红""绿"融合,"全方位"赋能驱动党团员实践
　　创新能力·················209
四、西安财经大学抓好"四个融入",用延安精神铸魂育人·········210
五、东北林业大学以鹤魂传承东林魂,用"鹤魂"精神开展党团员学习教育···210
六、遵义师范学院打造"一站式""红青"社区,助力培育新时代"红心"青年···210
七、北京语言大学跨界联学做示范、党支部共建促发展,激发党建新活力····211
八、中国农业大学开展"红色1+1"党建共建活动,首创全国学生党建工作
　　新模式··················212

九、广州中医药大学坚持杏林燕帽红，党建引领育人，打造"三全育人"品牌
项目 ………………………………………………………………………… 212

十、河北师范大学狠抓"固本强基"，重抓"凝心铸魂"，强抓"学习教育"，
探索"四工程"理论学习机制 …………………………………………… 213

十一、江西科技师范大学创建"红五星"党建品牌，构建"红五星"育人矩阵 …… 213

十二、海南大学开展联合阵地、多元融合，打造"青梨党建"红色育人品牌 …… 214

十三、中国传媒大学发挥传媒专业所长，打造"读研播讲"党建工作品牌 …… 215

十四、西安工程大学以"三心"工程为抓手，构建网格化公寓党建工作体系 …… 216

十五、大连海事大学探索打造"五航"红色文化党建育人品牌 ………………… 216

十六、嘉兴大学创建"2211"红色党建阵地，实现"党员之家"全覆盖 ……… 217

十七、广西工商职业技术学院探索"三融合"的党建工作模式——用实效擦亮
基层党建的底色 …………………………………………………………… 217

十八、河北地质大学开展"学思践悟铸忠诚，挺膺担当建新功"系列活动 …… 218

第三节 数字化建设篇 ……………………………………………………… 219

一、赣南师范大学创新打造"苏区红"数字资源库 激活"大思政课"新生态 …… 219

二、安徽师范大学"小课堂"联动"大课堂"，立足网络打造"智慧的思政课" …… 220

三、上海戏剧学院运用多媒体、融媒体，创造话剧新样式 …………………… 221

四、井冈山大学演绎出火与热的红色经典——大型音乐舞蹈史诗《井冈山》…… 222

五、北京理工大学科技加持、打造沉浸式数字舞台剧《大道更光》 …………… 223

六、中国科学技术大学围绕科学家精神打造《永怀初心》等系列微电影 …… 224

七、北京科技大学师生共同创作微电影《粉笔印》，上好行走的"大思政课" …… 225

八、大连交通大学通过录制"红色印记"接力宣讲短视频，培养又红又专的
"网络短视频制作专家" …………………………………………………… 227

九、海南大学打造理论宣讲抖音视频号"了不起的共产党" ………………… 228

十、重庆医科大学推出《向西而行》短视频等力作，传承西迁精神 ………… 229

附录 2023 年高校红色文化资源育人重要学术会议和主要研究成果 231

一、重要学术会议 ………………………………………………………………… 231

二、主要研究成果 ………………………………………………………………… 233

后记 239

第一章 党和政府高度重视红色文化育人

党的十八大以来，以习近平同志为核心的党中央高度重视红色文化育人工作。2013年8月和2018年8月召开的全国宣传思想工作会议，2016年12月召开的全国高校思想政治工作会议，2018年9月召开的全国教育大会和2019年3月召开的学校思想政治理论课教师座谈会等，习近平总书记出席会议并作重要讲话，对弘扬红色文化、传承红色基因作出重要指示。此外，习近平总书记在考察中国人民大学等高校和在全国各地红色纪念地瞻仰期间，也多次就弘扬红色文化、传承红色基因作出指示。为落实习近平总书记重要讲话精神，中央各有关部门、各省区市近年来围绕红色文化育人出台一系列具体政策措施，各高等学校立足自身特色大力实施红色文化育人，努力推动高校成为弘扬红色文化、传承红色基因的重要阵地。面对世界发展百年未有之大变局，面对数字经济时代的加速到来，红色文化育人面临着一系列新的形势和挑战，必须进一步按照习近平总书记系列论述的精神，牢牢把握机遇、积极面对挑战，推动高校红色文化育人工作在时代浪潮中把握时代的脉动，让红色基因代代传承，让红色江山永不变色。

红色文化是中国共产党百年奋斗历程的生动反映，红色基因是中国共产党人百年来代代相传的精神内核。习近平总书记高度重视红色基因的传承，党的十八大以来，围绕坚持和发展中国特色社会主义、立足实现中华民族伟大复兴的中国梦，就继承和弘扬红色基因发表了一系列重要论述，对传承好红色基因作出了明确要求。他指出，要把红色基因传承好，"让信仰之火熊熊不息，让红色基因融入血脉，让红色精神激发力量"。本章系统梳理近年来的重要论述，对于进一步深刻理解为什么要弘扬红色文化、传承红色基因和怎样弘扬红色文化、传承红色基因有着重要的理论和实践指导意义，同时也是指导高校开展红色文化育人活动的最新行动指南。

第一节　习近平总书记关于弘扬红色文化、传承红色基因的重要论述

一、红色文化、红色基因是中国共产党带领人民百年奋斗形成的宝贵财富

100多年来，中国共产党从一个只有50余名党员的小党成长为具有重大全球影响力的世界第一大执政党。我们党之所以历经百年而风华正茂、饱经磨难而生生不息，就是凭着那么一股革命加拼命的强大精神。一切伟大成就都是接续奋斗的结果，一切伟大事业都需要在继往开来中推进。伟大的奋斗历程必然形成伟大的精神，这种精神外在体现为红色文化与红色基因。2021年6月25日，在十九届中共中央政治局第三十一次集体学习时，习近平总书记指出："红色是中国共产党、中华人民共和国最鲜亮的底色，在我国960多万平方公里的广袤大地上红色资源星罗棋布，在我们党团结带领中国人民进行百年奋斗的伟大历程中红色血脉代代相传。每一个历史事件、每一位革命英雄、每一种革命精神、每一件革命文物，都代表着我们党走过的光辉历程、取得的重大成就，展现了我们党的梦想和追求、情怀和担当、牺牲和奉献，汇聚成我们党的红色血脉。""红色血脉是中国共产党政治本色的集中体现，是新时代中国共产党人的精神力量源泉。"[①]红色文化与红色基因是中国共产党历经百年所积累的精神财富，是无数中国共产党人浴血牺牲所形成的精神财富，也是广大人民群众紧跟中国共产党奋斗的历史真实写照。它们记载了中国共产党的历史，寄托了中国共产党人的情感，承载了中国人民的精神世界，时时刻刻提醒着一代代中国共产党人勿忘来路、勿忘前人、不负人民。2021年2月20日，习近平总书记在党史学习教育动员大会上指出："大家想一想，在我国这样一个14亿人口的国家实现社会主义现代化，这是多么伟大、多么不易！要教育引导全党大力发扬红色传统、传承红色基因，赓续共产党人精神血脉，始终保持革命者的大无畏奋斗精神，鼓起迈进新征程、奋进新时代的精气神。"[②]习近平

---

① 习近平：《习近平在中共中央政治局第三十一次集体学习时强调　用好红色资源赓续红色血脉　努力创造无愧于历史和人民的新业绩》，《人民日报》2021年6月27日，第1版。
② 习近平：《在党史学习教育动员大会上的讲话》，《求是》2021年第7期。

总书记如此饱含深情的论述，生动反映了红色文化、红色基因所具有的强大文化感召力和历史穿透力。忘记历史就意味着背叛，因此，在任何时候，我们都必须大力弘扬红色文化、传承红色基因，唯有如此，方能让全党和全社会永远铭记中国共产党的浴血奋斗史。

二、红色文化、红色基因是迈向中国式现代化的精神动力

中国共产党通过弘扬红色文化、传承红色基因夺取了中国革命、建设和改革的胜利，新时代要夺取中国特色社会主义新胜利，同样要依靠弘扬红色文化、传承红色基因，将其转化为强大的精神动力，形成全党和全国人民在前进道路上的奋斗信心和战胜一切困难的坚强决心。

一是要把红色文化、红色基因作为前行的动力。中国式现代化绝不是轻轻松松就可以实现的。按照新时代全面建成社会主义现代化强国"两步走"的战略安排，实现中国式现代化，要经过两个15年的时间阶段。时间紧、任务重，这就需要中国共产党带领中国人民撸起袖子加油干。任何坐等思想、空谈态度、自满情绪都会耽误这一伟大历史进程。2022年10月27日，习近平总书记在瞻仰延安革命纪念地时指出："我在延安地区生活劳动了7年，我的父辈也是从这里走出去的，我对这里十分熟悉。当年在陕北插队的时候，每次路过延安，我都要来七大会址、杨家岭、枣园、凤凰山等革命旧址看一看。到中央工作后，先后3次来延安考察调研。这次和中央政治局常委同志一起来，就是要宣示新一届中央领导集体将继承和发扬延安时期党形成的优良革命传统和作风，弘扬延安精神。"①

二是要把红色文化、红色基因作为实现中国式现代化道路上战胜一切困难的精神支柱。中国式现代化是有别于西方式现代化的人类崭新文明道路，既等不来，也抄不来，更要不来。当今世界地缘政治格局剧烈调整，中国特色社会主义道路既面临各种新变化的挑战，也面临一些西方国家的疯狂打压，中国式现代化不可能一蹴而就，也不可能一劳永逸。严峻的挑战不可避免，那么该如何应对？习近平总书记指出："我们对实现下一个百年奋斗目标、实现中华民族伟大复兴就应该抱有这样的必胜信念。困难再大，想想红军长征，想想湘江血战。"②

---

① 《弘扬伟大建党精神和延安精神　为实现党的二十大提出的目标任务而团结奋斗》，《人民日报》2022年10月28日，第1版。
② 张晓松，朱基钗，杜尚泽：《"加油、努力，再长征！"——习近平总书记考察广西纪实》，《人民日报》2021年4月29日，第1版。

三是要把红色文化、红色基因转化为中国式现代化前行道路中的智慧力量。红色文化、红色基因生成于中国共产党的奋斗历程，其中蕴含了中国共产党在各种复杂环境中战胜苦难的智慧。中国式现代化的前行过程，恰逢世界面临百年未有之大变局，世界发展局势、国内发展环境都正在发生急剧变革，这就要求中国式现代化的前行之路不能简单地因循守旧、照搬照抄，而必须在实事求是的基础上，不断推动改革，这就需要不断汲取历史的智慧。而红色文化、红色基因中蕴藏着无穷智慧。正如习近平总书记2021年2月在贵州考察时指出的："遵义会议的鲜明特点是坚持真理、修正错误，确立党中央的正确领导，创造性地制定和实施符合中国革命特点的战略策略。这在今天仍然具有十分重要的意义。"[①]

三、红色文化、红色基因是立德树人的宝贵财富

红色文化是立德树人、教育广大青少年的宝贵财富。红色文化、红色基因能够让广大青少年懂得中国人民是如何通过浴血奋斗，一步步从苦难走向辉煌的，使其更加珍惜今天的幸福生活。红色文化、红色基因也能够让广大青少年懂得中国共产党是如何在艰难困苦的环境中、在白色恐怖的威胁中寻找真理、坚持真理，并带领人民为真理而奋斗的，让广大青少年更加坚定跟党走的决心。红色文化、红色基因更加能够让广大青少年懂得成就是在奋斗中获得的，胜利是在斗争中取得的，让广大青少年树立奋斗意识、斗争精神。习近平总书记高度重视红色文化、红色基因对于立德树人的重要作用，并对此作出一系列重要论述。

一是要立足红色基因办好学校，落实立德树人根本任务。2022年4月25日，习近平总书记在考察中国人民大学时强调："'为谁培养人、培养什么人、怎样培养人'始终是教育的根本问题。要坚持党的领导，坚持马克思主义指导地位，坚持为党和人民事业服务，落实立德树人根本任务，传承红色基因，扎根中国大地办大学，走出一条建设中国特色、世界一流大学的新路。"[②] 2024年3月18日，习近平总书记在考察湖南第一师范学院时再次强调："一师是开展爱国主义教育、传承红色基因的好地方，要把这一红色资源保护运用好。学校要立德树人，教师要当好大先生，不仅要注重提高学生知识文化素养，更要上

[①] 习近平：《用好红色资源，传承好红色基因，把红色江山世世代代传下去》，《求是》2021年第10期。

[②] 《习近平在中国人民大学考察时强调 坚持党的领导传承红色基因扎根中国大地 走出一条建设中国特色世界一流大学新路》，《人民日报》2022年4月26日，第1版。

好思政课，教育引导学生明德知耻，树牢社会主义核心价值观，立报国强国大志向，努力成为堪当强国建设、民族复兴大任的栋梁之材。"①

二是学校要立足自身红色传统，培养时代青年。2023年5月31日，习近平总书记来到北京育英学校看望慰问师生，指出："育英学校具有光荣的革命传统和鲜明的红色基因。要加强革命传统教育，让每一位育英学校的学生牢记学校的光荣历史，铭记党的关怀，赓续红色传统，传承红色基因，从小听党话、跟党走，立志为党成才、为国奉献。"② 2022年4月25日，习近平总书记在考察中国人民大学时强调："要加强校史资料的挖掘、整理和研究，讲好中国共产党的故事，讲好党创办人民大学的故事，激励广大师生继承优良传统，赓续红色血脉。"③

---

① 《习近平在湖南考察时强调　坚持改革创新求真务实　奋力谱写中国式现代化湖南篇章》，《人民日报》2024年3月22日，第1版。
② 《习近平在北京育英学校考察时强调　争当德智体美劳全面发展的新时代好儿童》，《人民日报》2023年6月1日，第1版。
③ 《习近平在中国人民大学考察时强调　坚持党的领导传承红色基因扎根中国大地　走出一条建设中国特色世界一流大学新路》，《人民日报》2022年4月26日，第1版。

第二节　各部委推动高校红色文化资源育人的政策与措施

党的十八大以来，以习近平同志为核心的党中央高度重视对红色资源的利用，明确强调要"弘扬以伟大建党精神为源头的中国共产党人精神谱系，用好红色资源，深入开展社会主义核心价值观宣传教育，深化爱国主义、集体主义、社会主义教育，着力培养担当民族复兴大任的时代新人"[①]。各部委深入贯彻、落实以习近平同志为核心的党中央关于红色文化资源育人重要论述的精神，在红色文化资源研究、课程建设、师资队伍建设、活动开展等方面采取了一系列政策与措施，推动高校红色文化资源育人工作的开展，为贯彻落实党中央的精神与切实推动高校红色文化资源育人提供了理论指引、政策支持和实践指导。

一、理论研究：厚实红色文化资源育人基础

自 2013 年教育部、中共中央党史研究室联合设立"高等学校中国共产党革命精神与文化资源研究中心"以来，教育部社会科学司每年发布年度"高等学校中国共产党革命精神与文化资源研究中心"重大项目，推动"中国共产党革命精神与文化资源研究中心"开展对红色文化资源的重点研究工作，旨在发挥高校优势，整合各方面力量，推动实质性合作和协同创新，形成党史、革命精神和文化资源的研究联盟，建设党史和革命精神研究的高地、革命传统教育宣传的阵地和红色文化资源开发利用的智库，为学习研究宣传好中国共产党的历史和革命文化，挖掘中国共产党丰富的革命文化资源，促进革命文化的传承创新，推进中国特色社会主义现代化文化强国建设发挥积极作用。

同时，2022 年度国家社科基金高校思想政治理论课研究专项立项 172 项，直接和红色文化育人资源相关的就有 20 多项，如西南大学的《中国共产党人精神谱系融入大中小学思政课教学一体化研究》、大连理工大学的《伟大建党精神融入高校思想政治理论课融

---

① 习近平:《高举中国特色社会主义伟大旗帜　为全面建设社会主义现代化国家而团结奋斗——在中国共产党第二十次全国代表大会上的报告》，载《党的二十大报告辅导读本》，人民出版社，2022，第 39—40 页。

媒体案例教学研究》、湖南第一师范学院的《"大思政课"内容创新视角下红色资源挖掘、整理及征编研究》等，其他与红色文化相关联的思政专项更多。

2023年度高校思想政治理论课教师研究专项一般项目206项，上海大学的《上海红色资源融入"习近平新时代中国特色社会主义思想概论"课的有效路径研究》《数字化红色文化资源融入高校思政课的体验式教学模式研究》、北京工业大学的《大中小学思政课一体化视域下地方红色文化资源库建设路径研究》、辽宁大学的《东北高校红色校史融入思政课教学研究》、安阳师范学院的《红旗渠精神融入高校思政课教学研究》等十几项直接和红色文化育人资源相关，充分体现了党和政府对红色文化资源研究的高度重视。

二、课程资源：丰富红色文化资源育人体系

尺寸课本，国之大事。教材具有鲜明的政治属性，是关涉国家未来的大事，在培养担当民族复兴大任的时代新人的过程中肩负着举足轻重的历史使命。

党的十八大以来，以习近平同志为核心的党中央高度重视教材工作，从治国理政的战略高度，强调教材建设体现国家意志，是国家事权。教材编写必须始终坚持马克思主义指导地位，充分体现马克思主义中国化时代化要求，体现中国和中华民族风格，体现党和国家对教育的基本要求，体现国家和民族基本价值观，体现人类文化知识积累和创新成果。教材研究要从我国教材建设的实际出发，坚定文化自信，探索中华优秀传统文化、中国实践所独有的规律，提炼形成新概念、新范畴、新表述，探索构建具有中国特色、中国风格和中国智慧的教材话语体系，助力打造原创性、高水平精品教材，使教材既能传播知识、传播思想、传播真理，又能塑造灵魂、塑造生命、塑造新人。

早在2021年，国家教材委员会出台《"党的领导"相关内容进大中小学课程教材指南》，提出"党的领导"相关内容进教材，在大学课程教材安排方面，以思想政治理论课和政治学类课程教材为主，法学类、历史学类课程教材有重点地体现，哲学社会科学其他课程教材和理工农医类、军事类课程教材全覆盖。比如对于思想政治理论课教材，该指南提出集中阐释坚持和加强中国共产党领导的基本理论，特别是习近平总书记关于坚持党的全面领导的重要论述，深入阐述中国共产党领导人民进行革命、建设、改革所取得的历史性成就，重点阐释中国共产党弘扬伟大建党精神，在长期奋斗中形成的精神谱系和政治品格，帮助学生深刻理解中国共产党领导的必然性和重要性，深刻认识中国共产党永远是中国人民和中华民族的主心骨，坚定在中国共产党领导下走中国特色社会主义道路的信心和决心；再如对于历史学类课程教材，该指南提出运用唯物史观，从大历史的角度，深刻阐

明中国共产党成立100多年来，领导中国人民从站起来、富起来到强起来的伟大历程、巨大贡献和宝贵经验，帮助学生深刻领会中国共产党领导的历史必然性，不断深化对共产党执政规律、社会主义建设规律、人类社会发展规律的认识，引导学生学史明理、学史增信、学史崇德、学史力行。

如图1-1所示，2023年年初，中宣部、教育部组织修订的高校思想政治理论课教材《马克思主义基本原理（2023年版）》《毛泽东思想和中国特色社会主义理论体系概论（2023年版）》《中国近现代史纲要（2023年版）》《思想道德与法治（2023年版）》出版；2023年8月，《习近平新时代中国特色社会主义思想概论》统编教材出版。这些教材都不同程度地写入了红色文化资源的内容，彰显了党和政府对红色文化育人资源的高度重视。

图1-1 高校思想政治理论课教材

2023年11月，教育部办公厅出台《"十四五"普通高等教育本科国家级规划教材建设实施方案》，在基本原则中强调教材建设要坚持价值引领，深入推进习近平新时代中国特色社会主义思想进教材，心怀"国之大者"，坚持为党育人、为国育才，坚持理论联系实际，强化教材育人理念，为培养担当中华民族伟大复兴大任的时代新人提供坚实支持；

在重点任务中强调要深入推进新时代党的创新理论进教材，要求全面、准确、系统体现习近平新时代中国特色社会主义思想和党的二十大精神内涵。教材作为中华优秀传统文化传承的重要载体，以及国家和民族价值体系传播的主要媒介，必须坚定文化自信。要将中华优秀传统文化、革命文化和社会主义先进文化有机融入教材，培育时代新人。

课程是建设教育强国的重要基石，是人才培养的核心要素，课程质量直接决定人才培养质量。我国高度重视课程建设，2019年教育部印发《关于一流本科课程建设的实施意见》，以提升课程的高阶性、突出创新性和增加挑战度（"两性一度"）为根本抓手，着力打造"金课"，淘汰"水课"，全面提高人才自主培养质量。思政课是落实立德树人根本任务的关键课程，是高校红色文化资源的重要载体，第二批国家级一流本科课程中有150多门思政课，直接与红色文化相关的有20多门，如"红船精神与时代价值""红色经典导论""红色记忆与国家认同""东北抗联精神""周恩来精神概论""红旗渠精神育人社会实践"等国家级一流课程，充分体现了党和政府对红色文化资源在课程建设上的高度重视。

三、师资队伍：筑牢红色文化资源育人根基

习近平总书记在主持召开学校思想政治理论课教师座谈会时强调："办好思想政治理论课关键在教师，关键在发挥教师的积极性、主动性、创造性。思政课教师，要给学生心灵埋下真善美的种子，引导学生扣好人生第一粒扣子。"党和政府在推动红色文化资源育人中抓住了关键要素，着力打造一支政治强、情怀深、思维新、视野广、自律严、人格正的师资队伍，培养一支研究红色文化、传播红色文化、践行红色文化的可靠队伍推动红色文化资源育人。

2019年，教育部出台了《普通高等学校思想政治理论课教师队伍培养规划（2019—2023年）》（以下简称《规划》），提出通过专题理论轮训计划、示范培训计划、项目资助计划等多种途径和措施，配齐建强思政课教师队伍，如图1-2所示。

在专题理论轮训计划中，开设"周末理论大讲堂"组织马克思主义经典著作专题培训；开展学习贯彻习近平新时代中国特色社会主义思想专题培训；组织开展"习近平新时代中国特色社会主义思想的生动实践"专题实践研修，每年组织400名教师赴"教育部高校思想政治理论课教师研修基地"进行专题研修；设立一批"新时代高校思政课教师研学基地"，各地各高校5年内组织思政课教师每人至少参加一次实践研学。

在示范培训计划中，实施思政课教师队伍后备人才培养专项支持计划，推动马克思主义理论本、硕、博一体化人才培养；实施思政课教师在职攻读博士项目和骨干教师研修项目，每年遴选若干名高校思政课拔尖教师，以公派访问学者身份赴国外进行6至12个月

访学研修。此外，还有思政课教师省校协作培训项目、思政课教师校际协作项目等。

在项目资助计划中，深入实施全国高校思政课教学科研团队"择优支持"项目、全国高校"思政课教师名师工作室"项目、全国高校优秀中青年思政课教师"择优资助"项目、全国高校思政课教学方法改革"择优推广"项目、全国高校思政课示范教学科研团队建设"西部项目"。

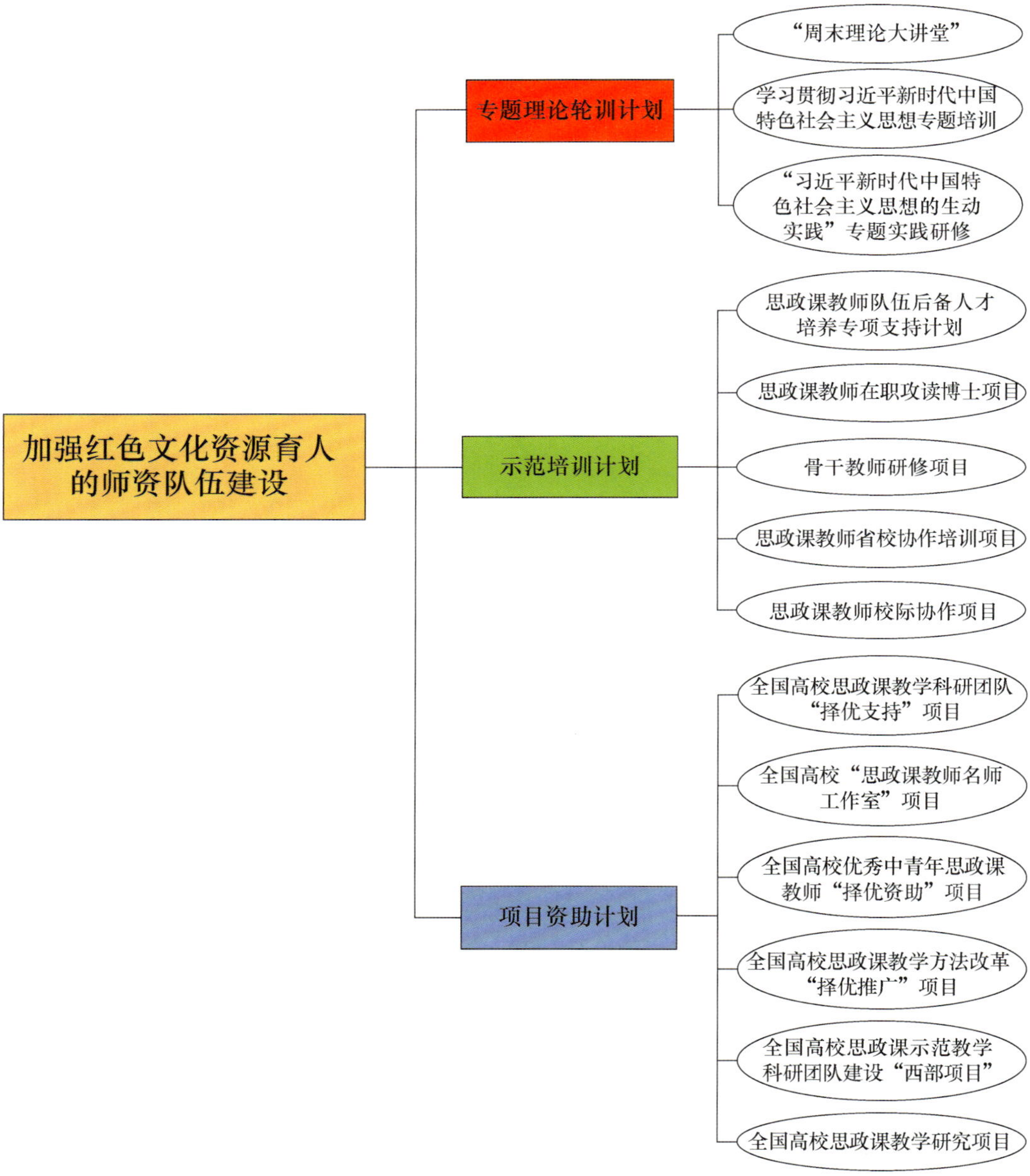

图1-2 《普通高等学校思想政治理论课教师队伍培养规划（2019—2023）》

《规划》还提出了两项宣传推广计划：一是全国高校思政课示范教学展示活动，即定期组织开展全国高校思政课示范教学展示活动，充分发挥示范教学的引领作用；二是全国高校思政课教师队伍建设先进经验宣传，即与主流媒体合作，宣传推广思政课教师队伍建设先进经验，为思政课教师发展营造良好氛围。比如，2023年，在教育部公布的第三批"全国高校黄大年式教师团队"创建示范活动中，北京大学天然药物学教师团队等199个团队入围。该活动要求各地各高校要组织引导广大高校教师和科研工作者以黄大年同志为榜样，心有大我、至诚报国、教书育人、敢为人先、淡泊名利、甘于奉献，把爱国之情、报国之志融入祖国改革发展的伟大事业之中、融入人民创造历史的伟大奋斗之中。

2023年5月，教育部办公厅发布《关于做好2023年高校思想政治工作队伍培训研修中心重点建设工作的通知》，提出要深入实施"时代新人铸魂工程"，全面提升高校辅导员素质能力等总体目标。通过一系列专兼职思政教师队伍的建设方案等，培养又红又专的师资队伍，进而推进红色文化资源育人工作有效地开展。

四、"大思政课"：拓展红色文化资源的育人路径

2022年7月，教育部等十部门印发《全面推进"大思政课"建设的工作方案》，强调要坚持以习近平新时代中国特色社会主义思想为指导，聚焦立德树人根本任务，推动用党的创新理论铸魂育人，不断增强针对性、提高有效性，实现入脑入心；坚持开门办思政课，强化问题意识、突出实践导向，充分调动全社会力量和资源，建设"大课堂"、搭建"大平台"、建好"大师资"，建设全国高校思政课教研系统，设立一批实践教学基地，推出一批优质教学资源，做优一批品牌示范活动，支持建设综合改革试验区，推动思政小课堂与社会大课堂相结合，推动各类课程与思政课同向同行，教育引导学生坚定"四个自信"，成为堪当民族复兴重任的时代新人。

2023年8月，教育部办公厅发布《关于组织开展高校与"大思政课"实践教学基地结对行动的通知》，要求高校组织实践研学；开发优质教学资源，比如"场馆里的思政课""田间地头的思政课""行走的思政课"等，同时虚拟仿真体验教学中心（含培育）要加快研发网络共享、成本适宜的虚拟仿真教学资源，强化思政课实践教学数字赋能，"手拉手"集体备课中心、大中小学思政课一体化共同体牵头高校要结合基地主题，开发革命先烈、先进榜样、革命文物等相关小故事、小案例，紧抓重要节日、重大事件、重大活动等契机，开发契合各学段思政课教学重点的一体化示范课程；优化"大思政课"师资，聘请符合条件的思政课兼职教师，定期通过宣讲、展览、座谈、报告会等多种形式走进校

园，经常开展"主题展览校园行""红色文化入校园""科学精神上讲堂""先进模范上讲台""馆长讲思政课"等"大思政课"活动，使红色文化资源育人活动走深走实，富有成效。比如江西师范大学与瑞金中央革命根据地纪念馆、安源路矿工人运动纪念馆，东北师范大学分别与吉林杨靖宇干部学院、通化市杨靖宇烈士陵园暨东北抗联纪念馆，嘉兴大学与南湖革命纪念馆、长兴县新四军苏浙军区纪念馆等开展"大思政课"实践教学基地结对行动，推进"大思政课"的建设。

2023年7月，教育部发布《关于支持建设国家轨道交通装备行业产教融合共同体的通知》，强调充分发挥国企思想政治工作传统优势，深入挖掘中国中车集团有限公司（以下简称"中车"）红色基因，传承红色文化，弘扬高铁工匠精神。发挥中车长辛店二七纪念馆、中车长客高速动车组制造中心等一批国家爱国主义教育基地作用，将中车红色资源引入共同体，为学校思政教育提供模式借鉴、资源补充和实践样本，打造行业特色课程思政育人体系。该通知还强调，可通过讲"劳模工匠成长成才故事""红色中车故事""技能报国故事"等形式拓展思政教育途径，弘扬劳模精神、劳动精神、工匠精神。这些为善用企业中的红色文化资源育人提供了模板。

为深入学习贯彻党的二十大精神，全面贯彻习近平新时代中国特色社会主义思想，用好红色文化资源，赓续红色血脉，进一步推动新时代革命文物工作与学校思政课改革创新融合发展，切实推进"大思政课"建设走深走实，提升育人效果，2023年11月，国家文物局办公室、教育部办公厅发布《关于公布以革命文物为主题的"大思政课"优质资源项目名单的通知》，公布了以革命文物为主题的"大思政课"优质资源示范项目名单（10项），以革命文物为主题的"大思政课"优质资源精品项目名单（100项），旨在切实发挥革命文物铸魂育人作用，让革命文物思政教育落地生根、开花结果。智库、革命文化学术交流重要平台、红色资源共建共享中心，构建多学科交叉、跨领域融合、特色鲜明、布局合理的革命文物研究新格局，发挥好革命文物在党史学习教育、革命传统教育、爱国主义教育、思想政治教育方面的重要作用，推进高校红色文化资源活化育人，焕发红色文化资源的永久生命力和影响力。

第三节　地方政府推动红色文化资源育人的政策与措施

近年来，地方政府通过颁布红色文化资源保护利用的政策、搭建各种平台等，采取丰富多样的措施，不断加强对红色历史遗迹的保护修缮、对红色文化的挖掘阐释、对红色文旅资源的活化利用及对红色文化品牌的建设，提升红色文化标识度，使红色文化资源保护利用工作卓有成效，极大地推动了社会和高校红色文化资源育人活动的有效开展，充分发挥了红色文化资源铸魂育人、凝心聚力的当代价值。

一、政策文件：强化红色文化资源的保护利用

为进一步发挥红色文化资源的教育功能，加大红色文化资源的保护传承力度，赓续红色血脉，凝聚奋进力量，地方政府近几年纷纷出台相关的条例和政策以加强对红色文化资源的保护与利用。

北京市在《2023年市政府工作报告重点任务清单》的通知中强调，用好建党、抗战、新中国成立三大红色文化主题片区资源，推进"进京赶考之路（北京段）"整体保护利用，推动蒙藏学校旧址（图1-3）向公众开放等。

上海市提出实施党的诞生地发掘宣传工程，完成一批文物修缮和展陈升级，实现一批旧址、遗址立碑挂牌；公布市级以上革命文物保护单位的保护范围、建设控制地带，编制完成革命文物保护指引；策划打造一批革命文物陈列展览精品；运用现代科技手段，加强数字化网络化展示，提升展览传播效果和社会影响力；联合江苏省、浙江省、安徽省文旅厅共同主办"东进之路"长三角红色旅游主题活动，联合嘉兴、遵义等革命圣地开展"从初心之地到圣地之旅"红色旅游主题活动，推出相关红色旅游线路产品。

2023年3月，由天津市委宣传部、市委党校、市委市级机关工委、海河传媒中心共同策划启动"信仰之光——天津市首批红色资源名录发布仪式"，公布了《天津市红色资源名录（第一批）》。该名录包括重要旧址、遗址、纪念设施或者场所类红色文化资源151处，重要档案、文献和实物类红色文化资源92件（套）。这些红色文化资源见证了中国共

图 1-3　蒙藏学校旧址

产党领导天津人民为争取民族独立、人民解放而英勇斗争的历史。

浙江省在 2024 年年初颁布了《浙江省红色资源保护传承条例》，大力弘扬以伟大建党精神为源头的中国共产党人精神谱系，充分发挥红色资源在开展爱国主义教育、传承红色基因、培育和践行社会主义核心价值观中的重要作用。

2023 年 5 月 10 日，《广州市革命遗存保护办法》正式施行，明确每年 7 月为广州红色文化宣传月。这是全国大城市中首个以规章形式确立的年度红色文化宣传月。首届广州红色文化宣传月系列活动分为预热、主体和延续三个阶段，持续至 2023 年年底，同时还公布了广州市第二批革命文物名录。另外，在活动现场也一并介绍了四烈士墓、史坚如墓等 6 处入选广东省第二批革命文物名录的省级文保单位。如表 1-1 所示，2023 年，广州有不可移动革命文物 214 处、可移动革命文物 8112 件（套），其中国家级不可移动革命文物 15 处，数量居全省第一、全国城市第三；全市有各类红色旅游资源 619 项、红色史迹 115 处。2019 年以来，省、市、区三级累计投入超过 2 亿元，完成 75 个革命遗址、82 个项目的保护修缮工作，有力地推动了对广州红色文化资源的保护和建设。

表 1-1　2023 年广州市革命文物保护资源

革命文物	数量	旅游资源	数量
不可移动革命文物	214 处	红色旅游资源	619 项
可移动革命文物	8112 处	红色史迹	115 处

其他各地政府也以文化软实力建设为契机，保护、修缮、挖掘、整理、体验、发展各具特色的红色文化资源，用好红色文化遗迹和红色场馆等，努力探索打造"红色文化生态示范区"，用心用情用力保护好、管理好、运用好红色资源，让红色信仰扎根于人民心中，让红色基因融入人民血脉，让红色文化资源在新时代熠熠生辉。

二、学术研讨：汇集红色文化资源的育人智慧

2023年9月10日至12日，"革命遗址与红色文化传承"研讨会在广州市召开。与会学者就"用好宝贵红色资源 凝聚奋发奋进力量""聚焦革命旧址 激活红色基因""弘扬伟大建党精神"等主题展开热烈的探讨。2023年11月23日，"守正创新兴文化——用好红色资源 传承红色基因"研讨会在天津城建大学举办。在开幕式上，天津市首个红色文化遗产研究院揭牌。该研究院旨在探索传承红色基因、赓续精神血脉的新实践，借红色文化之力，铸时代新人之魂，打造教育教学、科学研究、社会服务以及文化传承、融合、创新的载体。2023年12月1日，第四届"红军长征论坛"主题会议在桂林举行，会议围绕"弘扬伟大长征精神 用好用活红色资源"主题，共商合作、共话未来，推动长征沿线城市经济社会高质量发展，并发布《第四届"红军长征论坛"合作共识》，在弘扬长征精神、挖掘长征文化、开发红色资源上加强联动。

三、帮扶结对：加强红色文化资源的协同育人

北京市人民政府与山西省人民政府签署了《北京市与长治市对口合作实施方案（2022—2026年）》，重点合作内容包括：传承弘扬太行革命老区精神，将太行革命老区精神宣传同经济社会发展紧密结合，充分利用电视、报刊、互联网等主流媒体资源，健全宣传网络，拓展传播空间，并加强红色文化作品创作，打造音、影、图、文红色文化优秀作品，为开展革命传统教育和爱国主义教育提供生动素材，促进老区精神在对口合作中传承、在实践中创新；加强革命文物保护展示，依托北京丰富的文物专家资源、文化事业资源，通过赴长治授课、访问交流、传帮带等形式，开展长治革命文物排查统计、革命旧址维修保护、革命文物展示陈列、红色资源开发，完善长治革命文物基础数据库，培养革命文物保护人才队伍，提升长治革命文物保护利用水平；共建红色教育基地，以山西太行干部学院、八路军太行纪念馆、黄崖洞革命纪念地、平顺西沟展

览馆等为依托，加强红色文化研学合作、培养一批思政骨干教师队伍，推出一批精品红色文化思政课程，开展党员干部教育培训等；搭建红色文化和旅游融合发展平台；等等（图1-4）。

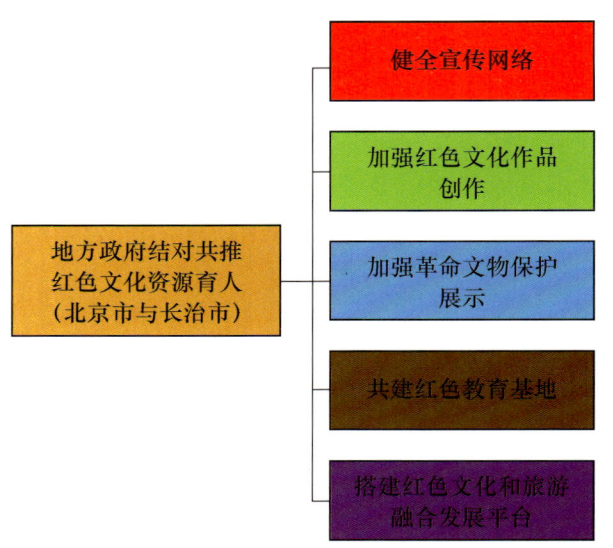

图1-4　地方政府结对共推红色文化资源育人（北京市与长治市）

上海市立足国内大循环，举办"永远跟党走，重走长征路，开启新征程"沪闽红色教育主题活动暨沪闽（三明）旅游合作对接会。2022年，广西壮族自治区人民政府办公厅印发《广西对接长江经济带发展实施方案（2022—2025年）》，指出要推进长征国家文化公园（广西段）建设，深入挖掘红色文化资源，培育互联互通的红色文化旅游精品线路。天津市人民政府与甘肃省人民政府签署《天津市与庆阳市对口合作实施方案》，指出要定期开展文化交流活动，共同挖掘庆阳红色文化的内涵价值，出版在全国有影响力的研究专著和理论文章，共同推进庆阳革命老区红色文化资源的保护利用和传承弘扬，同时加强津庆两地文化艺术团体交流合作，共同推进红色景区建设，大力开展红色文化外宣推介，共同推进文创产品研发销售等。

四、专项行动：发挥红色文化地方资源的育人特色

地方政府通过开展专项行动为红色文化资源育人"搭台唱戏"。以天津市为例，2023年，为深入学习贯彻党的二十大精神、习近平总书记关于教育工作和文物工作的重要指示

精神,着力提高青少年思想道德素养和科学文化素质,充分发挥文物资源见证发展历程、振奋民族精神的重要作用,传承红色基因、赓续红色血脉,弘扬革命文化和中华优秀传统文化,"让文物活起来",天津市文物局、市教育两委联合策划推出了"文物进校园"系列活动。该系列活动以"宣传党的二十大精神 讲好文物历史故事"为主题,包括3项主题活动:"追寻红色记忆 基因代代相传"革命文物进校园宣讲活动、高校学生讲文物故事短视频比赛和中小学博物馆示范课程评选推介。截至2023年3月底,相关博物馆、纪念馆走进22所学校开展宣讲活动,17所学校组织学生到场馆聆听博物馆示范课,受众师生达1万余人,"文物进校园"系列活动取得良好成效。

江西省是一片红色的热土、英雄的沃土,2023年5月开始,江西省委教育工委、省教育厅深挖江西省丰富的红色资源,在全省高校广泛开展了"红色基因传承示范校""红色班级"创建和"红色走读"、红色动漫创作大赛、红色文化实践"十佳案例"评选等一系列活动,各活动在一年内收到"红色基因传承示范校""红色班级"创建申请材料80件,"红色走读"线上云游作品1150余件、实地走读成果作品700余件,红色动漫作品310余件,红色文化实践案例70余个,形成了百所高校齐"发力"、千支团队勇"践行"、万件作品比"创意"、百万师生同"云游"的生动局面,掀起了全省高校学子传承红色基因的热潮。图1-5至图1-7为相关活动成果展示图片。

图1-5 红色故事《十七棵信念树》剧照

图1-6 江西省红色走读作品《VR井冈山会师纪念馆》　　图1-7 江西省红色动漫作品《红色记忆里诞生的梦》

广州市作为一座英雄的城市，在2023年推出了"英雄花开英雄城"系列活动，将"红棉城、红色城、英雄城"融合在一起，提炼出一座英雄城的精神内核。其通过架构"1+10+20+N"的宣传体系，以中共三大会址纪念馆、毛泽东同志主办农民运动讲习所旧址纪念馆、广州起义烈士陵园等10个重点红色场馆为主阵地，持续开展为期一个月的红色文化活动宣传。"1"指活动LOGO；"10"指为10个重点场馆分别量身打造的主题突出、特色鲜明、有文化味和时代活力的互动打卡装置；"20"指精心设计的20幅"红棉"主题"书画+摄影+诗词"公益广告，在重点场馆和10个"红棉"主题地铁站以临展形式展出，全城全媒体广泛应用；"N"指为重点场馆布置的活动主视觉、红棉舞台、红棉邮局、红棉潮墟、红棉书房、红讲台等多套装置，周末还有200多场重点活动。在红色文化宣传月，广州市举办了各类红色文化活动6000多场次，线上线下约6000万人次参加，15 000余篇/次全媒体报道吸引了数亿人次阅读。"英雄花开英雄城"2024广州传承弘扬红色文化系列活动。以文化物、以文化城、以文化人，让红色种子在市民大众特别是青少年心中生根发芽（图1-8）。

广西推出"红色经典研学之旅"特色线路，广西全州高位推动红色旅游创新发展入选《2023中国旅游产业影响力报告》的红色旅游创新发展典型案例，在中宣部、文化和旅游部共同举办的第四届全国红色故事讲解员大赛中，广西2名选手获全国"优秀讲解员"荣誉；广西持续抓好红色旅游"五好"讲解员队伍建设，截至2023年年底，已有3批次11人先后入选全国红色旅游"五好"讲解员培养项目，数量位居全国前列；18人入选广西第一批红色旅游"五好"讲解员项目。

图 1-8 广州"英雄花开英雄城"系列活动

五、塑造精品：凸显红色文化资源的育人成效

由广西壮族自治区党委宣传部、广西文化产业集团联合出品，广西歌舞剧院创作演出的原创音乐剧《血色湘江》（图 1-9），自 2019 年首演以来，在全国已演出 60 场，线上线下观演人数超 600 万人次，32 次走进校园、军营开展"艺术特色党课"。2024 年是红军长征湘江战役 90 周年，广西歌舞剧院将赴长征沿线各地开展主题巡演活动，将这份红色的精神、坚定的信仰传递给全国更多观众。广西旅游发展集团有限公司与全州县委、县政府合力研发的"湘江红"红色文旅资源管理平台现已正式上线。

湖南省着力打造面向大学生的"奋斗青春号"网络大思政课堂，2023 年 5 月上线一个月，学生自创作品达"10 万＋"；五四青年节 8 小时超长直播引爆全网，连续多日占据微博热搜话题榜前三，阅读人次超过 2 亿。

贵州长征文化数字艺术馆（"红飘带"）是以长征为主题的全域行浸式数字体验馆（图1-10），让观众在"硝烟弥漫"下，身临"血战湘江"的悲壮情景；在"狂风暴雪"中，

图 1-9　原创音乐剧《血色湘江》剧照

图 1-10　贵州省"红飘带"

用双脚丈量"爬雪山过草地"的艰苦历程……演职人员沉浸演绎,观众身临其境,共同"重现"红军长征的重要过程。其大型沉浸式剧目《伟大转折》以遵义会议为主线,运用兼具故事性和艺术欣赏性的现代影像和舞台技术,使观众身临其境,重温那段峥嵘岁月,感受红色文化艺术魅力。

此外,浙江省打造"真理的味道""大思政课"品牌,用红色文化引领"大思政课"建设;重庆市打造"红岩思政"育人品牌;江西省打造"长征文化""映山红"等红色文化资源育人品牌;海南省积极打造"红色娘子军"这个富有海南特色的红色文化品牌;陕西省打造"长征"文化品牌,加快推进长征国家文化公园(陕西段)的建设;河北省重点推出弘扬西柏坡精神、塞罕坝精神等红色文化资源育人品牌;甘肃省着力打造陇原"红飘带"红色文化资源育人品牌,开展"一校一品"传承红色基因行动;青海省以传承弘扬"两弹一星"精神为牵引,重点打造"中国原子城"红色文化品牌。

地方政府结合地方的红色文化资源打造红色文化品牌,统筹做好红色文化挖掘、红色资源开发、红色研学教育、红色文物保护等工作,在传承红色基因、赓续红色血脉、厚植家国情怀、培育民族精神和时代精神等方面发挥了强大的引领作用。

第二章 高校红色文化资源育人取得新进展

红色资源是中国共产党领导中国人民在实现中华民族伟大复兴历史进程中的活动及其结果，能够有效提升高校立德树人的实效性和针对性，在高校人才培养方面具有不可替代的作用。近年来，众多高校围绕着红色文化资源育人进行了大量的理论研究和实践探索,在科学研究、人才培养、社会服务等方面取得诸多新的进展,获得了丰硕的成果。

第一节 高校红色文化资源育人的研究动态

我国学界自2002年起就开始了对红色文化资源的学术研究，20多年来，研究成果丰硕，为高校人才培养奠定了坚实的基础。全景式回顾20多年高校红色文化资源育人研究成果，探析高校红色文化资源育人的最新研究动态，对于利用红色文化资源构建我国自主知识体系具有十分重要的意义。

现代文献计量学通过对海量文献进行多元、分时、动态的分析，将学科研究领域的状况集中展现在网络图谱上，科学完整地展示各学科研究领域的研究动态。本节利用词频分析法、共现分析法等文献计量学研究方法，借助CiteSpace软件对作者、机构、关键词等进行可视化分析。在研究过程中，本节以中国知网（CNKI）为数据库，选择学术期刊和集刊论文为数据来源，以"红色资源""红色文化""红色文化资源"为主题词进行检索，时间跨度为2002—2023年（含2023年度），重点选择高校红色文化资源育人的研究文献，并对检索结果进行整理去重，删除科研机构介绍、卷首语、成果介绍、会议通知、会议征稿、书评、署名误题组及无作者等不相关条目后，得到有效文献19 716篇作为研究对象。

一、科研成果数量和质量实现稳步增长

科学文献数量的不断增长是科学发展的重要标志之一。美国科学计量学著名学者普赖斯研究了文献数量增长规律，提出了科技文献的"逻辑增长规律"。苏联学者纳里莫夫和弗莱杜茨提出了科技文献随时间呈现"S"形增长的逻辑曲线模型。该模型表明某一学科或研究主题的文献量都经历了一个前期缓慢增长、中前期加速增长、中后期减速增长、后期又缓慢增长的过程。科技文献数量的变化是科学自身发展的重要标志。因此，依据科技文献的逻辑增长曲线特征可以判断某一学科或研究主题所处的发展阶段。为深入细致地研究20多年来高校红色文化资源育人研究领域的发展变化，通过分析年度发文量（图2-1）可以发现，高校红色文化资源育人研究已跨越了前期缓慢增长阶段，正经历中前期加速增长阶段，尤其是从2020年开始，每年净增发文量超过1000篇，2023年发文量达5576篇，整体呈现大幅增长的趋势。

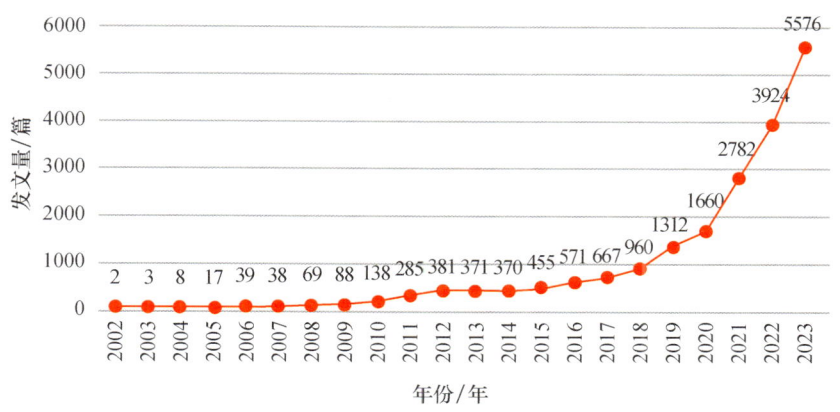

图 2-1　2002—2023 年高校红色文化资源育人研究领域发文量

有学术影响力的作者群体状况集中体现了学科的研究趋向。通过对 19 716 篇论文作者进行统计，发现 2002—2023 年共有 23 004 位作者发表过红色文化资源育人的研究论文，平均每篇论文对应 1.17 位作者，具体数据如表 2-1 所示。通过对 23 004 位作者最早发文时间统计，发现 2023 年高校红色文化资源育人研究领域新增作者 6570 人，占作者总人数的 28.56%，这意味着高校红色文化资源育人研究领域在 2023 年涌入了大批新人，从侧面说明了高校红色文化资源育人的研究正在快速发展。

表 2-1　作者发文情况统计

发文量/篇	1	2	3	4	5	6	7	8	9	10	>10
作者数/人	18 727	2716	800	307	149	80	68	35	40	25	57
占作者总人数的比例/%	81.41	11.81	3.48	1.33	0.68	0.35	0.30	0.15	0.17	0.11	0.25

在学科发展中，不同作者发表的论文数量是不同的。大多数作者只发表了一两篇论文，少数作者发表了多篇论文。美国学者洛卡特发现，在一个学科研究领域，发表 1 篇论文的作者人数约占作者总人数的 60%，发表 N 篇（$N=2,3,4,\cdots$）论文的作者人数约为仅发表 1 篇论文作者人数的 $1/N^2$，即发表 N 篇论文的作者人数与 N 的平方成反比。这就是文献作者分布状况的洛卡特定律，也称为倒平方反比定律。[①] 从表 2-1 可以发现，高校红色文化资源育人研究领域中发表 1 篇论文的作者人数占作者总人数的 81.41%，高于洛卡特定律所说的 60%。发表 N 篇论文的作者人数都低于 $1/N^2$。这种现象说明高校红色文化资源育人研究中发表 1 篇论文的作者人数多，长时间坚守深耕的学者相对较少，这正是新开辟的研究领域所特有的现象。由于大量瞬时性的研究涌入，高校红色文化资源育人研究

---

① 邱均平：《文献计量学（第二版）》，科学出版社，2019，第 141 页。

的系统性和研究深度都显得较为欠缺。一般而言，大量学者在某个领域持续研究的时间越长，该研究领域的发文量、成熟度、系统性及研究的广度和深度等都会有很大的提升。因此，高校红色文化资源育人研究想要发展成熟，还需要大量学者深耕。

学科发展需要高水平学术队伍，核心作者就是中坚力量。2002—2023年高校红色文化资源育人研究领域最高发文量作者为张泰城，他发表了38篇论文，即 $N_{max}=38$。由此得出，$M=0.749\times(38)^{\frac{1}{2}}\approx 4.61\approx 5$[①]。可见，发表5篇及以上论文的作者才称得上高校红色文化资源育人研究领域的核心作者。2002—2023年共有454位核心作者，占作者总人数的1.97%。发文量为3444篇，约占论文总数的17.47%。这种状况说明，高校红色文化资源育人研究领域虽然形成了核心作者群，但这一群体人数还不够多，该群体处在发展成长的过程中。核心作者的统计当然不能单纯观察发文量，还应考虑其成果被引频次。被引频次是同行认知的一种形式，它一方面反映出学术群体对于学者的信赖和认可程度，另一方面也体现出学者对于学科发展的贡献和影响。科学计量学的研究表明，一个正常水平的科学家每年发表4篇论文。大约有1/4的论文在发表之后没有被引用。在有人引用的论文中，平均每篇每年被引用1.7条次。若每一篇论文每年被引用4次或4次以上，则可被列为"经典文献"。[②]综合以上两个指标，列出部分核心作者，如表2-2所示。

表2-2　2002—2023年高校红色文化资源育人研究领域的核心作者（部分）

序号	作者	发文量/篇	作者单位	最高被引用/条次	序号	作者	发文量/篇	作者单位	最高被引用/条次
1	张泰城	38	井冈山大学	317	13	纪安玲	14	安康学院	14
2	刘建平	28	湘潭大学	195	14	李康平	13	南昌航空大学	296
3	陈俊	27	遵义医科大学	131	15	朱小理	13	赣南师范大学	218
4	叶桉	23	江西科技师范大学	118	16	胡建	13	西华师范大学	172
5	渠长根	22	浙江理工大学	168	17	裴恒涛	13	西安科技大学	47
6	马静	22	天津城建大学	52	18	杜向辉	13	陇南师范高等专科学校	36
7	魏本权	19	临沂大学	236	19	肖发生	12	井冈山大学	317
8	赖继年	19	南京工业大学	11	20	张文	12	桂林电子科技大学	93
9	徐功献	17	赣南师范大学	53	21	舒醒	12	江西科技师范大学	43
10	李艳	16	遵义师范学院	139	22	李霞	11	宜春学院	155
11	于春梅	15	齐齐哈尔大学	20	23	居继清	11	黄冈师范学院	28
12	胡松	14	南昌大学	218	24	卢丽刚	11	华东交通大学	67

[①]　$M=0.749(N_{max})^{\frac{1}{2}}$，式中：$M$ 为论文篇数，N_{max} 为所统计的年限中最高产作者的论文数。
[②]　李红满：《国际翻译学研究热点与前沿的可视化分析》，中国翻译，2014年第2期。

发文机构的共现分析直观地显示了红色文化资源研究的主要力量及其影响力分布状况。本节运用 CiteSpace 软件对 19 716 篇文献的发文机构进行共现分析，得到 2002—2023 年高校红色文化资源育人研究领域发文机构共现图谱（图 2-2，发文量≥10 篇）。图 2-2 共有 593 个节点、61 个连接，网络密度为 0.0003。这种状况表明高校红色文化资源育人研究机构之间的联系较小，大多数研究机构处于相对独立的研究状态。合并二级机构后得到研究机构的发文量（表 2-3）。

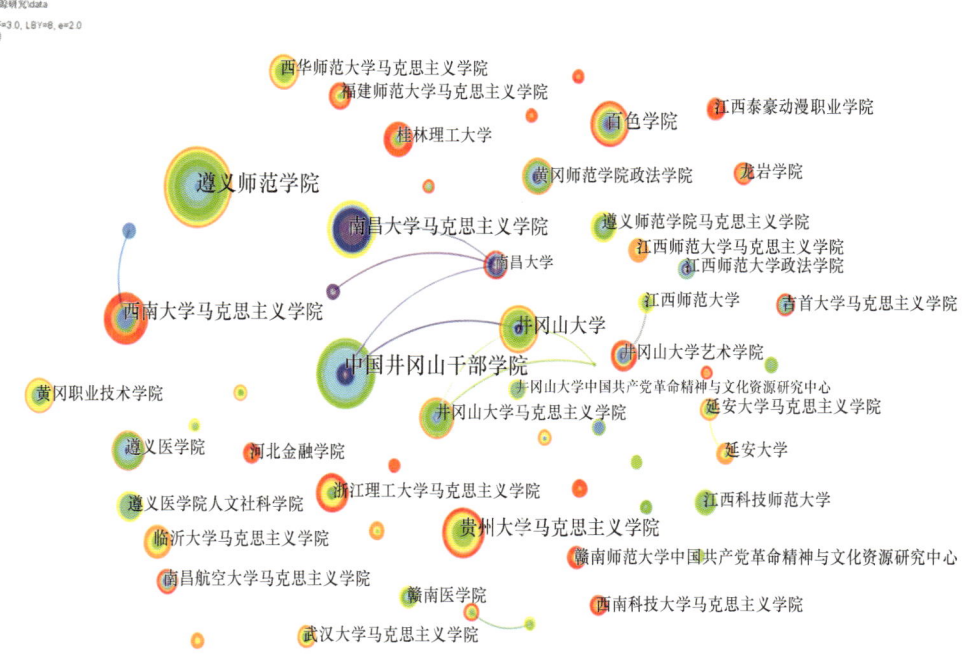

图 2-2　2002—2023 年高校红色文化资源育人研究领域发文机构共现图谱（部分）

表 2-3　2002—2023 年高校红色文化资源育人研究领域中发文机构（发文量＞80 篇）

序号	发文量/篇	机构	省/自治区	序号	发文量/篇	机构	省/自治区
1	205	井冈山大学	江西	9	104	百色学院	广西
2	202	遵义师范学院	贵州	10	103	湖南师范大学	湖南
3	196	赣南师范大学	江西	11	92	贵州大学	贵州
4	132	南昌大学	江西	12	87	湘潭大学	湖南
5	126	延安大学	陕西	12	87	黄冈师范学院	湖北
6	121	江西师范大学	江西	14	84	遵义医科大学	贵州
7	108	临沂大学	山东	14	84	贵州师范大学	贵州
8	105	桂林理工大学	广西	16	83	江西理工大学	江西

合并二级机构后，发文量在50篇以上的机构有45个，其中，井冈山大学发文量最多，有205篇，接下来是遵义师范学院和赣南师范大学，发文量分别是202篇和196篇。南昌大学、延安大学、江西师范大学、临沂大学、桂林理工大学、百色学院、湖南师范大学等都是发文量在100篇以上的机构。结合表2-3可知，高产作者也主要分布在这些机构中。高产机构是高校红色文化资源育人研究领域的知识创造和集散中心，把握这些高产机构的研究焦点，可以使未来的研究人员更加清晰地了解这些引领高校红色文化资源育人研究的机构过去和现在正做着哪些方面的研究，这对遴选科研合作机构以及引进人才、追踪前沿、关注发展趋向有着重要的作用。从发文机构的空间分布看，主要发文机构分布在江西、贵州、陕西、湖南、广西、山东、四川、重庆、福建、浙江等地，同革命战争年代农村革命根据地的地理分布高度契合，体现出鲜明的地域特色。

二、基础研究领域扎实推进

高频次出现且持续很长时间的关键词可反映一个研究领域长期关注的内容，即研究热点，这些可以视为该领域的基础研究内容。在一定时间内，频次和中间中心度高的关键词以及相关术语组成的集合体，通常是众多研究者共同关注的内容，这些内容就是研究热点。

本节利用CiteSpace软件进行关键词共现分析，得到2002—2023年高校红色文化资源育人研究领域关键词共现图谱（图2-3）并导出数据表（表2-4）。图谱中有262个节点、769条连线，网络密度为0.0225。红色文化、思想政治教育、红色资源、大学生、红色文化资源、高校、红色旅游、红色基因、路径、价值、红色教育、传承、文化自信、社会主义核心价值观、课程思政、高职院校、高校思想政治教育、新媒体、乡村振兴、党史学习教育、思想政治理论课、文旅融合、新时代、传播等为高频关键词；红色文化、思想政治教育、红色资源、大学生、红色文化资源、高校、红色旅游、路径、价值、传承、高校思想政治教育、文旅融合等为高中间中心度关键词。此外，从关键词共现图谱的状况可以得知，高校红色文化资源育人研究领域作为学科研究领域呈现出典型的初期研究状态：研究网络集中性较强，网络重叠度较高，研究分支较少。

本节重点关注2023年度研究领域进展，利用CiteSpace软件对2023年高校红色文化资源育人研究领域关键词进行共现分析，得到高校红色文化资源育人研究领域关键词共现图谱（图2-4）并导出数据表（表2-5）。图谱中有55个节点、53条连线，网络密度为0.0357。

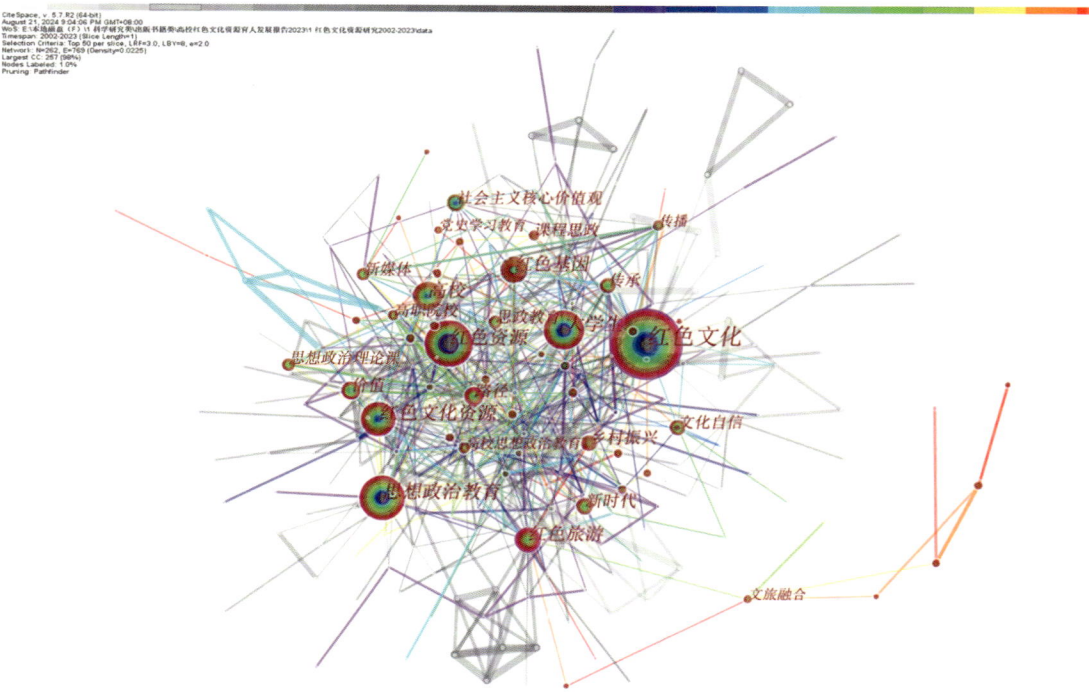

图 2-3 2002—2023 年高校红色文化资源育人研究领域关键词共现图谱

表 2-4 2002—2023 年高校红色文化资源育人研究领域中高频、高中间中心度关键词

序号	频次	中间中心度	年份/年	关键词	序号	频次	中间中心度	年份/年	关键词
1	6712	0.41	2004	红色文化	13	430	0.13	2007	价值
2	1796	0.14	2004	思想政治教育	14	338	0.04	2010	红色教育
3	1773	0.17	2004	红色资源	15	354	0.05	2010	传承
4	1233	0.11	2006	大学生	16	346	0.03	2016	文化自信
5	1199	0.2	2003	红色文化资源	17	316	0.04	2012	社会主义核心价值观
6	918	0.09	2007	高校	18	302	0	2020	课程思政
7	843	0.32	2006	红色旅游	19	301	0.02	2013	高职院校
8	834	0.01	2015	红色基因	20	250	0.07	2009	高校思想政治教育
9	612	0.16	2010	路径	21	249	0.04	2013	新媒体
10	535	0.01	2020	乡村振兴	22	224	0.04	2011	传播
11	463	0.03	2010	思想政治理论课	23	210	0	2021	党史学习教育
12	453	0	2018	新时代	24	204	0.09	2020	文旅融合

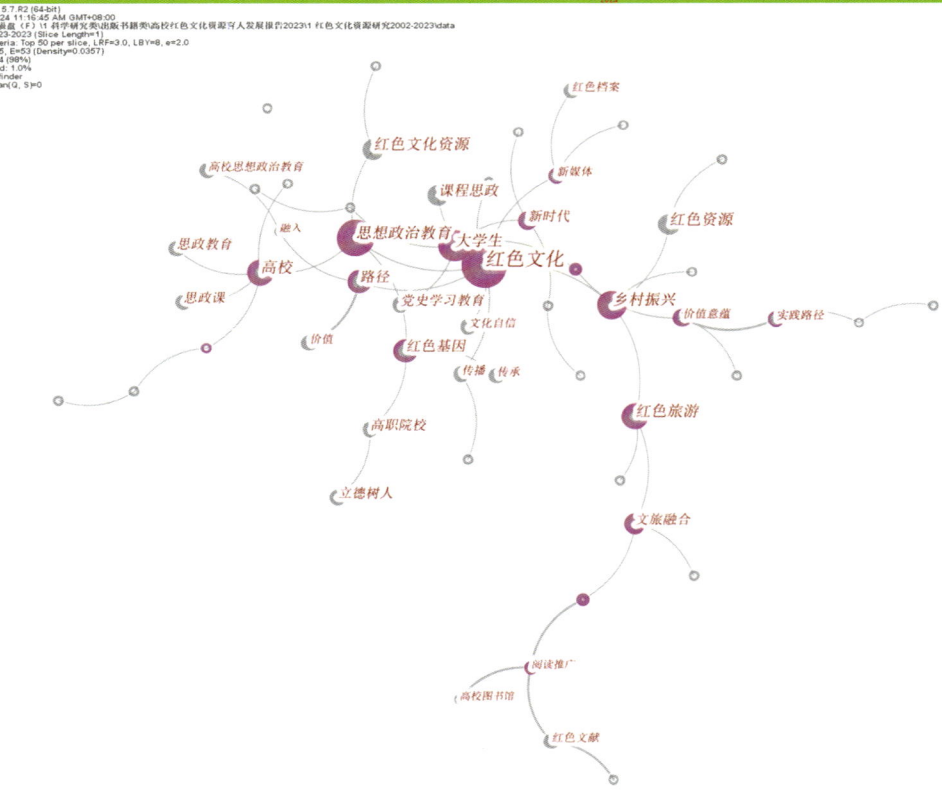

图 2-4 2023 年度高校红色文化资源育人研究领域关键词共现图谱

表 2-5 2023 年度高校红色文化资源育人研究领域中高频、高中间中心度关键词

序号	频次	中间中心度	年份/年	关键词	序号	频次	中间中心度	年份/年	关键词
1	1633	1.27	2023	红色文化	13	110	0.07	2023	高职院校
2	482	1.31	2023	思想政治教育	14	104	0.4	2023	文旅融合
3	328	0.07	2023	红色资源	15	136	0	2023	思想政治理论课
4	284	0.07	2023	红色文化资源	16	94	0	2023	立德树人
5	279	0.73	2023	乡村振兴	17	93	0	2023	党史学习教育
6	268	0.41	2023	高校	18	82	0	2023	文化自信
7	258	0.51	2023	红色旅游	19	79	0	2023	价值
8	254	0.81	2023	大学生	20	79	0.14	2023	新媒体
9	223	0.21	2023	红色基因	21	76	0	2023	传承
10	182	0.21	2023	路径	22	73	0.14	2023	实践路径
11	157	0	2023	课程思政	23	63	0	2023	红色档案
12	138	0.21	2023	新时代	24	58	0.07	2023	传播

对比 2002—2023 年高校红色文化资源育人研究领域关键词共现图谱及高频、高中间中心度关键词，发现 2023 年高频、高中间中心度关键词与之基本吻合，这说明 2023 年度高校红色文化资源育人研究领域的研究热点并未发生大的变动，依然围绕之前的研究热点开展了深入研究。但深入分析也发现一些关键词的频次在减少，如社会主义核心价值观，同时也新增了一些关键词，如数字化等。

根据词频分析法原理，通过关键词频次和中间中心度分析并不能完全确定某研究领域的研究热点，还需要以此为基础对上述关键词进行聚类分析，生成共词文献簇并进行分析，进而探索其代表的学科和主题的研究热点。本节运用 CiteSpace 软件的聚类功能，对高校红色文化资源育人研究领域关键词进行聚类分析，获得 2002—2023 年高校红色文化资源育人研究领域关键词聚类时间线图谱（图 2-5），得到网络模块值（Q 值）为 0.461（Q 值＞ 0.3 时通常认为划分结果显著），平均轮廓值（S 值）为 0.7752（S 值＞ 0.5 意为聚类合理），这些数值说明生成的关键词聚类时间线图谱合理。

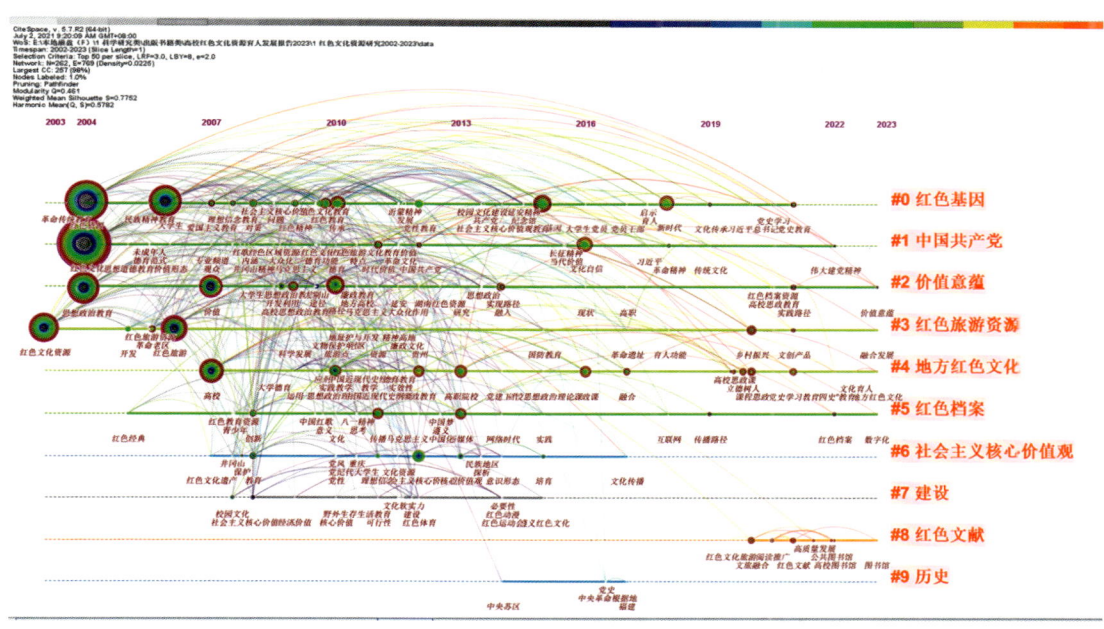

图 2-5　2002—2023 年高校红色文化资源育人研究领域关键词聚类时间线图谱

在图 2-5 中，右侧生成 10 个聚类标签，每个聚类标签含有多个紧密相连的关键词，这反映了高校红色文化资源研究领域的主题涉及面广，同一研究主题又有多样化视角的特征。为更加准确清晰地确定高校红色文化资源育人研究领域热点，选取每个聚类中权值最大（高频、高中间中心度）的几个关键词代表该聚类的主要研究热点。结合二次文献检索，对比2002—2022年高校红色文化资源研究的基础研究领域[①]，发现2023年度高校红色文化资源育人的研究热点仍然主要是以高校、高职院校为研究场域，以大学生为研究对象，聚焦红色基因传承、文化自信、思想政治教育、红色旅游、"大思政课"建设、红色文化传播等六大主题，这些基础研究领域的研究正在扎实推进和持续深化。

1. 红色基因传承研究

该研究热点主要来源于图2-5中的"#0红色基因"聚类。该聚类包括红色资源、大学生、红色基因、新时代、红色教育、传承、党史学习教育等高频、高中间中心度关键词。综合分析该聚类权值最大的关键词并结合二次文献检索，发现2023年度红色基因传承主要研究了以下几个方面：

（1）红色基因的表达研究。

红色基因是中国共产党在长期奋斗中锤炼的先进本质、思想路线、光荣传统和优良作风的集合，蕴含在中国共产党领导中国人民奋进过程中形成的各类符号中。学者们认为红色基因通过共同孕育，结晶成序列片段并始终表达于党的建设的全过程中，鲜明地刻画了中国共产党的大党形象。[②]此外，红色文化[③]、红色歌舞[④]、红色音乐[⑤]等形式都是红色基因的形象化表达。

（2）红色基因与红色教育研究。

红色基因是党和国家的宝贵财富，蕴含了丰富的内容，在抵制历史虚无主义、培育时代新人、坚定文化自信、维护国家文化安全、推进自我革命、铸牢中华民族伟大复兴之魂等方面具有不可替代的作用。学者们围绕红色基因融入高校思政教育[⑥]、爱国主义教育[⑦]和正确党史观培育[⑧]的价值意蕴、理论逻辑、话语构建[⑨]及推进策略进行了研究。

[①] 张旭坤、陈刚、张泰城：《新世纪以来红色文化资源研究综述》，《中国井冈山干部学院学报》2022年第2期。

[②] 饶武元、罗邹贤：《红色基因熔铸中国共产党大党形象的多维表达》，《南昌大学学报（人文社会科学版）》2023年第5期。

[③] 魏本权：《论百年黄河红色文化与红色基因》，《中州学刊》2023年第7期。

[④] 高洁：《舞剧〈热血当歌〉的红色基因解读》，《文艺论坛》2023年第4期。

[⑤] 周媛媛：《国歌蕴含的红色基因之于思政教育的价值挖掘》，《中学政治教学参考》2023年第44期。

[⑥] 许桂芳：《新时代红色基因融入高校思想政治教育的理论逻辑与推进策略》，《教育理论与实践》，2023年第15期。

[⑦] 韩玉璞：《红色基因融入青年大学生爱国主义教育的价值意蕴与路径探赜》，《教育理论与实践》2023年第12期。

[⑧] 陈方芳、童瑶：《论传承红色基因以培育青年正确党史观》，《中学政治教学参考》2023年第20期。

[⑨] 王银峰：《红色基因融入高校思想政治教育话语路径》，《教育理论与实践》2023年第30期。

（3）新时代传承红色基因研究。

要把红色江山世世代代传下去，就必须传承好红色基因。红色基因镌刻在中华民族文化血脉之中，需要以多角度全方位的方式传承，因此学者们围绕新时代红色基因的传承机制[①]、传承场景[②]以及影像化传承方式[③]进行了研究，构建了新时代红色基因的传承路径。

2. 文化自信研究

该研究热点主要来源于图 2-5 中的 "#1 中国共产党" 聚类。该聚类权值最大的关键词为红色文化、文化自信、时代价值、中国共产党。综合分析该聚类权值最大的关键词并结合二次文献检索，发现 2023 年度学界对文化自信主要研究了以下几个方面：

（1）红色文化自信的培育研究。

"文化自信是一个国家、一个民族发展中更基本、更深沉、更持久的力量。"[④] "没有高度文化自信、没有文化繁荣兴盛就没有中华民族伟大复兴"[⑤]。红色文化是中国共产党在百年奋斗历程中将马克思主义基本原理同中国具体实际相结合、同中华优秀传统文化相结合的产物，是近代中国创造的最灿烂的文化，是中华民族文化自信的重要来源。基于这一认识，学者们致力于将红色文化融入文化自信培育中，探寻了红色文化融入文化自信培育的价值意蕴、实践路径和策略等。[⑥]

（2）红色文化自信与文化传播研究。

红色文化自信是中国文化自信能量传递的主要表达，学者们围绕红色文化自信与文化传播研究了红色文化传播话语的构建，从守正核心立场、革新话语语境、拓展适用场域 3 个维度提出了红色文化自信话语构建途径。[⑦]人工智能的兴起改变了文化的传播方式并提供了新的平台载体，学者们围绕红色文化自信与网络传播的现状、问题以及解决策略进行

[①] 张永娜：《红色基因传承机制的当代建构》，《中学政治教学参考》2023 年第 17 期。

[②] 孙大东、吴怡娇：《文化场景理论视域下档案馆传承红色基因的路径研究》，《北京档案》2023 年第 7 期。

[③] 胡广丽：《新时代抗战剧红色基因的影像化传承研究——以"鲁剧"的创作实践为例》，《电影评介》2023 年第 7 期。

[④] 《中国共产党第十九次全国代表大会文件汇编》，人民出版社，2017，第 18 页。

[⑤] 《中共中央关于党的百年奋斗重大成就和历史经验的决议》，人民出版社，2021，第 44 页。

[⑥] 朱海嘉、周璇：《红色文化融入大学生文化自信培育的价值意蕴与实践路径》，《学校党建与思想教育》2023 年第 23 期。

[⑦] 方师敏、郑青：《红色文化自信话语的哲学审视及其建构》，《湖南省社会主义学院学报》2023 年第 5 期。

了探讨。①

3. 思想政治教育研究

该研究热点主要来源于图 2-5 中的"#2 价值意蕴"聚类。该聚类权值最大的关键词为思想政治教育、价值、路径。思想政治教育是红色文化资源育人研究的重点和热点。综合分析该聚类权值最大的关键词并结合二次文献检索，发现 2023 年度学界对思想政治教育主要研究以下几个方面：

（1）价值功能研究。

红色文化资源蕴含丰富的思想政治教育的内容，在坚定理想信念、增强意志品质、培育社会主义核心价值观、增强文化自信、推进"大思政课"建设等方面具有不可替代的作用。②

（2）难题破解研究。

红色文化资源融入思想政治教育面临着主体能力不足、成效有待提升、内容有待优化等问题。学界重点研究了破解红色文化资源融入思想政治教育难题的路径，认为要在师资队伍建设、红色文化资源挖掘和教育教学方式创新等方面下功夫。

（3）路径研究。

红色文化资源存在形式的多样性为思想政治教育提供了多样性的路径，红色文化资源与高校思想政治教育要实现有效融入，必须创新教育形式，遵循大学生认知特点，从制度建构、教学方式创新、教学过程优化等维度构筑实践路径。③学者们还研究了互联网技术在红色文化资源融入思想政治教育中的应用。

4. 红色旅游研究

该研究热点来源于图 2-5 中的"#3 红色旅游资源"聚类。该聚类权值最大的关键词为红色文化资源、红色旅游、乡村振兴、革命老区、开发。综合分析该聚类权值最大的关键词并结合二次文献检索，发现 2023 年度学界对红色旅游主要研究了以下几个方面：

（1）红色旅游与乡村振兴研究。

乡村振兴是全面推进中国式现代化发展的重要内容，红色旅游资源是实现乡村振兴的重要资源。学者们围绕红色旅游的政治教育、经济发展和文化传播的功能，探索了如何发

---

① 张雨辰：《互联网背景下的红色文化自信与网络传播——以西柏坡红色文化为例》，《文化学刊》2023 年第 10 期。
② 刘媛：《红色文化融入高校思想政治教育的价值功能及实践路径》，《宁夏师范学院学报》2023 年第 9 期。
③ 李雅茹：《新时代红色文化融入大学生思想政治教育：价值、挑战与路径》，《苏州科技大学学报（社会科学版）》2023 年第 4 期。

挥红色旅游的功能，实现乡村经济发展、文明建设和可持续发展等内容。

（2）红色研学旅游研究。

研学旅游是红色旅游实现教育功能的重要方式。围绕着红色研学旅游，学者们研究研学路线设计、研学方式创新、文创产品设计等。

（3）文旅融合研究。

文旅融合是红色旅游发展的新路向和趋势，是实现对红色文化认同、国家认同的重要方式。红色旅游具有强烈的政治文化属性，与公众红色文化认同、国家认同之间存在着复杂的文化实践逻辑、文化体验逻辑和文化经验逻辑关系。[①]学者们围绕着红色文旅融合的科学内涵、制约因素以及实现路径进行了深入研究。[②]

5."大思政课"建设研究

该研究热点主要来源于"#4 地方红色文化"聚类综合而来。该聚类权值最大的关键词为高校、高职院校、思想政治理论课、课程思政、实践教学。思想政治理论课、课程思政、实践教学构成了新时代高校"大思政课"建设的主要内容。综合分析该聚类权值最大的关键词并结合二次文献检索，发现 2023 年度学界对"大思政课"建设主要研究了以下几个方面：

（1）红色文化资源与思想政治理论课教学研究。

红色文化资源是思想政治理论课教育教学的优质资源，可延展思政课的教学空间，提升思政课教学的感染力和学生的认同感；思政课对保护红色文化资源、传承红色价值、弘扬红色精神具有重要的阵地和渠道作用，二者具有交互价值。[③]在新时代，红色文化资源融入思政课要充分发挥课堂教学主阵地的作用，依托红色文化资源拓展实践教学，开展多样化的实践教学模式，借助"互联网+"建立信息化、智能化平台，实现线上线下相结合，充分发挥兴文化、育新人的价值。[④]

（2）红色文化资源与课程思政建设研究。

课程思政建设是高校课程育人本质回归和构建全课程育人格局的重要路径。红色文化资源作为中国共产党在百年历史征程中产生的具有资政育人价值的历史遗存，蕴含丰富的思政元素和科学知识，自然成为课程思政建设重要资源。学界基于这一共识，重点研究红

[①] 杜兰晓、丁国浩、高长江：《红色旅游与公众国家认同的文化逻辑》，《浙江社会科学》2023 年第 8 期。
[②] 朱虹、宋丹丹：《红色文化与旅游融合发展的实现路径》，《旅游学刊》2023 年第 1 期。
[③] 王宁宁、肖红春：《红色资源在思政课中的价值定位与教学应用》，《社会主义核心价值观研究》2023 年第 4 期。
[④] 张新奎、李小旭：《红色文化融入思政课价值与路径研究》，《中国大学教学》2023 年第 1—2 期。

色文化资源融入课程思政建设知识、教育教学和生活关怀等逻辑理路，①提出了红色文化资源融入课程思政建设，实现思政课程与课程思政协同创新的路径，并探究了红色文化资源在具体课程思政建设中的运用②。

（3）红色文化资源与实践教学研究。

实践教学是高校教育教学的重要组成部分，红色文化资源融入实践教学是推进"大思政课"建设的现实需要，有助于提高思政课教学的实效性，深化党史学习教育和增强文化自信。③红色文化资源融入实践教学要从体制机制、保障条件、教学方式创新等方面入手，倡导课堂教学与实践教学紧密结合。

6. 红色文化传播研究

该研究热点来源于图 2-5 中的"#5 红色档案"聚类。该聚类权值最大的关键词为新媒体、传播、创新。综合分析该聚类权值最大的关键词并结合二次文献检索可知，网络、数字化、新媒体以及人工智能构成了文化传播的背景。针对红色文化传播的研究主要集中在以下几个方面：

（1）红色文化网络传播的价值意蕴研究。

人工智能、新媒体、全媒体等网络新技术为红色文化传播带来了全新的机遇，使红色文化传播的空间得以延伸、传播的价值更加丰富。传播媒介数字化发展推动了意识形态叙事内容生产的范式转化，勾勒了社会大众视觉消费习惯的时代图景，为红色文化网络传播提供了必要情境。④

（2）红色文化传播的困境研究。

人工智能、新媒体的出现大大促进了红色文化的传播，但也带来了红色文化传播出现"小众化""单向性""刻板印象"⑤以及传播割裂、融合乏力和文化媚俗等现实困境⑥，红色文化传播亦面临着意识形态、精神内核消解及信息泄露等风险⑦。如何规避风险、破解

---

① 邱利见、赵文政：《红色文化高质量融入思政课程的逻辑理路》，《中学政治教学参考》2023 年第 44 期。
② 李敏：《红色音乐融入高校"音乐鉴赏"课程的路径探索》，《教育理论与实践》2023 年第 27 期。
③ 李永歌、王卫兵：《"大思政课"视域下红色文化融入高校思政课实践教学的"四维审视"》，《教育探索》2023 年第 10 期。
④ 王静：《视觉重构视域下红色文化网络传播：机遇、挑战与路径》，《思想理论教育》2023 年第 5 期。
⑤ 毕冉：《基于媒介逻辑的"红色文化"新媒体传播研究》，《传媒》2023 年第 17 期。
⑥ 隋文馨：《全媒体视域下高校的红色文化传播》，《四川师范大学学报（社会科学版）》2023 年第 4 期。
⑦ 王佳、王锋：《人工智能视域下红色文化传播的机遇、风险及应对机制》，《新闻爱好者》2023 年第 12 期。

困境是红色文化传播研究中亟待解决的问题。

（3）红色文化传播路径研究。

面对网络媒介为红色文化传播带来的机遇与挑战，学者们认为要在传播规律把握、内容质量提升、人才队伍建设、保障机制建构和传播方式创新等方面下功夫。

三、新学科场域和新研究方法不断拓展

可以利用研究前沿的概念来反映新的研究进展。对于研究前沿必须在分析关键词的基础上，结合关键词所在文献进行综合分析和判断。

根据文献计量学的规范，本节研究以文献关键词出现频次的变化频率为观测对象，由于前沿具有一定的持续性，因此本节研究选择2002—2023年频次出现40次以上且有实际意义的关键词为研究前沿。通过分析高校红色文化资源育人研究领域关键词时区图谱（图2-6），并导出相关表格（表2-6），得出2002—2023年新增频次在40次以上且有实际意义的关键词为红色档案、高校图书馆、公共图书馆、高质量发展、伟大建党精神、价值意蕴、地方红色文化、数字化等8个关键词。

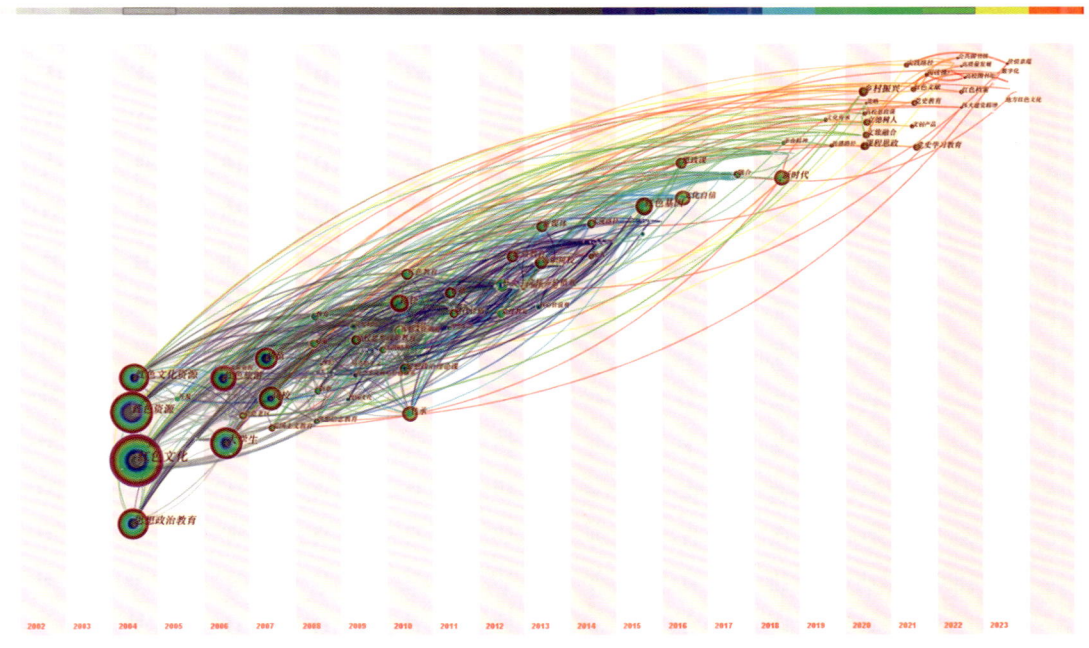

图2-6　2002—2023年高校红色文化资源育人研究领域关键词时区图谱

表 2-6　2002—2023 年高校红色文化资源育人研究领域新增高频关键词（≥ 40 次）

序号	频次 / 次	中间中心度	年份 / 年	关键词	序号	频次 / 次	中间中心度	年份 / 年	关键词
1	108	0	2022	红色档案	5	66	0	2022	伟大建党精神
2	88	0	2022	高校图书馆	6	58	0	2023	价值意蕴
3	85	0.01	2022	公共图书馆	7	47	0.02	2023	地方红色文化
4	70	0	2022	高质量发展	8	40	0	2023	数字化

通过分析 2002—2023 年高校红色文化资源育人研究领域新增高频关键词并结合二次文献检索，可以发现高校红色文化资源育人研究领域新增的研究前沿主要集中在红色档案育人研究、图书馆红色文献育人研究和红色文化资源数字化研究三个方面。

1. 红色档案育人研究

随着党史学习教育的开展，红色档案学逐渐走入红色文化资源育人研究学者的视野。红色档案是记录党的奋斗历程和伟大成就、体现光荣传统和优良作风、彰显实践创造和历史经验的重要史料，是开展党史研究、进行党史学习的重要实物载体。①档案学领域的学者围绕着红色档案的开发利用，主要进行了以下几个方面的研究：

（1）红色档案的概念与价值研究。

红色档案是红色资源的重要组成部分，是反映中国共产党诞生和奋斗历史的原始记录。对于红色档案，学界有狭义和广义两种认识，其区别主要在于时间跨度不同。②狭义的红色档案是新民主主义革命时期中国共产党领导中国人民在革命活动中形成的各类档案的总称。广义的红色档案指的是记录和反映在中国共产党的领导下，百年奋斗历程中所形成的具有历史价值、教育意义、纪念意义的档案资料。红色档案具有重要的政治引领、经济转化、文化传承和社会教育功能，在增强文化自信、加强思想教育、促进经济发展等方面起着重要作用。③

（2）红色档案的开发和保护研究。

红色档案资源开发是指通过采用各种技术和方法对蕴含在红色档案资源中的信息进行采集、筛选、挖掘、处理、传输等系统化操作，从而实现红色档案资源多重价值的动态过程④，

---

① 高君：《红色档案：概念界定、时代价值与建设路径》，《档案管理》2022 年第 3 期。
② 张雷珍：《论红色档案的当代价值及其实现路径》，《浙江档案》2022 年第 5 期。
③ 张运磊：《沂蒙红色档案价值开发与传承》，《北京档案》2022 年第 10 期。
④ 赵雪芹、李金璐：《新媒体环境下红色档案资源开发优化路径——以 31 个省级综合档案馆为例》，《档案与建设》2023 年第 2 期。

其中最重要的就是开发的技术和方法，数字化开发[①]、叙事性开发[②]是学者研究的重点。

（3）红色档案育人研究概述。

红色档案是高校人才培养的优质资源，有助于大学生树立正确的历史观、国家观、民族观、文化观、宗教观，增强"五个认同"。红色档案赋能高校人才培养可以通过将红色档案汇入教材内容，将讲授式、体验式、研究式、情景式、影音式等教育方式相结合，培育多主体协同育人队伍，加强高校与社会红色资源基地合作，加强网络和新媒体途径引导，借鉴外地先进经验等途径实现。[③]

2. 图书馆红色文献育人研究

图书馆红色文献育人研究是指图书情报领域的研究者主要依托各类图书馆，针对红色文献进行专门而系统的收集、收藏与检索，助力红色文化育人与传播研究。研究主要集中在以下几个方面：

（1）图书馆红色文化资源建设研究。

图书馆是红色文化资源的重要保存机构，充分发挥图书馆的红色资源优势进行社会教育、开展红色文化活动、服务地方文旅经济发展是图书馆承担的重要使命。学界从资源建设、读者活动、新媒体宣传、实体空间等角度对图书馆红色文化资源建设进行了研究。[④]

（2）图书馆红色文献阅读推广研究。

红色文献阅读推广是图书馆传播红色文化的重要方式和途径，学界围绕着红色文献阅读推广的现状、困境、推广策略、推广路径和推广模式进行了研究。[⑤]

（3）图书馆红色文化空间建设研究。

红色文化空间是图书馆空间再造的新形态，一般是由政府或社会组织在区域内创办的以推广红色文献为主旨的公益性阅读空间。学界主要通过调查研究，从服务主体、服务内容、服务模式等维度分析各类图书馆红色文化空间建设情况，发现其建设中存在的问题，

[①] 彭庆红、孙晓丹：《红色档案资源数字化开发利用的路径与梯度》，《档案学通讯》2022年第4期。

[②] 朱兰兰、段燕鸽：《叙事理论在红色档案资源开发中的应用——以大别山区为例》，《档案学研究》2023年第2期。

[③] 巩君慧：《西藏红色档案资源融入高校思想政治教育的价值意蕴和实践路径》，《西藏民族大学学报（哲学社会科学版）》2023年第4期。

[④] 王春迎、朱坤豪、周知：《我国省级公共图书馆红色文化资源建设与发展研究》，《图书馆学研究》2022年第2期。

[⑤] 叶卿：《京津冀省级公共图书馆联动开展红色阅读推广策略》，《图书馆工作与研究》2023年第10期。

并提出相关对策建议。①

3. 红色文化资源数字化研究

数字化是红色文化资源育人发展的新动向，数字技术的发展为红色资源育人的理论研究和实践探索提供了新的动能和机遇。围绕红色文化资源的数字化，学者重点研究了以下几个方面：

（1）红色文化资源数字化的价值研究。

加快红色文化资源的数字化保护与开发是红色文化融入现代生活的重要路径。对红色文化资源进行数字化采集和保存，能够有效解决红色文化资源逐渐消失以及碎片化的问题，有利于不断强化红色文化资源的教育功能和巨大经济价值。②

（2）数字化赋能红色文化资源育人研究。

数字化赋能红色资源育人能够契合学生的学习特点，推动思想政治工作传统优势同信息技术高度融合，有效提升课堂教学吸引力和感染力。③然而，数字化赋能红色文化资源育人面临着技术掣肘、思维固化和协同困境等问题。④新时代实现数字化赋能红色文化资源育人要不断加强基础理论研究，强化协同机制，利用数字化新技术开发具有特色的数字化创意产品，发挥数字媒介优势，搭建红色文化资源数字共享平台，顺应数字化时代变迁，形成思想政治教育新模式，全力打造"大思政课"信息化系统。⑤

科学研究作为一种动态演进过程，一般呈现出从缓慢形成、快速成长、稳定成熟到逐渐衰退的生命周期现象。通过对高校红色文化资源育人研究领域的 19 716 篇文献进行文献计量学分析，发现高校红色文化资源育人研究领域已跨越缓慢形成阶段，正经历快速成长阶段。高校红色文化资源育人研究领域核心作者群已初步形成，并呈现快速增长趋势。通过分析新增高频关键词，发现红色档案育人研究、图书馆红色文献育人研究和红色文化资源数字化研究等是高校红色文化资源育人研究领域的研究前沿。这些研究是高校红色文化资源育人研究领域的最新进展，是研究的重要增长点。未来，高校红色文化资源育人研究不仅要高质量推动研究热点的发展，也要在研究前沿方面着力，实现高校红色文化资源育人研究的深化和拓展。

---

① 刘忠旺:《公共图书馆红色阅读空间服务现状及优化策略》,《图书情报工作》2023 年第 14 期。
② 许丽:《红色文化资源数字化保护与创新发展路径》,《人民论坛》2021 年第 1 期。
③ 罗方述:《数字化赋能红色资源育人探赜》,《学校党建与思想教育》2023 年第 8 期。
④ 刘澈、徐晓风:《"数字化"红色校史资源赋能高校思政课的价值与实践路径》,《思想政治教育研究》2023 年第 6 期。
⑤ 田珊:《数字化红色文化资源赋能高校思政课的价值及路径探析》,《思想理论教育导刊》2022 年第 7 期。

第二节　高校红色文化资源育人的实践创新

红色文化资源是中国共产党百年革命、建设、改革伟大奋斗实践历程的见证，是最宝贵的精神财富，是新时代强国建设和民族复兴伟业的精神力量源泉。红色文化资源蕴含着丰富的革命精神和厚重的历史文化内涵，具备独特的教育引导力，已逐渐成为高校育人实践中的重要内容。近年来，各高校积极依托红色文化资源开展铸魂育人工作，在推动"大思政课"建设、数字化赋能、构建红色文化资源育人新平台、大中小一体化建设等方面取得了重要进展。

一、运用红色文化资源推动"大思政课"建设取得重要突破

红色文化是"大思政课"的天然教科书。习近平总书记指出："'大思政课'我们要善用之，一定要跟现实结合起来。上思政课不能拿着文件宣读，没有生命、干巴巴的。"[①] 运用红色资源育人，是"大思政课"育人的重大课题之一。而将红色文化资源融入"大思政课"，正是落实善用"大思政课"，使之与现实结合起来的最佳举措。真实丰富的红色文化资源是开展"大思政课"的鲜活素材，为"大思政课"提供了价值引领，是"大思政课"建设的天然载体和源泉。红色资源具有的价值引领功能与"大思政课"的育人功能高度契合，深入推进"大思政课"视域下的红色资源育人，有助于在新时代新征程上塑造时代新人，使其厚植爱国情怀，强化责任担当，赓续红色血脉。2022年7月25日，教育部等十部门印发《全面推进"大思政课"建设的工作方案》的通知，要求充分调动全社会力量和资源，全面推进"大思政课"建设。2023年，中宣部、教育部对高校四门思政课教材进行了全面修订，教材内容与以往相比进一步优化，在内容中对党的二十大精神和党的十九届六中全会精神，以及中国共产党百年奋斗历程的重大成就和历史经验总结予以充分体现。

---

① 杜尚泽：《"大思政课"我们要善用之（微镜头·习近平总书记两会"下团组"·两会现场观察）》，《人民日报》2021年3月7日，第3版。

中国人民大学将红色文化资源与"大思政课"建设深度融合，充分发挥革命文物的社会教育功能，推动新时代高校红色文化资源育人工作与思政课改革创新融合发展，推进"大思政课"建设走深走实。一是加强以革命文物为主题的"大思政课"优质资源建设，面向校内广泛开展以革命文物为主题的"大思政课"优质资源征集工作，做好资源开发、利用和教学方案设计，优化"大思政课"的内容供给。二是创办精品示范课"北京中轴线上的'大思政课'"项目，发挥示范带动作用。三是持续建好陕北公学旧址、河北阜平华北联合大学文化聚落、北方大学旧址、华北大学旧址、"铁一号"旧址等校史纪念馆方阵和校史教育基地，为学校师生与属地提供高质量红色文化资源，更加彰显红色校史的育人价值和精神力量。四是推进学生实践育人体系建设，组织校院老师带领学生前往云南、陕西、浙江、贵州等地的红色旧址调研，把社会实践作为加强师生联系、促进学生成长成才的有效载体，以课程体系、项目体系、指导体系、管理体系、保障体系建设为支撑，构建具有人大特色的"先锋"社会实践体系。

北京科技大学积极拓展红色资源，共建"大思政课"。学校与红色纪念馆、博物馆深度合作，通过馆校融合的方式，将红色历史教育融入青年学子的成长过程，厚植爱国情怀和社会责任感，上好行走的"大思政课"。学校与香山革命纪念馆合作，签订战略合作协议，通过共建"行走的思政课堂"实践育人基地，开拓"研究生理论宣讲团"云端连线、青年教师研修培训、纪念中共中央进京"赶考"75周年主题活动等合作路径，凝聚红色文化育人合力，全面提升铸魂育人实效。此外，学校还与西柏坡纪念馆合作，加入京津冀馆校联盟。通过馆校融合的方式，学校将红色历史教育融入青年学子的成长过程中，培养他们的爱国情怀和社会责任感，提高学生的实践能力和创新能力。

对外经济贸易大学充分发挥课堂主渠道作用，讲好红色文化育人"大思政课"。学校将红色文化资源育人与学生思想政治教育工作紧密结合，着力培养学生爱国情怀、社会责任感、创新精神和实践能力，用新时代党的创新理论铸魂育人、启智润心，推进爱国主义和革命传统教育常态化、长效化。学校办好"思政小课堂"，加强红色文化育人课程体系建设，制订思政课程教学建设方案，加大思政课教学改革力度，将红色文化融入思政课程。学校用好"社会大课堂"，进一步明确导向、形成特色、丰富内容、创新形式，通过思政课集体备课制度，邀请红色文化研究专家加入备课团队，积极组织教师开展假期集体备课教研活动，努力打造具有新时代引领力的红色文化资源育人研学项目，实现思政课"三进"工作全覆盖。

大连海事大学着力打造"流动的思政课"品牌，创新红色文化实践育人模式。学校依托现役专用远洋教学实习船"育鲲"轮的"浮动的国土"特色育人载体，深入挖掘红色文化育人资源。近年来，学校将红色精神植入"蓝色使命"，突破传统单一基地类实践教学模式，持续打造富有海事和交通特色的"流动的大思政课"立体化教育教学模式，成为行业高校"大思政课"建设标杆。

嘉兴南湖学院以聚合、转化百年红船革命精神元素所形成的"红船伟力"为引领，以精神内涵研究、课程建设、平台打造、氛围营造等要素建设为重点，将具象的精神、聚焦的研究和具化的环境融入高校人才培养全过程，举办红色大学战略推进会，构建"红色大学"校园育人生态，推进"三全育人"，探索形成了大思政育人的"南湖样本"。

辽宁石油化工大学深入挖掘学校独特的地域文化、行业文化和办学传统等红色资源中蕴含的思政育人元素，通过实施"12345"工程，构建形成红色教育、专业教育、实践技能教育导向相结合的特色鲜明的高校"大思政课"育人新范式，实现以红色文化"特色高地"助推专业创新发展和人才培养。学校坚持以雷锋品质为底色，以铁人精神为养分，以抚油精神为根脉，构建了课程育人、科研育人、平台育人、实践育人、环境育人"五位一体"的红色文化育人体系。

总之，习近平总书记提出"'大思政课'我们要善用之"这一新理念新要求后，全国各高校反响热烈、行动迅速，结合自身工作实际，深入学习、深刻领会、深度践行，做了很多非常有益的探索。社会是一个大课堂，为思政课提供了源源不断的丰富资源和鲜活素材。善用"大思政课"，就是把思政"小课堂"同社会"大课堂"结合起来，讲好引人以大道、启人以大智、育人以大德的人生大课。

二、依托数字化赋能红色文化资源育人取得新进展

红色文化资源是中华民族宝贵的精神宝藏和力量源泉，也是党带领全国各族人民实现中华民族伟大复兴的精神动力和力量源泉。当前，以人工智能、大数据、云计算为代表的数字信息技术的快速发展，为红色文化资源的研究、应用以及数字化保护和传播提供了新的技术支撑和应用空间。

清华大学积极运用三维（3D）、虚拟现实（VR）、增强现实（AR）等现代信息技术，将校园内、校史馆等展馆内的红色文化资源在云端可视化呈现，创造极具科技感与体验感的红色文艺作品，为师生校友、社会公众打造跨越时空的动态育人场景，实现'处处能学、时时可学"。同时，学校主动以短视频、微电影、直播、慕课类网络育人平台等创新传播方式开展传播推广，将思政教育有机融入社会大课堂，让更广大的群体增进相关知识、体悟精神内涵，最大限度地发挥高校红色文化资源的价值塑造功能。

华北理工大学创建李大钊数字资源服务平台，基于李大钊学术著作、影视资料并整合

人民网及高校优质资源，以大数据、扩展现实（XR）、人工智能技术为依托，建设了李大钊专题、高校思政课程、党建红色资源专题、网上红色展馆、思政特色专题、中国精神等板块，为学校师生及其他用户开展党建和思政教育工作提供线上服务。其中，李大钊专题板块的内容包括李大钊个人介绍、人物著述与传记、学术研究、高清图片4个板块，另设有红途微视板块，通过图文和音频、视频资料，详细介绍了李大钊的生平事迹、人格风范，使用户可以追溯中国共产党的初心使命，感悟李大钊铁肩担道义的革命胸怀。在数字化场景建设方面，学校主要开发了AR智慧党建沙盘系统、XR党建工作平台以及VR党建学习设备等多个平台。

内蒙古大学于2019年设立"内蒙古自治区红色文化大思政虚拟仿真资源平台"项目，以全区红色资源数字化支撑思政课教育教学，牵头组织全校师生代表赴实地开展红色资源普查，基于720°全景技术对红色文化遗存与保护现状进行数字化实录，分区建设12个盟市红色基因库，构建了数字化虚拟全景游览、思政教育一站式平台，实现了对红色资源的课程化利用。学校重点建设了"内蒙古红色文化旅游网"和"内蒙古红色文化旅游小程序"2个数字思政资源线上传播展示平台，突出红色全景、红色人物、红色资讯、红色精神、红色故事等特色板块，助力"四史"学习与铸牢中华民族共同体意识教育。

沈阳理工大学利用VR技术开辟红色文化育人新领域。学校积极深化国防教育数字化建设，将VR技术引入红色文化资源育人模式，探索利用VR技术形成虚拟仿真实验教学数字化开发与装备化应用的"双链条"融合，推动国防动员演训基地建设，搭建立足辽宁、覆盖全国的全民国防教育虚拟仿真实验教学共享平台。

三、构建红色文化资源育人新平台实现一体化

井冈山大学聚焦井冈山精神研究，创建了红色文化研究和教育"四高"平台。一是建设高层次的研究平台。通过资源共享、平台共融、优势互补、共建协作等形式，学校先后获批或成立教育部高校人文社科重点研究基地——中国共产党革命精神与文化资源研究中心、全国高校思想政治理论课教师研修基地、江西省人文社科一类研究基地——井冈山研究中心、江西省"2011协同创新中心"——红色文化研究与传承应用协同创新中心、全国首个红色文化博士后工作站、红色励志教育中心等多个高层次研究平台，已成为颇有成效的红色文化资源研究高地、红色文化资源开发利用的智库。二是建设高质量的教育教学平台。学校充分运用井冈山精神博物馆、"映山红"青年学院、大学生红色体验训练中心

（拓展基地）、课程思政教育教学研究中心开展育人活动，努力将井冈山红色资源优势转化为教育教学优势。三是建设充满活力的实践平台。学校利用井冈山及周边十分丰富的红色资源，建设了渼陂古村（"二七"会议旧址）教育实践基地、东固革命根据地纪念馆实践基地、富田古镇（原中央苏区革命活动中心）教育实践基地、"九打吉安"历史陈列馆教育实践基地，开辟了三湾改编现场教学点、龙江书院现场教学点、八角楼现场教学点、大井毛泽东故居现场教学点、黄洋界现场教学点、井冈山革命烈士陵园现场教学点、小井红军医院现场教学点、小井红军烈士墓现场教学点，以"实践课堂"为纽带，打造"五讲、四诵、三唱、二演、一练"模式，构建"永远的井冈山"思政课实践教学平台。

河北工业大学依托于自身的红色文化资源和光荣革命传统，积极搭建基于京津冀区域红色文化资源的爱国主义教育基地共建新平台，与中国人民抗日战争纪念馆、平津战役纪念馆、周邓纪念馆、觉悟社纪念馆、盘山烈士陵园、李叔同故居纪念馆、李大钊纪念馆、西柏坡纪念馆、晋冀鲁豫烈士陵园、开滦博物馆等10余家京津冀国家级、省市级爱国主义教育基地签署共建协议，将京津冀区域红色文化资源作为共建共享的重要学习资源，打造爱国主义教育前沿阵地，为广大师生和各界人士学习革命传统、升华爱国情感、培育民族精神搭建了广阔的学习平台。

嘉兴大学依托全国高校思政理论课骨干教师社会实践研修基地、浙江省课程思政研究中心、"大思政课"建设研究中心、"红船精神＋"德育教材研究基地和"思政名师工作室""红课工作室"等系列教研平台，及时将研究成果转化为育人资源，强化红船精神育人教学创新，以"红船精神与时代价值""红船精神青春实践"等思政必修课为核心，以"中国共产党创建史概论"等公共选修课、"人文素质＋科学精神"公共基础课为两翼，以"红船精神＋"课程思政为辐射，健全"红船精神＋"课程体系。学校发挥浙江省德育教材建设研究基地作用，创编"红船精神＋"特色教材，推出《红船精神与浙江发展》《红船精神领航中国梦》《红船见初心》《红船精神及其在浙江的实践：首创·奋斗·奉献》等系列教材。此外，学校充分依托地方红色资源，努力打造红船旁系列"多彩思政课"、智慧思政课和课程思政、红船精神理论学习微讲堂等，用数字化赋能课堂教学。

四、统筹推进大中小一体化建设取得新成效

推进大中小学思政课一体化建设，是新时代党中央做出的重要战略部署。2019年，习近平总书记在学校思想政治理论课教师座谈会上提出，要把统筹推进大中小学思政课一体化建设作为一项重要工程，推动思政课建设内涵式发展。在学校思想政治理论课教师座

谈会召开五周年之际，习近平总书记对学校思政课建设作出重要指示，强调："要坚持以新时代中国特色社会主义思想为指导，全面贯彻党的教育方针，落实立德树人根本任务，坚持思政课建设与党的创新理论武装同步推进，构建以新时代中国特色社会主义思想为核心内容的课程教材体系，深入推进大中小学思想政治教育一体化建设。"大中小学思想政治教育一体化建设，关系到落实立德树人的根本任务，关系到培育让党放心、爱国奉献、担当民族复兴大任的时代新人。深入学习贯彻习近平总书记对学校思政课建设的重要指示精神，推进大中小学思想政治教育一体化建设，需要我们着眼于培养一代又一代社会主义建设者和接班人，深刻理解党中央推进大中小学思想政治教育一体化建设的重要意义。

河北工业大学积极探索大中小幼思政一体化共建模式，发挥学校在大中小幼思政一体化建设中的引领作用，先后与河北工业大学北辰附中附小、红桥附中附小、天津第二十中学、和平区西康路小学、和平区第九幼儿园等中小学、幼儿园等开展以支部共建为引领的课程、文化、社会实践等方面的共建工作，创新工作方法与路径，推动高校思政工作端口前移，扩大全员思政范围，打造爱国主义教育一体化课堂。

天津外国语大学充分发挥思想政治理论课主课堂作用和大中小学生思政一体化联盟主阵地优势，将学习贯彻习近平总书记视察天津重要讲话精神与高校所开设的"习近平新时代中国特色社会主义思想概论"和中小学所开设的"习近平新时代中国特色社会主义思想学生读本"课程的教学内容相融合，实现对习近平新时代中国特色社会主义思想的深入领悟与实践。此外，天津外国语大学联合铃铛阁外国语中学、天津外国语大学附属北辰光华外国语学校共同开展思政教学活动，沿着习近平总书记视察平津战役纪念馆的足迹，在平津战役纪念馆同上"一堂课"、画好"同心圆"。这一举措是对习近平总书记关于大中小学思政课一体化建设重要指示精神的全面落实，实现思政理论与实践教学的有机融合，夯实思政课一体化的基础，为天津在中国式现代化建设进程中的文化教育发展注入新的活力，为地方发展赋能增势。

浙江理工大学积极发挥教学、科研、人才、资源等优势，统筹协调各方力量，共破大中小学思政课一体化建设难题，探索共建共享共育的、富有"浙江味"的大中小学思政课一体化铸魂育人体系。学校与杭州市临安区、临平区、钱塘区先后成立了天目少年思政学院、弘临思政学院和钱塘潮思政学院，着力解决思政课一体化建设中衔接性不足、区分度不够、资源整合不充分、协同机制不健全等问题。推进思政课一体化建设，要打造贯通小学、初中、高中、大学全学段的思政课体系。弘临思政学院成立后，校地共建学术指导委员会，全面实施大思政教师培养计划，开设思政课教师行政班、高研班、普培班，培训教师300余人次，切实提升思政课教师专业素养。

中国科学技术大学（以下简称"中国科大"）积极探索"大学生讲思政课"新方法，在"毛泽东思想和中国特色社会主义理论体系概论""中国近现代史纲要""思想道德与法治"等课程中进行"同课异构"，同步开展"小老师"讲红色文化的思政微课活动；创新性地推出"红色剧本杀"特色课程，创作完成一部大型红色互动推理剧《觉醒年代》，在省内外多个高校推广后引起较好反响；开展"中国科大思政课程云端实景教学工程"系列活动，先后联合金寨县革命博物馆、渡江战役纪念馆，以博物馆纪念馆为实景课堂，通过网络直播连线到中国科大及合肥市有关大中小学课堂，推进大中小学思政课一体化建设，《安徽日报》《中国青年报》等媒体对此做了专题报道。

惠州学院构建大中小学思政课一体化共同体，成员包括：惠州学院、惠州城市职业学院等6所大中专院校；惠州市教育科学研究院；惠州市第一中学、惠州中学、惠州市实验中学等17所中小学校；惠州中学陈海峰省名师工作室等5个省市县（区）名师工作室。学院通过校地共建、校校共建、工作室共建，立体式、多层次建设大中小学思政课一体化共同体，组织大中小学思政课一体化建设理论与实践研究，开展大中小学思政课一体化教学研究、交流和展示活动，推动完善大中小学思政课一体化协作机制，形成大中小学思政课教师教学发展共同体，在团结协作中跑好育人"接力赛"。

第三节　高校红色文化资源育人的成果展示

红色文化资源是优质教育资源。近年来，各高校全面贯彻落实习近平总书记关于红色文化的重要讲话精神，坚持以习近平新时代中国特色社会主义思想为指导，着力推进红色文化资源融入高校科学研究、人才培养和社会服务各领域，取得了丰硕的成果，获得了各级各类的奖励，产生了广泛的社会影响。

一、躬耕教坛结硕果（教学成果奖）

教学成果奖是指在教育教学活动中，取得显著成效的个人或集体所获得的奖励。它是反映教育教学规律，具有独创性、新颖性、实用性，对提高教学水平和教育质量、实现培养目标产生明显效果的教育教学方案，尤其是国家教学成果奖，代表着我国教育教学工作的最高水平。近年来，各高校积极将红色文化资源融入高校教育教学的全过程，培育和产生了一批高水平的教学成果奖。

1. 红色文化资源融入课程育人成果

课程是高校育人的核心，是教育思想、教育目标和教育内容的主要载体，集中体现了国家意志和社会主义核心价值观，是学校教育教学活动的基本依据，直接影响人才培养质量。近年来，各高校积极探索以课程为抓手，创新教学理念、改革教学方式，将红色文化资源融入高校课程育人全过程，构建了课程育人的教学体系，先后获得了国家级教学成果奖和省级教学成果奖等。如井冈山大学的"红色资源融入课程育人的教学体系构建与18年实践"，坚持以习近平总书记关于"用好红色资源、传承红色基因"重要论述为指导，落实立德树人根本任务，坚持问题导向，用心用力用情，从实践上锚定高校课堂教学主渠道和课程育人核心，将红色资源融入课程育人的课程体系、教材体系、教法体系和保障体系，形成了红色资源融入课程育人的教学方案。该成果从理论上系统研究了红色资源的存在形态、教育特质、教学内容，以及基于红色资源的学习行为和教导行为等，揭示了红色资源融入课程育人的教学设计、教学管理、教学评价等特点和规律，构建了红色资源教育教学理论体系。石河子大学和塔里木大学的"兵团精神育人课程体系建设"以培养爱国爱疆、担当奉献的新时代成边人为使命,以"兵团情怀深、政治素质高、专业能力强"为教学目标,依托教育部"一省一策"思政课集体行动计划,实施"书记履职亮点项目""书记开局项目""三全育人"试点院校等项目,努力推进教育体系课程化整合,兵团元素全方位融合,教学方法科学化组合,教学资源系统化聚合。该成果按照"知识奠基—理论升华—情感熏陶—实践引导"的模式,遵照"知识认同—理论认同—情感认同—价值认同"的路径,构建了"思政课程+课程思政+第二课堂"的"三位一体"的兵团精神育人课程体系,成为红色文化育人教育教学改革的有益探索。

2.红色文化资源融入高校思政育人成果

思政课是立德树人的关键课程。红色文化资源中蕴含了丰富的思政元素,将其融入思政教育,对于提升思政课的针对性和吸引力具有不可替代的作用。近年来,各高校结合自身的资源优势,从革命精神中汲取营养,从育人主体、人才培养、课程建设、育人体系、平台建设等方面将红色文化资源融入高校思政教育全过程,取得了丰硕的成果。如延安大学的"延安精神'一体两翼'铸魂育人体系的构建与实践"基于学校"培养具有延安精神特质(信念坚定、求真务实、敢于担当、乐于奉献、善于创新)的时代新人"的人才培养目标,构建与实践了以课堂教学为主体,以体验活动和践行活动为两翼的延安精神"一体两翼"铸魂育人体系,将延安精神融入人才培养全过程。福建师范大学的"新文科背景下'四史'融入高校思政课的探索与实践"聚焦高校思政课中"四史"教育"讲不深""讲不活""讲不透"的普遍难题,贯彻"学科交叉融合"理念,对"四史"教育进行系统性规划和建设。该成果可加强课程体系建设,提供个性化、泛在化的课程选择;推动教学资源建设,提供富有地域特色的数智活化资源;构建"三线三型"实践模式,实现实践教学规范化和全覆盖;加强师资队伍建设,搭建跨空间、跨区域和跨学科的联动式备课机制。河北大学的"浇花浇根 育人育心——河北大学'滴灌式'思想政治教育教学改革与实践"在全国率先提出"滴灌"思想政治教育教学理念并付诸实践,在人才培养过程中,通过聚焦青年学生的理想信念、专业知识、创新精神和社会实践,交叉运用精准集约法、主动介入法、打通堵点法、通达根系法,打出"组合拳",实现思政教育教学由以往粗放、低效的"漫灌式"转化为精细、高效的"滴灌式",给予学生点到点、线连线、面对面的教育引导,做到"浇花浇根、育人育心"。广州城市职业学院以"两个结合"①为基本遵循,以中华优秀传统文化、革命文化和社会主义先进文化为力量根基,创新"思政引领、人文化成、以用彰学、以行证知"的大思政育人理念,坚守马克思主义的"魂脉"

---

① "两个结合"即把马克思主义基本原理同中国具体实践相结合、同中华优秀传统文化相结合。

和中华优秀传统文化的"根脉",以思政课铸魂、以中华优秀传统文化课培根、以修身实践选修课提质,将"两个结合"和课程思政贯穿始终,引导学生实现"坚定理想信念—增强文化自信—提升身心修养—强化责任担当"的气质变化过程,培养德智体美劳全面发展的社会主义建设者和接班人。(图2-7)

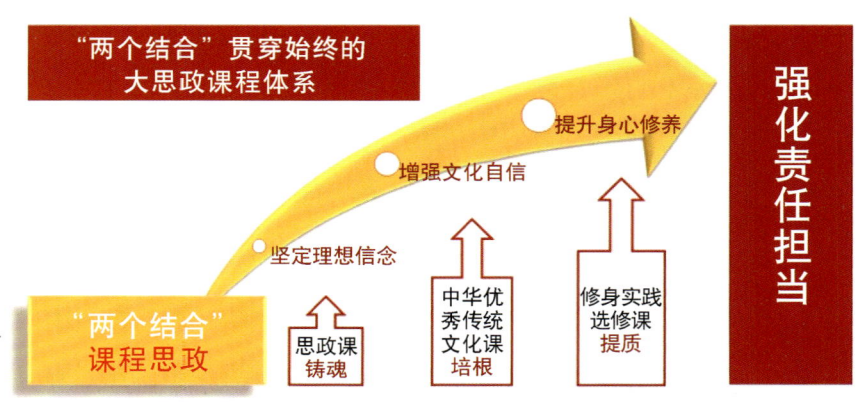

图2-7 "两个结合"贯穿始终的大思政课程体系

3. 红色文化资源融入"大思政课"成果

"大思政课"既是新时代推进思想政治理论课改革发展,更好铸魂育人、立德树人的重要理念和要求,也是加强和改进学校思想政治教育工作的重大理论和实践创新。红色文化作为社会主义先进文化的重要组成部分,是中国共产党在百余年奋斗历程中形成的重要精神财富,也是培育时代新人的宝贵文化资源。挖掘红色文化资源,将红色文化有机融入"大思政课",是推进习近平新时代中国特色社会主义思想进教材、进课堂、进头脑的有效路径。各高校从资源开发、教学创新等方面就红色文化资源融入"大思政课"建设取得了丰硕的成果。如湘潭大学与衡阳师范学院共同完成的"扎根伟人故里,传承红色基因,构建'一引领两转化三融入'的立德树人新模式",将红色资源转化为育人资源,将红色文化研究成果转化为教学内容,将红色文化融入课程体系、校园文化和社会实践活动,推出了系列红色文化教辅资源,形成了"模范群体"的育人成效,有效解决了运用红色文化落实立德树人根本任务、坚定学生理想信念的路径问题以及"大思政课"校内协同、校内外联动的体制机制问题。北京理工大学的"理念先导、机制保障、全面融入——理工科高校'红色育人路'实践模式探索"项目,围绕"以智养德、以德养才、德学共育、志创融合"目标,以"红色基因铸魂、国防需求牵引、思政引领成长"为主线,形成以思政课为主渠道、以课程思政为支撑、以实践育人为延展的一体化育人体系,塑造立德树人新格局、教师教学新形态、学生成长新场域。其理念先导为深入阐释"红色育人路"理念体系。其有机融入体现在构筑浸润式信息化"大思政"教学场域。湖南第一师范学院的"'大思政'育'大先生':新时代红色师魂培育的'一师'实践",结合湖南一师的特色,10年来依托独特的校本红色资源优势,以"大思政"为育人理念,以"红色血脉"为育人载体,挖掘红色校史,提炼红色元素,走出了以"大思政"育"大先生"、以"红色血脉"铸"红色师魂"的创新之路。西藏职业技术学院、西藏自治区老西藏精神研究会、西藏民族大学等单位共同完成的"基于'老西藏精神'的'大思政'育人体系的构建与实践",以老西藏精神研究会为平台,组织社会力量参与对老西藏精神的挖掘、整理和保护工作,充分挖掘老西藏精神这一中国共产党人精神谱系资源,发挥老西藏精神代表人物谭冠三的纪念园坐落于西藏职业技术学院的优势,以"语境+情境+环境"三境一体的"大思政"育人理念为导向,开辟红色思政育人新路径。

4. 红色文化资源融入课程思政成果

课程思政是指将思想政治教育元素,包括思想政治教育的理论知识、价值理念以及精神追求等融入各门课程中,潜移默化地对学生的思想意识、行为举止产生影响。红色文化蕴含着丰富的革命精神和厚重的历史文化内涵,是融合物质性和精神性双重属性的文化资源。将红色文化资源融入专业课程,引导学生立大志、明大德、成大才,传承红色文化精神基因,厚植家国情怀,是新时代铸魂育人的重要命题。近年来,各高校积极推动思政课程与课程思政同向同行,在教学理念、教学内容、教学方式等方面创新,形成了诸多的教学成果。如四川大学的"以弘扬江姐精神为引领的四川大学红色文化育人体系构建与实践",系统梳理了学姐江竹筠的在校求学奋斗经历,凝练江姐精神,并以之为引领涵育新时代川大精神,将其融入人才培养全课程全过程,激发学生广泛共鸣、自觉践行,形成以"培育又红又专时代新人"为目标,以"发掘校本资源,汲取榜样力量,传承红色基因,厚植家国情怀"为理念,以红色文化精神系列化、红色课堂教学精品化、红色实践教学特色化、红色学习空间沉浸化为路径的川大红色文化育人体系。广州医科大学的"'南山精神'引领的'三化三合三体系'卓越医学人才培养模式改革与实践",针对医学人才培养中学生内驱动力不足、创新精神和实践能力不强、教师教学能力和精力投入不够的问题,凝练了"勇于担当的家国情怀,实事求是的科学精神,追求卓越的人生态度"的"南山精神",形成了卓越医学人才培养的核心价值理念,创新"榜样精神—育人理念—培养模式"的医学教育转化范式。聊城职业技术学院、孔繁森同志纪念馆的"筑信仰根基、传英模基因:孔繁森精神融入高职院校育人的'九化'模式与实践",以筑信仰根基、传英模精神为己任,坚持党建引领,

立足地域优势，深入挖掘孔繁森精神内涵价值，构建并实施了孔繁森精神育人体系，发展完善了思政育人目标和课程体系，创新了"校馆合作"思政育人模式和红色文化传播机制。

二、奋楫扬帆创佳绩（科研成果奖）

科研为教学注入活力，教学也助推科研的发展。近年来，各高校积极投入对红色文化资源教育教学的研究，产生了诸多科研成果，这些成果先后获得了教育部社科优秀成果奖及各级各类社科和教育成果奖。

1. 红色文化资源融入革命精神研究成果

革命精神是中国共产党带领最广大人民群众在革命、建设和改革历史时期的实践中形成的宝贵精神财富，也是增强斗争本领、提高斗争意识的强大精神力量。近年来，各高校围绕红色文化资源与革命精神的形成过程、价值意义、培育发展等进行深入探讨，把红色文化资源结合时代发展条件融入革命精神，为构建中国共产党人精神谱系研究提供了重要研究指向，并在高校科研成果奖方面取得了丰硕的成果。如江西理工大学的《新时代中国精神的生成、内涵、价值及培育述论》指出新时代的中国精神是"两个大局"背景下的精神塑造，不仅凝聚着中华优秀文化的永恒魅力，而且包含着中国革命、建设和改革的实践中形成的伟大精神。中国精神的生成逻辑、新时代内涵及其表现有着明显的民族特质和世界意义，尤其是在培育及弘扬社会主义核心价值观和人类共同价值方面，有着更为开阔的世界视野。当前，在理性反思中深入推动新时代中国精神的内核提炼，丰富其精神外延，能够为中国声音传播奠定精神根基，使之成为建构中国话语体系的精神支撑，成为人类共同价值的宝贵精神资源。

2. 红色文化资源融入思政课研究成果

思政课是推动党的创新理论成果入脑入心的关键课程，也是新时代讲好中国特色社会主义伟大成就的重要途径，有利于全面贯彻立德树人根本任务。近年来，红色文化资源融入思政课研究成为高校研究的热点，主要体现在对百年党史中蕴含的思想政治教育、大学生思想政治教育以及思想政治教育形成的维度等方面进行了探讨，并在教学科研方面取得了丰富的成果。如贵州理工学院的《红色文化融入思想政治理论课的三个维度》指出，红色文化是中国共产党团结带领中国人民在革命、建设、改革的伟大历史实践中创造的先进文化，蕴含着丰富的育人资源。新时代把红色文化融入思政课，要全面发挥红色文化铸魂育人的功能，用红色文化丰富思政课的内容，用红色文化助力思政课落实立德树人根本任务，在思政课中讲深、讲透、讲活红色文化。北京师范大学的《人的彻底解放与全面发展——中国共产党百年思想政治教育的价值导向》以党的发展历程为线索，将中国共产党领导下的百年思想政治教育划分为四个时期，并以历史事实为依据，为中国共产党百年思想政治教育服务人的彻底解放、成长成才和全面发展提供历史素材和基本观点。该成果指出，为中国人民谋幸福、为中华民族谋复兴是中国共产党的初心和使命，全心全意为人民服务是中国共产党的根本宗旨，人的彻底解放与全面发展是中国共产党百年思想政治教育的价值导向。人的解放与发展是一个历史范畴，其内涵与标准是一个不断变化发展的过程，在革命、建设、改革时期及其不同阶段有着不一样的目标和内容。

另外，各高校围绕党的革命早期话语权、红色文化资源融入红色旅游研究、红色文化资源融入新媒体研究、红色文化资源融入红色音乐研究等方面也展开了深入的探讨，特别是从传播学的角度阐述了如何结合新媒体技术传承和发扬井冈山精神，也获得了较为丰硕的科研成果。华南师范大学的《十月革命与中国共产党早期革命话语的建构》荣获第九届高校科学研究优秀成果奖二等奖，其主要论述了中国共产党早期革命话语建构过程中十月革命所起到的样本作用和参照作用。《十月革命与中国共产党早期革命话语的建构》指出，建党和大革命时期是中国共产党革命话语建构的关键时期，中国革命的正当性、中国革命道路、中国革命前景等问题，需要从理论上进行说明、作出回答；同时也指出，中国共产党在建构革命话语过程中，注意结合十月革命来诠释和说明，以增强革命话语的解释力和说服力，认为十月革命为中国共产党早期革命话语建构提供了重要支撑。天津师范大学的《延安时期中国共产党党内政治生态建设研究》一书以延安时期中国共产党党内政治生态建设为研究对象，探讨了党内政治生态的概念界定及其理论内涵、历史进程、总体布局及基本经验等内容。这部专著获得了第十七届天津市社科优秀成果奖特等奖。江西师范大学的《加强井冈山红色文化全媒体传播体系构建的对策建议》指出，红色文化是中国共产党领导人民在革命和建设过程中逐渐积累并发展起来的优秀物质文化产品和精神文化资源。作为革命精神和奋斗精神的载体，红色文化凭借革命性、先进性、时代性等特征对培育社会主义核心价值观、实现中华民族伟大复兴起着重要作用。伴随第五代移动通信（5G）技术的应用，全媒体时代悄然而至，各类信息出现裂变式增长，实现了全程共享、全员共享。同时，传统媒介也突破时空限制、跨越物理屏障，实现了融合共生。红色文化作为中国特色社会主义文化的重要组成部分，需要因时而动、顺势而为，抓住全媒体时代的发展机遇，利用整体优势形成红色文化传播合力，生成新的生命力。

三、砥砺奋进新征程（实践成果奖）

高校思政课实践教学与大学生社会实践是高校实践育人的两大重要手段，共同承担着培养高素质、综合型人才的重要使命。近年来，各高校积极将学校"小课堂"和社会"大课堂"相结合，充分利用独具特色的红色文化资源，在中国国际"互联网＋"大学生创新创业大赛、"挑战杯"全国大学生课外学术科技作品竞赛等各项实践比赛中取得佳绩，产生了重要社会影响。

1. 中国国际"互联网＋"大学生创新创业大赛

中国国际"互联网＋"大学生创新创业大赛是由教育部与政府、各高校共同主办的一项技能大赛。大赛旨在深化高等教育综合改革，激发大学生的创造力，培养造就"大众创业、万众创新"的主力军；推动赛事成果转化，促进"互联网＋"新业态形成，服务经济提质增效升级；以创新引领创业、创业带动就业，推动高校毕业生更高质量创业就业。近年来，各高校积极探索将红色文化资源融入"青年红色筑梦之旅"赛道，产生了诸多的成果奖项。

一是将红色文化资源与课程育人相结合。如浙江传媒学院的"提灯者——以红色画像照亮烈士归家路"是一项致力于红色文化传承与课程思政相结合的教育活动。该项目以立德树人为核心，将专业教育与思想政治教育相融合，强化教育目标和过程，实现了五育并举和全员、全过程、全方位的育人格局。南昌师范学院的"青风学堂——'红色＋'实践教育引领者"项目创新廉洁教育形式，建立34支分队，推动"廉洁故事进校园"品牌项目，显著提升育人成效。其采用"故事创演"沉浸式学习方法，深入革命老区采风，还积极参与社会服务，为培养担当民族复兴大任的时代新人提供了有力支持。

二是将红色文化资源与文化传播相结合。如江西外语外贸职业学院的"红译员——红色文化传播的架桥人"项目，通过教师和学生的志愿服务团队，致力于红色文化的翻译和传播工作，帮助红色文化走向世界。项目团队在实践中创新了红色文化与师德师风的建设机制，聚焦党建引领，强化了政治标准的重要性。这不仅提升了学生的创新创业能力，也为乡村振兴和文化出海做出了贡献。项目团队积极响应"一带一路"倡议，为援外研修班的官员提供了高质量的翻译服务，获得了国内外的广泛认可。郑州铁路职业技术学院的"中原铁路红色基因研学基地——新时代铁路红色文化的坚定传播者"项目通过组织学生沿着中原铁道线寻访，包括洛阳机务段、二七纪念塔等10个红色寻访地，形成了一条实践育人的"线路图"。通过沉浸式、体验式的学习，学生们深入了解了铁路革命历史和精神，与铁路前辈进行座谈交流，感悟到"人民铁路为人民"的使命担当。此外，学生们将寻访过程和中原铁路革命故事整理成文字和视频，通过新媒体平台向广大青年传播中原铁路的红色故事，使寻访成果转化为思想教育的资源。学校在此基础上将中原铁路红色基因的革命史实编撰成思政教材，并着力建设中原铁路革命纪念馆，进一步推动红色基因的传承。

三是将红色文化资源与文化融合发展相结合。如上海戏剧学院的"文博剧场——博物馆戏剧赋能红色'文旅＋文教'新业态"项目，通过戏剧艺术的形式，将博物馆的教育资源和红色文化融入旅游和教育中，吸引更多观众尤其是年轻一代参与到文化和历史的体验中来。项目团队由上海戏剧学院的师生组成，他们利用专业知识和创意，将戏剧艺术与博物馆教育相结合，创作出具有教育意义和艺术价值的作品。这些作品不仅在校园内演出，也走进了社区和旅游景点，成为推广红色文化和提升公众文化素养的重要力量。天津体育学院的"军体融合——红色教育助力绿色乡村振兴"项目团队由一群退役大学生组成，他们将军事训练与体育教育相结合，以实际行动支持国家的乡村振兴战略。该项目在体育强国和军事强国的背景下，通过素质拓展和赛事服务等多种方式，促进了军体融合，同时推动了国防体育事业的发展。

2. "挑战杯"全国大学生课外学术科技作品竞赛

"挑战杯"全国大学生课外学术科技作品竞赛是由共青团中央、中国科学技术协会、教育部、全国学联和地方政府共同主办，国内著名大学、新闻媒体联合发起的一项具有导向性、示范性和群众性的全国竞赛活动。该赛事在促进青年创新人才成长、深化高校素质教育、推动经济社会发展等方面发挥了积极作用，被誉为当代大学生科技创新的"奥林匹克"盛会。近年来，各高校利用红色文化资源打造红色文化精品，通过以赛促学、以学促赛，以知促行、以行践学，引导学生们用红色精神培育正确价值观念，产生了诸多红色文化资源育人成果。

一是将红色文化资源与思政教育相结合。如南京理工大学设计艺术与传媒学院的"建构'Z世代'思政教育新场域——红色剧本演绎平台打造时代新课堂"项目，创新性地将思政教育与现代青年喜闻乐见的"剧本杀"游戏相结合，打造了一个沉浸式的红色教育平台。其通过红色剧本演绎的形式，让参与者在体验中学习党史，感悟革命精神，增强爱国主义情感和历史责任感。红色剧本演绎活动以中国共产党党史、中国近现代革命历史中的事件为原型，选取具有重大历史意义和激烈情节冲突的事件进行演绎，使参与者能够更加直观地理解历史，感受革命先辈的英勇事迹。浙江农林大学推出的"青年回乡筑庭院，红色引擎助未来"项目,通过学生党员的积极参与,深入研究和传承乡村文化的精神价值,推动了乡村的美化和振兴;团队成员深入台州及遂昌等地,通过实际行动参与庭院创建和设计,逐渐成长为一支懂农业、爱农村、爱农民的人才队伍,为乡村的可持续发展贡献了青春力量。

二是将红色文化资源与文化创意产品相结合。如东南大学艺术学院的"滔浪黔征,红心续章红色文创产品设计"项目,项目团队深入挖掘红色历史和革命传统,通过创意与设计,将红色文化的深厚内涵和时代价值融入文创产品中,展现了红色文化的魅力,也体现了学生在创新能力和实践能力上的显著提升。项目团队以"用艺术讲好中国故事,用戏剧演绎国之栋梁"为宗旨,通过寻访身边的科学家,采集第一手创作素材,创编科学家主题戏剧,并通过全国巡演的方式,将科学家精神传递给更广泛的受众。上海视觉艺术学院的"大黔视界,视觉飞扬"项目通过新媒体的力量,为红色文化的传播与创新提供了新的视角和平台。项目团队深入贵州,结合专业知识,记录并传播当地的红色文化和乡村发展故事,旨在传承红色基因,并通过艺术的形式展现新时代的贵州形象。

三是将红色文化资源保护利用和精神传承相结合。天津师范大学"声传红迹"项目由新闻传播学院的学生团队负责,致力于构建青少年党史学习教育新媒体资料库,整合各地红色资源,并通过实践调研形成了一套可持续、可推广的红色文化传播理念。项目团队以天津觉悟社为试点,运用VR全景交互技术,创建了沉浸式红色数字"云展厅",让其他地区的人也能身临其境地感受天津红色文化场馆的魅力。武汉大学"工业遗产焕新生,红色精神永长存——关于武汉红色工业遗产活化焕新情况的调研"项目,深入探讨了武汉地区红色工业遗产的保护与活化利用,提出了完善活化焕新效果的"4+1"组合策略,为红色工业遗产的保护与活化提供了具体的解决方案,有助于推动红色文化遗产的传承与发展。西安交通大学的"当'西迁精神'遇到'老西藏精神'"项目挖掘西迁精神和老西藏精神的基本政治逻辑和内在联系。团队成员走进革命旧址,重走十八军进藏路,深度寻访红色人物,整理、汇编了丰富的访谈口述文稿和实践研学资料。这些调研成果不仅获得了国家级主流媒体的报道,也受到了老西藏精神研究会和西迁精神博物馆的高度评价。此外,团队成员在雪域高原开展的志愿帮扶活动,以及与拉萨市团委联合成立的"向西而歌"青年微宣讲团,都是对红色精神传承的具体实践。

第三章 高校红色文化资源育人与"大思政课"建设（一）

红色文化是中国共产党领导中国人民在革命、建设和改革的伟大实践中创造、积累的先进文化，蕴含了中国共产党人的崇高理想和坚定信念，具有资政育人功能，与高校思想政治教育目标高度统一、内容高度契合，可为思想政治理论课堂教学提供生动鲜活的案例素材和精神滋养，是"大思政课"建设的优质资源。各地高校紧扣新时代新征程教育使命，系统谋划、守正创新，推动"大思政课"建设内涵式发展，深入挖掘红色文化资源的内涵与价值，通过多样化的教学模式和丰富的实践活动，将红色文化资源与思政课程内容紧密结合，增强课程的吸引力和感染力，有效提升学生的思想道德素质和爱国情怀，为培养担当民族复兴大任的时代新人提供有力支撑。

高校红色文化资源育人年度发展报告（2023）

第一节　红色文化资源融入高校思政课程

将红色文化融入思政必修课，在凝练教学理念、丰富教学内容、创新教学方法、深化教学实践等方面取得了显著成效。各高校在教学理念层面，着力打造有信仰、有视野、有力量、有情怀的"四有"课堂；在教学内容层面，对红色文化资源进行深入挖掘并将其丰富的内涵融入课程，为课程提供了生动案例；在教学方法层面，对课堂讨论、VR体验等多元化教学手段和现代科技的应用，增强了课程的互动性和吸引力；在教学实践层面，将课堂教学与实地考察、社会实践、志愿服务等活动相结合，以鲜活生动的形式增强学生的历史认知与情感共鸣。通过以上四个方面汇聚的合力，学生的爱国主义情感、社会责任感和历史使命感显著提升，思想道德素质得到全面提高，为培养具有高尚品德和坚定信仰的新时代青年奠定了坚实基础。

一、凝练高质量教学理念

红色文化资源在本质上体现了马克思主义的基本立场、观点和方法，与思政理论课的内容保持着内在的一致性，因此，各高校应挖掘红色文化资源所蕴含的思想政治元素，以红色文化资源来诠释思政道理，以思政道理来阐释红色文化资源，实现两者的良性互动，同时要讲好红色故事，传承好红色基因，让课堂教学更具亲和力、感召力和吸引力，不断增强学生的"四个意识""五个认同"，坚定学生的"四个自信"。

1.坚定信仰：打造有政治高度的思政课堂

（1）坚定马克思主义、共产主义信仰。

红色是中国共产党、中华人民共和国最鲜亮的底色。中国共产党从成立那天起便举起了马克思主义的伟大旗帜，把实现共产主义作为自己的最高奋斗目标，始终牢记初心使命，坚持"两个结合"，推动中国的革命、建设、改革实践，使中华民族迎来了从站起来、富起来到强起来的伟大飞跃。马克思主义以其科学性、人民性、实践性、开放性彰显出强大的生命力、感召力，红色文化资源以其可读性、生动性、多样性、传播性体现其强大的吸引力、亲和力。各高校应以红色文化资源诠释马克思主义基本理论，使学生掌握马克思主义的立场、观点、方法，把握时代脉搏，引领时代潮流，读原著、学原文、悟原理。

（2）坚定中国特色社会主义信念。

中国特色社会主义是中国共产党带领全国人民浴血奋战、顽强拼搏、求实奋进探索出的一条正确道路，它是近代以来中国社会发展的必然选择，是中国从胜利走向胜利的根本保证。历史和实践证明，只有社会主义才能救中国，只有中国特色社会主义才能发展中国。全面建成社会主义现代化强国，实现中华民族伟大复兴，必须立足于走自己的路，彰显自身优势，进行伟大斗争，成就伟大事业。

（3）坚定中华民族伟大复兴信心。

近代以来，国家蒙辱、人民蒙难、文明蒙尘，无数仁人志士探索救国救民道路。在中国共产党的领导下，我们取得了新民主主义革命胜利，建立了新中国。经过社会主义改造、建设和改革开放，我们国家取得了巨大的成就，有了更坚强的领导核心、更完善的制度保证、更坚实的物质基础、更主动的精神力量，攻克了一个又一个的难关，创造了一个又一个的奇迹。中华民族伟大复兴的前进步伐势不可挡。

2. 开阔视野：打造有思维广度的思政课堂

坚持大视野观，不断开阔国际视野和历史视野，进行纵向、横向比较，明确我国发展新的历史方位，发挥中华民族的比较优势，从中国看世界，让世界懂中国，明辨是非、善恶、美丑、真伪，开阔视野，提升境界，打造有思维广度的思政课堂。

正所谓"致广大而尽精微，极高明而道中庸"，各高校应以大视野讲好"大思政课"，把握"两个大局"，深刻认识我国所面临的挑战，保持政治清醒，坚定政治立场，提高政治站位，讲清中国特色社会主义道路的正确性和制度的优越性；积极培育和践行社会主义核心价值观，坚定"四个自信"。五千年中华文明深刻阐明了"我们是谁""我们从哪里来""我们要到哪里去"的历史逻辑，中华民族从统一、繁荣、屈辱到复兴的过程无不显示着中华民族的精神特质，特别是近代以来中华民族波澜壮阔的历史进程，阐释了中华民族不屈不挠、顽强拼搏、自强不息的精神。从中国共产党的成立、新中国的建立、社会主义的改造与建设、改革开放的成功，到进入新时代以来，我国攻克了许多长期没有解决的难题，办成了许多事关长远的大事要事，造就了历史悠久的中华文明新的历史辉煌，这些不断增强了我们中国人的志气、骨气和底气。

3. 激发力量：打造有践行力度的思政课堂

各高校应发挥好真理的力量、榜样的力量、团结的力量，用力量激发活力，打造有践行力度的大思政课堂，激励学生注重日常行为养成，服务人民，奉献社会，赋能中华

民族伟大复兴。

各高校应领悟真理的磅礴力量，提高理论的说服力。思想的光芒，穿越时空，照亮前程。一个民族要走在时代前列，就不能没有理论思维，不能没有思想指引。中国共产党始终把马克思列宁主义作为党的指导思想，并同中国实际相结合，用真理的力量激活中华文明，推动中国革命、建设、改革实践，不断坚持真理，发展真理，切实用真理之光照耀前行的路，把真理伟力转化为推进强国建设、实现民族复兴的磅礴力量。各高校应发挥好榜样示范作用，增强课程的感染力，即注重从榜样中发掘素材，反映其高尚人格、理想追求、坚毅品质、奉献精神，发挥榜样示范作用，鼓励学生崇德向善，积极向榜样看齐，向榜样靠拢，把抽象的理论变得更加鲜活、更接地气，增强思政课的感染力。

4. 厚植情怀：打造有情感温度的思政课堂

一代人有一代人的使命，一代人有一代人的担当。《觉醒年代》里的青年们抛头颅、洒热血，新中国成立初期的青年们呕心沥血、顽强拼搏，改革开放时期的青年们改革创新、锐意进取，这些无不体现着天下兴亡、匹夫有责，和衷共济、守望相助的家国情怀与责任担当。要解决好"培养什么人、怎样培养人、为谁培养人"这个根本问题，需要深入挖掘和总结中华民族历史发展进程中的育人元素，运用红色历史资源赓续红色血脉，把红色基因传承好，确保红色江山永不变色；讲好长征故事、三线建设故事、改革开放故事、脱贫攻坚故事、民族团结故事，厘清中国新民主主义革命逻辑、社会主义建设逻辑、改革开放逻辑，弘扬好伟大建党精神、长征精神、抗震救灾精神、川陕苏区精神、"两弹一星"精神；运用情境调动情绪，结合现实激发情感，深化认知，陶冶情操，把道理讲深、讲透、讲活；引导学生坚持把爱家、爱党、爱国、爱社会主义相统一，厚植爱国主义情怀，把爱国情、强国志、报国行自觉融入坚持和发展中国特色社会主义、全面建成社会主义现代化强国、实现中华民族伟大复兴的奋斗之中，打造有情感温度的大思政课堂。

二、丰富课程教学内容

红色文化资源是推进思政课建设的文化财富与重要资源。各地高校积极将红色文化资源融入思政课教学，推动教学内容创新，用红色文化资源的"料"，讲出思想真理的"味"，让红色文化资源在思政课建设中大有可为。其中，构建红色文化课程体系与充实丰富思政教材内容显得尤为重要，二者是实现红色文化资源有效融入思政课程教学的核心和关键。

1. 构建红色文化课程体系

构建一套科学、系统、高效的高校红色文化课程体系，确保红色文化教育的系统性和完整性，通过科学合理的课程设计，将红色文化的各个方面和层次有机结合起来，使学生能够全面、深入地了解红色文化的内涵和价值。这既是对历史的尊重与传承，更是培养具有坚定理想信念、深厚爱国情怀和强烈社会责任感的新时代青年的必然要求。

（1）打造思政理论课教学特色。

红色文化资源在打造思政特色课程中具有不可替代的重要作用。地方高校在探索思想政治理论课程教学改革的过程中，普遍注意到整合利用红色文化资源，打造彰显地方品牌的思政特色课程。

西南大学统筹构建以"习近平新时代中国特色社会主义思想概论"课程为核心的思政课课程群，打造党的创新理论、革命精神、红色文化、大国"三农"、教育强国、科技创新6类思政大课，形成一套教学讲义、一套教学设计、一套教学视频；融入建设100门课程思政重点课程，建立"沉浸式"大思政课平台；将学术活动、专业实践、社会调查、劳动教育等纳入专业课程体系。

东北大学（以下简称"东大"）将百年东大爱国红色文化作为以史育人、以文化人的重要资源，充分发挥课堂教学的主渠道作用，将百年东大红色基因有机融入教育教学，制作"百年东大爱国故事"专题课件，丰富优化课程资源，推动思政课改革创新，用爱国主义故事、先进典型事迹、校史故事等鲜活素材充实思政课案例库，不断增强红色资源育人吸引力和感染力；持续开展"思业融合燎原计划"，加强和改进课程思政建设，挖掘各门课程所蕴含的爱国主义教育元素和所承载的红色基因教育功能，构建爱国爱校教育与知识体系教育相统一的育人机制，在课程中讲出"东大红色味道"。

海南大学充分运用课堂教学主渠道，通过深入挖掘习近平总书记4次视察海南的系列重要讲话和指示批示精神、海南红色文化资源、南繁精神和海大校史等丰富资源，将红色文化教育融入课程体系之中，纳入人才培养方案，形成了立体式、特色化的红色文化课程体系；加强课程思政建设，制定《海南大学课程思政二十条》，将"琼崖革命精神"作为思政元素融入课程内容；引入80余门红色教育课程资源，作为教师开展混合式教学线上资源融入相关课程。

河北工业大学以自身红色文化资源为切入点，通过实地走访、口述历史等方式积极开展对京津冀地区红色文化资源的挖掘与研究，将京津冀区域红色文化资源作为共建共享的重要理论学习资源，挖掘和提炼党史、校史元素，推动党史校史元素同步融入思政和专业课堂，使之成为新时代思政教育工作的鲜活素材，制订党史校史文化融入课程思政的教

学方案,探索创新将红色文化资源融入课程思政的教学方法,充分发挥课堂教学主渠道作用,努力打造思政课堂、课程思政、实践课堂深度融合的"立体课堂",推动爱国主义教育不断深入人心。

上海外国语大学校园思政课堂将伟大建党精神的核心要义讲深讲透,全面精准,打造伟大建党精神本硕博全学段全学科全覆盖的课程链;厚植理念,在面向本科生的"形势与政策"课程教学中设立"伟大建党精神的科学内涵与时代价值"专题;后台发力,成立6个课程中心,举行"将伟大建党精神融入思政课程"的新教材集体备课会,研讨将伟大建党精神融入思政课程的创新实践。

江西财经大学科学设计思政课程,将井冈山精神和最新政治要求融入课程体系,设置"井冈山的斗争与井冈山精神""红色文化十讲""百年百个红色经典"等专题教学,增设红色课程选修课。

宁夏师范学院通过对红色文化基础理论的研究,逐步形成了"铸牢中华民族共同体意识""红军长征西征在宁夏""从一首诗词到一种革命精神——《清平乐·六盘山》的精神意蕴""追溯伟人革命足迹奋力前行新长征路——毛泽东在固原的5天4夜""西海固红色历史人物"等5个特色专题。根据现开设思政课的课程性质和特点,将红色文化特色专题融入思政课课堂教学。

成都工业学院依据五门思政理论课教学大纲,通过系统梳理挖掘陈毅元帅红色文化蕴含的思政教育元素,将陈毅元帅红色文化作为必讲内容,明确纳入相关课程的教学计划中,形成了"一门为主、多门渗透"的教学格局。其中,就主要课程"形势与政策"而言,在大一新生中开设了"陈毅革命精神与社会主义核心价值观"专题讲授。

(2)开设地方性红色文化课程。

各地高校通过深入挖掘本地红色文化资源、开设地方性红色文化相关课程、建设实践教学基地等措施,有效提升了思政课程的吸引力和实效性,为培养担当民族复兴大任的时代新人提供有力保障。

华侨大学推出"侨史侨情"特色通识课程,将思想政治教育融入侨情侨史教育,通过中国侨务政策的演变、侨团与侨社、华侨华人社群的形成与发展、侨乡建设与文化传承、华侨社会角色与贡献等专题学习,让学生们了解到中国近现代历史上华侨爱国奉献的鲜活故事,深刻感知华侨与祖国和家乡之间有着血缘和情感的紧密联系。

辽宁科技学院将"东北抗联精神铸魂育人"作为办学特色之一。在思政课教学中,学校将东北抗联精神作为理想信念教育、爱国主义教育、红色革命教育的丰富素材,推动抗联精神育人宣教深度融合。在将抗联精神融入5门"思政课"主干课之外,学校还开设"红色抗联文化歌曲鉴赏与演唱"等与抗联精神相关的8门公共选修课。

武汉体育学院利用本校、本地特色文化资源，开设思政选修课"冠军中国""中华体育精神与体育强国梦"，深刻阐述我国体育事业在党的坚强领导下改革创新、奋发有为之路，加强对学生的红色文化教育。

2. 充实丰富思政教材内容

思想政治理论课是大学生进行思想道德建设的主课堂和主渠道，教材则是重中之重。将从丰厚的红色文化资源中精选出的最具代表性、最能体现革命精神和时代价值的内容，作为思政教材的补充和拓展，不仅为教师的授课提供了资源，也为教师的教育指引了方向。

（1）发掘红色文化资源与教材的结合点。

《思想道德与法治》《中国近现代史纲要》《马克思主义基本原理》《毛泽东思想和中国特色社会主义理论体系概论》《习近平新时代中国特色社会主义思想概论》是高校思想政治理论课教学主教材，教师应当有意识地将丰富的红色文化所涵盖的革命人物、革命事件、革命精神融入相应章节内容的教学中。精准把握红色文化资源与思想政治教育的切入点及结合点，自然而然地将这种文化融入教材。革命英雄这种爱国主义的事例能使学生对爱国主义的含义形成深入理解，培养学生的责任意识，使学生能够更好地肩负起中华民族崛起的重任。教师应抓住红色文化与思想政治教育的契合点，使二者浑然一体，使学生通过身边的、熟悉的红色文化故事，加深对教材中宏观性的、概述性的结论的理解。

以龙岩学院为例，学校根据6门思政课程的具体育人目标，设置符合各门思政课教学目标的红色文化专题：在"习近平新时代中国特色社会主义思想概论"课程中设置"水土流失治理的'长汀经验'和集体林权制度改革的'武平经验'"专题；在"毛泽东思想和中国特色社会主义理论体系概论"课程中设置"红色闽西在毛泽东思想形成中的地位与作用"专题；在"马克思主义基本原理"课程中设置"马克思主义的世界观与方法论在红色闽西的创造性实践"专题；在"中国近现代史纲要"课程中设置"闽西人民的革命斗争"专题；在"思想道德与法治"课程中设置"红色闽西与大学生理想信念教育"专题；在"形势与政策"课程中设置"苏区巨变——闽西的跨越发展"专题。

类似的还有阿勒泰职业技术学院，该校充分发挥课堂教学主渠道作用，把可可托海红色文化资源融入思政课教学，大部分教学内容都结合了可可托海红色文化资源。如教师在讲授《思想道德与法治》第一章第二节"正确的人生观"和第三节"创造有意义的人生"时，融入老一辈可可托海建设者那种不畏艰难、艰苦奋斗的崇高理想信念和积极的生活态度的案例；在讲授第三章第一节"中国精神是兴国强国之魂"和第二节"做新时代的忠诚

爱国者"时融入"可可托海精神"的内容；在讲授《毛泽东思想和中国特色社会主义理论体系概论》第三章和第四章"社会主义建设有关专题"时，为指导学生在实践中发扬艰苦奋斗的光荣传统，可让学生课前收集可可托海人建设"功勋矿"、无私奉献、艰苦奋斗的英雄事迹，把课堂交给学生，让学生在动手实践中了解可可托海建设者们当时的艰苦生活和劳动环境；在讲授《习近平新时代中国特色社会主义思想概论》第十三章"维护和塑造国家安全"时，融入可可托海矿区各族人民正是在坚持党的领导下，克服重重困难，为助推"两弹一星"成功发射及我国稀有金属工业发展和人才输出等做出了卓越贡献，进一步夯实了我国政治、经济独立与安全的基础；在讲授《马克思主义基本原理》第七章"共产主义崇高理想及其最终实现"时，融入可可托海老一辈建设者在中国共产党的领导下，各民族团结一心，以对共产主义崇高理想和对革命事业矢志不渝的追求，用青春热血甚至生命完成了党和国家的重托的可歌可泣的故事。

（2）因地制宜、与时俱进，编写校本教材。

校本教材是根据学校自身特点、学生需求和地域文化定制的，能够更贴近学生的生活经验和认知水平，从而提高学生的学习兴趣和参与度。校本教材可以补充和丰富国家标准课程的内容，特别是在思政教学中，可以结合本地的红色文化资源、历史人物、社会事件等，使学生在熟悉的文化背景中理解和接受思政教育。同时，校本教材能够针对学生的实际情况进行教学设计，有助于提高教学的针对性和实效性，使学生能够在思政课程中获得更深刻的认识和体会。可以说，编写校本教材能够为思政教学提供更加丰富、生动和具有针对性的教学资源，有助于提高思政教学的质量和效果。

四川工程职业技术大学基于成果导向教育（OBE）理念，配套开发出版《大学生思想政治理论课实践教程（活页式）》，将项目任务、学习情境与学生的知识能力有效结合，系统设计了"说、读、诵、写、演、辩、摄"等形式多样的"菜单式"任务30余个。该教材入选四川省"十四五"职业教育省级规划教材立项建设名单，为思政课类唯一入选教材。

豫章师范学院开展统编教材、校本教材同频共振活动，打造新型"红教材"。一是把校史、校友写进教材，编辑出版《红色记忆——豫章师范学院红色基因谱》《百年师范——老学府 新故事》《江西省立一师校史考证》3部校本教材，编辑出版一套丛书——《百年校史文化育人丛书》；编印一系列画册——《吾道康庄》《百年红色校史铸魂育人的豫章师院实践》《百年师范坚守使命 附属教育服务地方》；制作一部宣传片——《百年传承映初心 立德树人谱华章》，将百年校史形象生动地转化为思政教育的"活"教材。二是把校本教材融入思政课统编教材《红色文化十讲》的教学中，用好校园红色文化资源，占领育人主阵地。学校思政教师受邀参加全国红色基因传承研究中心举办的"首届红色基因传承高端论坛",其论文被评为首届红色基因传承高端论坛优秀论文,并入选论坛论文集。

三、新技术赋能教学方法革新

近年来,党中央不断加大对高校学生思想政治教育的关注力度,对高校思想政治教育理论课做出了严密规划,对高校思想政治理论课开展全面建设,改进教学方法是其中的重点和难点。教学方法是教育主体对教育客体产生教育影响的重要通道和关键着力点。在传统的高校大思政课教学模式中,教师常采用"满堂灌"教学模式,学生接收的信息量大,但却往往不能深入理解,只能采取机械式记忆记住一些知识性的内容。只有改变这种教学状况,学生才能真正理解教学内容,才有可能在生活中做到知行合一。

1. 创新课堂教学模式

以翻转课堂为代表的新型教学模式,通过重新安排传统的教学流程,将课堂讲授和家庭作业的位置颠倒,使得学生在课前通过视频等资源自主学习新知识,而课堂时间则用于讨论、解决问题和加深理解。引入翻转课堂,采用疑问式、思维开放式等创新教学模式,能有效解决目前教师"独唱"的课堂形式的问题。在高校思政教学中,运用新的教学模式,不仅可以有效地提升教学的互动性和学生的主动学习能力,也有助于培养学生开放性思维与独立思考的能力。目前,许多学校已经开展了相关探索,收获了一定的效果。

中国科学技术大学创新载体和方式,积极探索"大学生讲思政课"新方法,让红色文化"活"起来、"火"起来。学校在"毛泽东思想和中国特色社会主义理论体系概论""中国近现代史纲要""思想道德与法治"等课程中进行"同课异构",同步开展"小老师"讲红色文化的思政微课活动;创新性地推出"红色剧本杀"特色课程,创作完成一部大型红色互动推理剧《觉醒年代》,在省内外多所高校推广后引起较好反响。

绵阳城市学院思政课建设中有两门课程围绕"地方红色文化融入思政课建设"打造亮点。一是"思想道德与法治"课程,在省级一流本科社会实践类课程基础上,通过开发地方红色教育实践基地,进一步申报国家一流本科课程,依托绵阳作为"中国唯一科技城"的独特文化优势和红色资源集聚地的地域优势打造14个多类型实践特色基地,通过理论和实践教学两个途径,以文化人、以美育人、以科技促人,引导学生践行科学家精神、"两弹一星"精神、长征精神等中国精神,充分体现课程引领学生践行社会主义核心价值观,坚定"文化自信"的价值目标。二是"中国近现代史纲要"课程,以学校"一师一优课"建设项目为契机,立足课程特色和优势,通过课程建设推进红色文化育人模式的创新。师生共同录制了讲述伟大建党精神、长征精神、科学家精神、三线精神的数字化教学资源成果 10 余个，突破空间限制，将校外红色文化场馆、博物馆、名人故居等实践基地的育人价值转化为可迁移、可共享的数字化教育资源，增强资源的协同性和利用率，逐步形成了以"红色基因谱系"为主线的数字化资源库。

辽宁省交通高等专科学校搭建起面向全校学生的以线上教学资源、红色资源实践基地和大型音诗画舞台校史剧为一体的多维度思政课教学模式。学校以校本红色资源为新渠道、以中国近代史文化长廊为基础，建设完成"中国近代史简编"和"中华文明概论"公选课配套的历史文化线上资源库；以传统文化和红色革命历史为基石，将4门思政必修课和"中国道路交通行业文化简史"的课内实践环节设立在校史陈列馆、红色记忆展馆和辽宁"六地"①文化资源研发中心进行，形成全国高职院校首创的以4门必修课为主体，以"中华文明概论""中国近代史简编"为支撑，以"中国道路交通行业文化简史"为延伸的"3＋2＋1"思政课程实践教学基地。

广州城建职业学院将党史学习与思政课教学相结合，开展"一课一党史故事"教学活动。该活动包含四个环节：一是课前准备，由任课教师指导学生选材、制作开讲作品，为开讲做好准备；二是上课番讲，每个小组推选一名开讲学生，在开课前于课堂进行播讲；三是点评环节，任课教师和同学们相互点评，以升华故事内涵；四是打分环节，由任课教师和同学共同打分。

广安职业技术学院思政课程建设，探索"课前五分钟，我讲思政课"教学模式，通过话题讨论、课堂辩论、实践体验等将红色文化资源融入课堂，推动"教学内容红起来，教学过程活起来，教学体验真起来"的教学改革，增强红色文化的吸引力与感染力。

新疆科技学院在思政课讲授中开展互动式教学，采用提问、讨论、辩论等互动式教学方式，鼓励学生积极参与课堂讨论，提高教学效果。学院通过运用案例分析、情景教学和互动探讨等多种教学方式让思政课堂更为生动和感人，用红色人物激励学生、用红色故事触动学生、用红色历史启迪学生、用红色精神涵养学生，使之从红色文化资源中汲取奋斗力量，更好地传承红色基因。

2. 利用现代信息技术

利用现代技术融合红色文化资源，可以有效地提升思政教学的质量和效果，使思政教育更加生动、形象和具有吸引力，主要方式有数字化展览和 VR 技术、AR 技术和混合现实（MR）技术、3D 影像和全息技术、在线课程和网络平台等。

---

① "六地"即沈阳、大连、鞍山、抚顺、本溪、丹东。

数字化展览和 VR 技术是通过数字化手段对红色文化资源进行收集、挖掘、修复和再现，建立红色文物数据库，实现对红色文物的数字化保存和虚拟展览。龙岩学院利用新媒体技术，打造"VR+红色展馆"，引导学生"云游"，包括"中央苏区（闽西）历史博物馆全景导览""龙岩学院'共和国文化摇篮——中央苏区文化建设专题展'馆 VR 云看展""东肖红色旧址群 VR 全景导览""共和国法治摇篮展览馆 VR 导览""中央红色交通线教育基地 VR 云展"等项目，实现线上展馆与线下展厅的对接，使学生在"云游"中听故事、读经典，从而加深对红色文化精神的理解与体悟。同时，AR 技术和 MR 技术可以增强学生的沉浸感，通过模拟历史场景，让学生仿佛置身于历史事件之中，增强学习的互动性和体验性。

武汉理工大学为了更好地传播红色精神、传承红色基因、赓续红色血脉，着力建设包含虚拟仿真平台、红色虚拟仿真资源库、虚拟仿真体验教学系统和在线评估与测试工具在内的思想政治教育教学虚拟仿真体验中心。中心综合使用 VR 技术和 AR 技术，依托丰富的多媒体资源库，建立"走大国强国之路，筑民族复兴伟业"主题展览馆和"四史"教育实践馆，建成包括虚拟仿真"金课"资源库系统、"中国共产党人精神谱系"虚拟仿真教学体验系统、"四个自信"专题教育体验系统、"四史"教育虚拟仿真体验系统等在内的虚拟仿真数据采集平台，强化师生的互动参与体验感。

3D 影像和全息技术可以创造生动有趣的红色文化教育产品，吸引学生的注意力，让红色文化有效传承下去。新疆工程学院在"中国近现代史纲要"课程中，组织学生前往图书馆 3D 虚拟仿真实践教学基地观看 3D 虚拟革命历史场馆及红色电影，使学生如临现场，感受革命历史，激发学生的爱国主义情感，从而使学生更加坚定为建设中国特色社会主义、为实现中华民族伟大复兴而团结奋斗的信心和决心。

在线课程和网络平台建设，是指通过建设红色文化资源教学案例库、专题素材库、在线示范课程库等，拓宽网络教育宣传平台，支持思政课教师参加主流媒体的红色时政节目，综合运用多种网络传播媒介，在学生喜闻乐见的平台和场景推送红色知识。对外经济贸易大学与"新华思政"合作开展数字化教学资源建设，录制优质课程思政示范课程，总在线课程数达到 24 门，累计在线观看超过 11 万人次。同时，学校完善课程思政资源库平台，将红色文化作为数字化教学资源建设的重要内容，深化项目成果运用、转化、宣传、推广。

3. 开展课后实践和社会活动

"纸上得来终觉浅，绝知此事要躬行。"实践教学是增强高校思想政治教育实效性的必要环节，红色文化为高校思想政治教育实践教学提供了丰富的物质和精神素材。开展实践活动不但能使高校学生对中国共产党领导中国人民争取民族独立、人民解放、国家富强、人民富裕的历史形成深刻了解，并且还能对学生接触并感受社会起到一定的推动作用，使学生对自身所承担的历史重任建立相应认知。

福建师范大学发挥福建革命老区、改革开放前沿阵地、习近平总书记17年半工作地的区位优势，构建"红色文化、蓝色海丝、绿色生态、金色思想"四大精品实践主题；领衔"行见八闽"大思政课北部片区研学实践圈，开展"追寻领袖足迹"全省大学生寒暑期社会实践，用好建好古田会议纪念馆、江西于都红军绿色小镇等4个教育部结对共建"大思政课"实践教学基地；建设新时代大学生社会"大课堂"实践中心，为高校深化社会"大课堂"建设提供了理论支持和实践样板。

兰州大学创建专业化"院线电影导师"高校思政教师队伍，建设"青字号"学生团队，开展"线上＋线下"相结合的主题活动，开发"校园院线＋教学"线上学习互动程序，将思政"小课堂"和社会"大课堂"结合起来，让学生在红色文化实践活动中用眼睛发现红色精神，推动实现显性教育和隐性教育有机结合、育人与育才有机统一。

西北政法大学第二课堂开创新局面，积极打造高质量育人体系，制订《西北政法大学构建"德法兼修、理实并重"高水平有特色第二课堂活动体系方案》《红色文化、传统文化、人文艺术第二课堂建设方案》，把传承红色基因、发扬优良传统融入第二课堂，发挥学科优势，精心组织编排系列红色法治教育类话剧《汉吏张汤》《庄严的审判》《人民法官马锡五》并在省内部分高校公演，在全省师生间产生了广泛影响，构筑了"以红色文艺活动为引领、以学生文化活动为重点、以社团文化活动为补充"的第二课堂育人新格局。

四、深化课堂教学实践

推动红色文化资源融入高校思政教育是一项战略性、系统性和长期性的思想政治教育工程，需要充分挖掘各方面教育资源，综合各方面教育力量，将红色文化资源贯穿到思政理论课的全过程、各环节中，发挥融入式、嵌入式、渗入式的立德树人协同效应，不断创新红色文化表达方式，营造浓郁的红色文化氛围。

（一）深化课堂教学实践举措

1. 挖掘整理与推陈出新相结合

挖掘整理，就是要对散见于全国各地的红色文化资源，特别是高校所在地的红色文化资源进行充分挖掘和整合，使之系统化、条理化、知识化，并根据大学生的思维发展特点、接受知识的先后次序以及知识本身的逻辑顺序对红色文化资源各项内容进行排列组合，从而形成一个具有高度科学性的红色文化资源系统大宝库。目前，全国已有部分学校开展专题探索，形成了各具特色的数据库、资源库。

以新疆职业大学为例，该校马克思主义学院教师利用假期搜集红色文化资源案例220个，形成了具有新疆特色的教学案例库。以红色文化资源为支撑的教学案例库，为教师们提供了丰富的教学素材。教师们充分运用案例分析、情景教学和互动探讨等多种教学方式让"大思政课"更为生动和感人。教师们通过启发学生思维，引导学生思考，使学生在情感上产生触动，达到从红色文化资源中汲取奋斗力量、传承红色基因的效果。

内蒙古大学初步建成"红色文化大思政虚拟仿真资源平台"，截至2023年年底，已完成内蒙古红色文化资源基础数据库收集，共计585个资源点位，各点位配套形成"资源单体调查表"和"红色文化基因库"。

推陈出新，就是要在挖掘整合红色文化资源深刻内涵的基础上，除了要继续注重高校以系统传授为特征的课堂思想政治教育之外，还要创新教育思路，充分发挥非课堂教学的作用。所谓"非课堂教学"就是指教育者按照预定的教育内容和方案，在受教育者周围营造一定的生活环境和文化氛围，引导受教育者去感受和体味，使他们在轻松愉快、不需要意志努力的情景中学习知识、发展智慧、开拓思维、产生顿悟，进而得到心灵的感化、情操的陶冶和哲理的启迪，潜移默化地受到教育。这种教育思路就是利用引发受教育者轻松、愉快等正情绪，抑制和弱化郁闷、紧张、厌烦等负情绪，达到思想政治教育最优化的效果。因为亲身体会比思想政治教育者费尽心机加工提炼出来的事例更可信、更典型，生活中平凡的道理比思想政治教育者呕心沥血讲述的道理更真实、更感人。

张掖、定西、白银、庆阳等地的学校，以当地红色文化资源为支撑，结合对校史资源的挖掘和运用，开设校园特色红色文化宣传栏、开办红色文化宣传节，通过标语设置、场馆建设等方式全方位渗透红色文化，通过建设"党史国史红色教育展室""主题形象墙""红色文化长廊""党建文化长廊"等红色文化主题教育阵地，打造沉浸式学习体验，为学生打开了一扇触摸历史、了解过去的窗户，也在学生心中种下一粒坚守信仰、不畏牺牲的种子。

本土红色文化资源不够丰富的部分地区，则采用了情境创造和环境模拟的方式来增加学生的互动和体验。以厦门海洋职业技术学院为例。学院开发了"嘉庚精神"虚拟展示平台。学校数字媒体专业的师生发挥专业优势，创新性地将VR技术运用到嘉庚精神红色文化资源建设中，通过数字化技术生动还原了"陈嘉庚在延安"等历史片段，打造了校园红色文化资源数字云展厅等情境，为受众群体提供了沉浸式、互动式的红色文化体验，有效

提升了其参与感，更好地实现了红色文化价值传播。

2. 顶层设计与地方特色相结合

思政教育课程的主要教学目标就是坚持"以人为本"的德育原则，坚持不懈地整合教书育人。思政课的教材均由国家统一编制，在课本的内容、形式方面均从国家的视角入手，无法对地方所具有的文化特色进行凸显，因此在实际的高校"大思政课"教学工作中，需要按照教学大纲及内容进行教学，并适当地与地方红色文化相结合，进而丰富思政教育的内容，强化思政课的教学有效性。从内容的角度出发，在思政教育内容中，红色文化是最佳素材。将具有地方特色的红色文化融合到思政课程的教学中，能够使学生真实体验到在革命阶段所提出的思想、方针、政策，让学生们能够对中国共产党在革命建设中所制定的路线方针有正确的认识。教师通过大数据技术来收集、整理与整合地方红色文化资源，并结合思政教育的实际内容对地方红色文化资源进行选择与利用，通过微视频、微课等形式对地方红色文化进行讲解与展示，能够有效激发学生的兴趣，同时也能对思政课程的教学内容进行有效充实。

桂林电子科技大学在《关于进一步加强和改进新形势下思想政治工作实施办法》和《关于深化新时代学校思想政治理论课改革创新行动方案》中，明确提出要将本地丰富的红色文化融入思政课教学，为将抽象的桂北红色文化资源融入具体的高校思想政治教育活动提供了制度上的保障。

辽宁高校普遍注重挖掘本省红色"六地"的历史文化资源。例如，沈阳药科大学围绕新时代伟大实践，充分挖掘党史、校史及辽宁"六地"红色文化，将伟大建党精神、抗疫精神、科学家精神、雷锋精神、沈药精神等融入思政课，采用案例式、探究式教学，提高思政课教学吸引力。又如，辽宁地质工程职业学院把习近平总书记重要讲话和重要指示批示、中华优秀传统文化、辽宁"六地"红色文化融入思政课，讲好党的故事、革命的故事、英雄的故事，突出辽宁地方特色，打造"红色场馆里的思政课"品牌，让思政课有温度、有特色，培养学生的文化认同感，真正让"教什么"言之有物，提高思政课堂的情感温度。

3. 传统方法和数字技术相结合

5G、大数据、物联网、人工智能等技术的应用，使思政课的育人环境不断向网络化、数字化、智能化的方向变迁，教学实践的体验也从视觉层面的静态平面式转向视听层面的动态交互式。在数字化浪潮驱动下，推动教育现代化是大势所趋、发展所需，也是改革所向，能够较好满足时代发展对大思政课提出的精准化、高效化变革要求。数字化红色文化资源的深入挖掘和推广使用，有助于化解教学资源供给侧和需求侧之间的矛盾，有效推动大思政课的教学资源"多"起来，更好地融入课堂教学。

数字化资源共享平台是提升红色文化资源数字化建设和大思政课高质量发展的重要手段。各高校要立足数字化时代，大力推进"数字+资源+平台"新形态，积极搭建集数字化红色文化资源共建共享、在线互动、网络宣传、研讨交流等为一体的思政课网络云平台，打破长期以来各地区、各校红色文化教育和思政课教学之间的隔离状态，共同探索数字化和沉浸式的学习应用新场域，发挥数字化红色文化资源赋能高校大思政课的最大价值。

湘潭大学致力于将红色文化资源与新兴数字技术有机融合，着力在构建"线上+线下"的双向育人形式的基础上实现守正创新，在运用数字技术建设智慧课堂、拓展教学场域、灵活教学方式、打造智能数字化思政育人平台等领域做出了一系列实践探索。湘潭大学建设了"恰同学少年""思想的力量"等线上虚拟仿真教学课程。虚拟仿真教学以直观、生动的文字、图像、动画、音频、视频、3D场景等构建教学场域，将教学内容立体、有序地集成于虚拟场景之中，为教学提供沉浸式环境，实现了教学从教材语言到教学语言、从传统教学语言到虚拟现实语言、从课堂实体到网络空间、从教师支配到学生主导的大胆革新。

四川信息职业技术学院在建设资源数字化方面颇有成效。学校打造红色数字学习平台，积极推进地方红色文化资源数字化，根据广元市红色文化资源多、革命先辈多、党史事件多的特点，融合信息化新技术，整合利用旺苍红军城、苍溪红军渡、木门会议遗址等革命遗址，建成了苍溪红军渡、中国红军城等6个红色数字博物馆，成为学校师生爱国主义教育重要阵地，让学生足不出户就能感悟"智勇坚定、排难创新、团结奋斗、不胜不休"的红四方面军训词精神。

广东工程职业技术学院在思政课教学中，注重运用研讨互动、情景模拟等多元教学手段，坚持与时俱进，运用学习通、学习强国、网上虚拟展馆等"00后"大学生喜闻乐见的新媒体平台，采用主题讨论、短视频播放、随机点名、抢答、思维导图编辑等方式，让学生"动"起来，激发学生对党史学习的兴趣。

4.课后教育和社会实践相结合

当大学生走进社会后，一些错误思潮或社会问题冲击着大学生的价值观念，严重者甚至会使其产生对思想政治教育的疑惑。红色文化内涵若要长久持续地在大学生的心灵扎根，就必须广泛动员社会各方面的力量，打破学校教育和社会教育之间的隔阂，使红色文化资源教育社会化。

红色文化资源教育的具象化，就是要通过具体而又形象的方式使红色文化资源走进人们的生活，让他们的内心世界在兴趣、乐趣甚至休闲中得到丰富。相关机构应根据当代大学生不同的心理发展规律和认识特点，选择他们容易理解、易于接受的"红色因素"加以提炼升华，不断创新其形式，制作更多更好的适合大学生特点的电视、广播节目和电影产品，创作编辑更多更好的小说、歌曲、报刊、图书和电子出版物，有意识地引导大学生了解英雄人物的事迹，动之以情，晓之以理，在事实的叙述和故事的讲授以及幽默的语言中，让大学生接受其基本的价值观，而当这些英雄人物的业绩通过学校、社区和传媒等反复传播时，也会逐渐成为大学生的道德榜样并被模仿。

红色文化资源教育的实践化，就是要坚持"贴近史实、贴近生活和贴近时代"三原则，注重理性和感性、内容和形式并重，精心设计，组织和开发内容鲜活、形式新颖、吸引力强的教育实践活动，让受教育者身临其境，受到感染和教育。

苏州大学采用课后读书会的形式来延伸教学。苏州大学自2015年以来，定期组织开展"读书·研究·写作"报告会共45期。报告会以研读马列经典著作为主题，以学生研读主讲、教师点评指导、师生讨论交流的方式进行。2023年，苏州大学以"研读原著原文思悟思想伟力""深研细悟学思想凝心铸魂强根本"等为主题，举办报告会6期。苏州大学通过师生共读、共研、共享马列经典著作，引导学生不仅要做到读懂，而且要细悟，并转化为思想，真正做到学思用贯通，感悟思想伟力，筑牢信仰之基。

广西物流职业技术学院在红色文化资源与课外教育和社会实践方面表现突出。学院不仅重视课堂教学，也关注课外教学。学院深入挖掘广西及贵港红色文化资源，包括谭寿林史迹陈列馆、谭寿林故居、陈岸故居、中秋起义烈士纪念碑、中秋起义纪念馆、中秋起义策源地、英雄树、中共广西壮族自治区代表大会（罗村会议）旧址、太平天国金田起义旧址等，贵港原创红色歌曲《中国新长征》《红旗飘扬在东方》《你是我们的希望》，贵港原创革命历史舞台剧《景仰》(《罗村会议》《五月风云》《中秋起义》《红色回音》《勇闯鸿门宴》)、桂平一中舞台剧《红色先驱黄日葵》，贵港市红色革命历史壮话歌剧《陈培仁》，贵港本土大型历史廉洁话剧《压舱石》等，在日常教育教学中有所融入，让学生了解广西地区的革命历史和红色文化，增强他们的爱国情怀和社会责任感。

（二）红色文化资源融入高校大思政课程产生初步成效

将红色文化资源融入高校"大思政课"，通过理论教育和实践教育相结合、显性教育和隐性教育交互渗透的育人方式，不仅满足了大学生内在精神世界发展的需要，传承优良传统和革命精神，坚定其理想信念和爱国情怀，促进其全面发展，还强化了思政教育的实效性和针对性，提升了思想政治教育的成效，提高了红色文化资源的利用率。

1. 大学生对红色文化资源认同感提升

大学生对红色文化资源的认同，是指新时代大学生对中国共产党领导人民开展革命和实践过程中形成的物质和精神财富的肯定性认识，对红色文化资源群形成的归属感和心理承诺，并在生活方式、行为范式、价值观念取向以及思维情感等方面表现出的鲜明的"红色"特征。大学生是社会主义现代化建设得以赓续的生力军，红色文化资源育人成效的丰硕与否取决于大学生内心对红色文化资源的认同度高低。大学生对红色文化资源的认同度越高，越有利于红色文化资源育人实践的开展。大学生对红色文化资源的认同感提升体现在以下3个方面。

第一，对红色文化资源认知度提高且怀有朴素情感。进行理性思考的前提是必须拥有大量的感性素材。在社会层面对红色文化资源开展的宏观宣传，以及部分小学、中学、大学各个层级学校对教育客体一以贯之的红色文化资源教育，使不少大学生对不同红色文化资源有了基础的感性认知。尽管不同学科背景的大学生对不同形态的红色文化资源各有认知的侧重点，如具有文学、历史学、哲学等学科背景的大学生侧重于认知红色文献和红色典故，艺术类专业的大学生对红色歌曲、舞蹈以及话剧等更有兴趣，工科背景的大学生更倾向于开展红色主题的校内外实践，但无论是哪种认知方式，都增加了红色文化资源在大学生心中的"分量"。通过开展红色文化资源育人实践，新时代大学生对红色文化资源的本质、特征和价值有了更为清晰的认知。各高校以红色文化资源中的先进事例和感人事迹为素材，帮助大学生养成良好的道德品质和行为习惯，增强其爱党爱国意识，培育其热爱劳动的观念等。

第二，对红色文化资源积极开展育人实践评价。近年来，由部分高校独立编纂和自主刊印的红色文化资源教材相继问世，提高了红色文化资源育人的科学性和规律性。此外，高校积极与政府文物管理部门合作，利用红色文化资源开拓爱国主义教育基地，为一批批新时代大学生提供了爱国主义教育的理想场所；红色文化资源网站的建设，让红色文化资源变得"时髦"起来，使大学生能够通过新媒体接触和了解红色文化资源；红色文化资源产品的开发、红色品牌栏目的问世，使红色文化资源育人具备了浓厚的时代化和大众化气息。在这种教育环境的熏陶下，大学生对红色文化资源育人由陌生到了解，再到完全接受、积极配合和提供育人反馈，极大地助力了红色文化资源育人实践的开展。

第三，大学生的个体思想道德素质得到了提升。从整体上看，新时代的大学生爱党爱国、服务人民、奉献社会、胸怀宽广、志向远大，对实现"两个一百年"奋斗目标和实现中华民族伟大复兴充满了信心，有着极强的组织能力、学习能力和融入社会的能力。新时代的大学生在国际和国内重大事件面前，接受了锻炼，经受住了考验，这些与认同和内化红色文化资源是分不开的。

2. 高校红色文化育人氛围渐显浓郁

培育浓郁的高校红色文化，对于培养具有社会主义核心价值观的新时代青年，推动社会主义文化大发展大繁荣，以及实现中华民族伟大复兴的中国梦都具有不可替代的重要作用。浓郁的高校红色文化氛围主要体现在课堂教学、校园文化和传播力度这三个层面。

第一，红色文化资源进教材、进课堂、进头脑的"三进"工作稳步推进。校本课程是指学校充分开发和利用区域范围内的优质教学资源，以学校为本位，由学校根据大学生心理成长的实际需求开发出来的与国家、地方课程相对应的课程。目前，关于红色文化资源的校本教材越来越丰富，如豫章师范学院编写的《红色文化十讲》等。部分高校积极利用红色校本课程育人，取得了良好的收效。如遵义师范学院在本科生群体中开设的"贵州省情"，其中有专门的章节讲述了遵义会议的光荣历史；赣南师范大学开设的"中央苏区史"选修课，能够让大学生了解党中央在苏区时期艰苦奋斗的峥嵘岁月，体悟革命胜利果实的来之不易。此外，由于物质形态红色文化资源的原生性，出于保护因素的考虑，它们无法直接进入大学课堂，不少高校利用新媒体播放纪录片、影片等生动活泼的课堂教学方法，体现红色文化资源的真实性和感染力。部分高校教师积极创新红色文化资源的呈现形式，如创作红色歌曲、红色美术作品，将红色文化资源融入红色课件的制作过程，将红色育人素材适时融入课堂的理论教学中等，强化了大学生对红色文化资源的认同感。部分高校结合区域内红色文化资源的分布优势，在课堂上开展红色主题的讨论活动，让大学生以"红色文化资源的开发、保护和利用"为主题深入探讨，加深大学生对红色文化资源的认知与认同。

第二，红色文化资源以更加积极的姿态活跃于校园文化的建设过程之中。校园文化作为思想政治教育隐性教育的重要组成部分，在大学生成长成才中发挥着春风化雨、润物无声的作用。为了推动高校的校园文化建设，将红色文化资源融入校园文化建设，推动爱国主义教育、理想信念教育和革命传统教育的深入开展，既要把红色文化资源与校园人文自然环境建设相结合，打造校园内的红色雕塑、建筑、道路、文化长廊等物质载体，也要结合国家和校园范围内的重大仪式、重大节日庆典，开展红色主题的校园文化活动，如在建党节和国庆时举办红歌会和征文大赛等，在学生活动中渗透红色文化。

第三，高校红色文化资源的传播力度更大，传播氛围更显浓郁。红色文化资源育人需要相应的载体作为依托，无论是课堂上的理论教学，还是课后的实践教学以及校园文化活动都是重要的载体。与此同时，宣传媒体也是传播红色文化资源的重要载体。在红色文化资源的传播中：一是新媒体与传统媒体并举。不少高校在积极开展红色网站、新浪微博、微信公众号和抖音平台建设的同时，重视发挥传统媒体（如校报、广播电台等）平台的作用。如北京大学在创办"红旗在线"、南开大学在创办"觉悟"网站的同时，在校报中也开设相关专栏，刊发和广播红色主题的文章。二是以红色文化资源为依托，加大对红色文化资源的研究力度。近年来，部分具有红色文化资源育人传统的高校相继成立了红色文化研究中心，如江西师范大学成立的红色文化资源开发与教育研究中心、井冈山大学成立的井冈山精神研究中心、赣南师范大学成立的中央苏区研究中心等。这些研究中心的成立，一方面研究和宣传了党的革命文化和历史，促进了红色文化资源的薪火相传，另一方面也烘托了校园红色文化建设的氛围。

3. 红色文化资源在高校中的育人空间得到拓展

精神形态的红色文化资源主要指中国共产党领导全国人民在革命、建设和改革时期求索和追寻的政治信仰、理论知识、价值取向和道德观念等。它们是党长期执政和开展思想建设的智慧源泉。红色文化资源话语以党领导人民开展的革命和建设为叙述对象，既彰显了红色历史的内涵和真实性，也包含着意识形态的建构性。

精神形态的红色文化资源的最大价值在于德育，但它本身并不能开口说话，必须通过话语载体的介入，才能将其强大的精神力量传递给话语的受众。育人主体基于时代主题变迁对红色文化资源进行创造性转化，通过建构现代化的话语体系，能够使情理交融的红色文化叙事产生更广泛的传播效力。

就话语内容来说，新时代中国特色社会主义是需要谋求发展和继续提高生产力以满足人民群众对美好生活向往的社会主义。在红色文化资源育人过程中将育人主体结合社会发展的主题，重点突出生产力话语、发展话语、人性话语这些与大学生的学习、生活紧密相关的内容，更易于被大学生接受。就话语方式来说，育人主体注重推动话语叙事风格的时尚化，以情感话语去弥补政治话语的不足，也可增强红色文化资源话语的感染力。

第二节　红色文化资源融入高校课程思政

红色文化资源融入课程思政，是当前高等教育中一项至关重要的举措，旨在利用丰富的红色文化遗产，在专业课程中融入红色文化元素，强化大学生的理想信念教育和社会主义核心价值观培育。2023年，全国各地高校积极推动挖掘专业课程的思政育人功能，在理论研究、教学内容、教学路径、教学方法、保障措施方面均做了深入探索，主要包括红色文化资源融入人文类专业主体课程、理工类专业精品课程、红色艺术类课程、体育类课程，推动红色文化与课程思政的有机结合。

一、红色文化资源融入人文类专业主体课程

1. 理论研究

2023年，全国各地高校教师和研究人员围绕红色文化资源融入人文类专业主体课程，对红色文化融入教学内容、课堂教学、实践教学、课程教材及其发挥作用进行了理论探讨。

第一，课程内容是主体课程的重要组成部分，有的学者对红色文化资源与课程内容的融合进行探讨。例如，有的学者将红色文化融入大学英语课程思政，充分发挥语言教学的文化育人功能，因此必须强化英语教师课程思政意识，提升其红色文化素养，以红色文化充实英语课程内容，优化英语课堂设计，开展第二课堂活动。有的学者探讨了优化设计课程内容，如将红色文化融入英语教学，强调课堂教学与实践教学相结合，精心规划并分层设计教学内容，寻找红色文化与教材内容的融合点，既可以与宏观主题相呼应，引申出结合社会主义核心价值观的教育内容，也可从微观语言层面进行解析，在讲解语言点时筛选、梳理、提炼、组织与之有关的元素，以此寻找红色文化素材；鼓励学生用英语对红色文化进行宣传和推荐，使学生在体验式活动中锻炼英语语言应用能力。

第二，部分学者注重将红色文化资源与课堂教学、实践教学相结合。有的学者认为要把红色文化资源融入高校"中国现当代文化"课程教学，就要立足教材延伸，活用红色文化资源，开展红色经典导读，发挥课程特色，积极运用现代信息技术，丰富课堂形式，注重实践教学，构建课内、校园、校外"三位一体"的大思政课堂。红色文化融入多种教学

模式得到学界关注，有的学者将红色文化与审计学课程相结合，探讨了创新课程思政的教学模式，使课前、课中、课后相结合，即课前可以将嵌入红色文化故事的信息化素材发送给学生预习；授课过程中通过设计红色审计案例、红色文化传承小组讨论、红色审计竞赛答题等环节，开展课题红色文化教育；课下组织开展红色文化基地探访、红色审计微剧本演出等趣味性实践环节。网络教学平台也应有红色文化的融入。有的学者强调要充分利用微博、微信公众号、微信小程序、抖音等网络平台，将红色文化以故事、图片、视频的形式展现出来，增强学生的学习兴趣，利用学习通、微信小程序等组织红色知识竞赛以及布置相关作业，引导学生主动挖掘红色文化，讲好红色故事。有的学者指出，要使新媒体平台成为中国共产党人精神谱系融入新闻学课程思政教育的重要载体，搭建完善的传播、展示平台，构建"教师＋平台＋资源"教学模式，丰富教学内容，同时注重充分发挥主流媒体的舆论引导功能。

第三，红色文化资源与人文课程教材的融合发展是学界的主要研究方向。在课程思政的教材体系设计中，要充分挖掘思政专业发展历史中的红色元素，将红色文化资源蕴含的爱国主义精神等内容及中国共产党创造的红色精神融入课程教材编排、案例设计与讲稿撰写中，使红色文化内容成为教材体系建设的有机组成部分。红色文化与书籍设计之间有着紧密联系，有的学者强调要结合学生对红色文化知识认知基础、兴趣所向和地域现实需要，收集、整理、遴选适配书籍设计相关课程的红色文化资源，而后将其按照内容属性划分为红色故事、红色遗迹等不同类别，合理地融入书籍设计相关课程的各个章节，使红色文化资源优势转化为书籍设计相关课程教育教学资源优势。有些学者认为要将红色家风纳入学科教材，保存革命故事和革命人物作为知识和价值导向范例，系统、科学地运用红色家风，让学生在学习教科书知识的过程中，受到红色家风影响而形成科学认识。有的学者指出应挖掘红色金融元素，要认真搜集红色金融素材，挖掘红色金融事业中的典型人物、重大事件以及感人故事，总结党的主要领导人以及党内专家的经济学思想，构建红色金融资源内在逻辑体系，按照红色金融人物、红色金融机构、红色金融货币、红色金融思想、红色金融故事分门别类，以革命历史发展为线索，反映红色金融的历史全貌。

第四，充分运用红色文化资源的丰富内涵。马克思主义是红色文化资源的重要内容，部分学者探讨将马克思主义新闻观与新闻传播专业课程融合，认为要以马克思主义新闻观为主线，贯通第一课堂的课堂教学、第二课堂的校内实践、第三课堂的社会实践的课程思政新路径，通过课程建设、教学创新、平台打造、产品创作、科研引领，探索新闻传播类课程中马克思主义新闻观教育的全力打造、全程参与、全面指导的课程思政模式。

中国共产党人的革命精神是红色文化的重要组成部分，部分学者探索将中国共产党人的革命精神与课程思政相结合，认为中国共产党人精神谱系与课程思政的融合应主次

分明，既突出主要方面，又兼顾次要方面，要立足全局强调伟大建党精神作为精神之源的价值，以整体性思维来组织开展融合教学，不断拓展融合深度，体现高阶性的融合特色。应注重挖掘建党精神中的思政元素，依托红色基因组织思政教学内容，由此产生对学生的引领与导向作用，使学生对中国共产党拼搏奋斗、砥砺前行的历史沿革有深度认知，激发学生内在的情感共鸣。

有的学者探讨将党的二十大精神融入课程思政，提出要找准教学结合点，发挥非思政学科课程协同育人作用，挖掘课程体系中与党的二十大精神相匹配的育人内容，不断增强课堂教学实效性。

第五，在红色文化资源对课程思政的作用方面进行研究。部分学者探讨了红色文化与人文类课程融合的独特作用。也有部分学者以"绥德师范"为分析对象，认为应以红色文化资源为素材进行教育功能提升，用红色文化资源规范学生的日常行为，将红色文化宣传片资源融入课程思政教学，让红色文化研究成果充实教育的内涵，让红色文化成为活跃学校日常活动的载体。红色文化在课程思政中承担何种作用，也是学界关注的热点。有的学者对红色文化与大学生德育模式进行了探讨。红色文化对新闻传播人才的培养意义重大，具有加强新闻传播教育价值导向、厚植马克思主义新闻观、强化新闻学子党性意识的重要价值。在实际教学中，要使历史传统与时代要求相统一，党报理论与专业知识相融合，教师主导与学生参与相结合，地方资源与信息技术相结合。

2. 教学内容

第一，充分发挥专业优势，挖掘专业课程的红色文化资源。部分拥有外语专业的高校从语言角度挖掘红色文化资源，为开展课程思政提供借鉴。北京语言大学从专业知识角度出发，挖掘党的二十大精神内核，利用自身文字文献的专业特长，对古语词进行文献检索和原典溯源，从马克思主义与中华优秀传统文化相结合的角度对古语词的内涵进行深层次解读。河北师范大学外国语学院创造性地推出特色品牌活动——"用外语讲好中国故事"和"用外语讲好家乡故事"。同时，其以语言学习为载体，编译双语版党史故事，在编译过程中使学生熟悉红色文化的基本知识，深入理解红色文化的内涵要义，以译促学。西安外国语大学推进翻译工程，完成红色百年革命文物图片展讲解词的英语、德语、日语翻译工作，合作打造中共延安革命历史多语种语料库，促进红色革命基地走向世界。

部分高校借助专业优势，丰富了红色文化的内涵。东北财经大学将红色文化融入专业课堂，把以伟大建党精神为源头的中国共产党人精神谱系融入课堂，深入挖掘课程中蕴含的红色人物、红色故事、红色精神等资源。

第二，运用红色文化资源，打造思政特色精品课程。龙岩学院结合专业课程育人目标，打造课程思政特色精品课，经济与管理学院构建了含"红色管理""红色金融""红色调查""红色财政""红色交通""红色军工"的"闽西六大红色文化资源"新商科课程思政体系。

中国共产党百年奋斗历程是红色文化资源的重要内容。广西大学新闻与传播学院开设了"中国共产党百年新闻思想"课程，总结揭示了党的新闻事业的百年成就与历史经验，增强了专业学生思想感悟与专业认同；外国语学院开设了"翻译经典中的党史"专题课程，系统论述了翻译实践在中国共产党诞生、成长、发展历程中的重要作用。

领袖人物与课程资源的建设得到高校重视。四川旅游学院制定了《课程思政行动指南》，在"旅游学概论""文化资源概论""中国饮食文化"等专业课程中融入红色文化元素，开设"从餐饮看毛泽东的伟人风范""从餐饮看周恩来的伟人风范"等红色餐饮系列专题课程，高标准开展"红言讲堂"，组织开展理论宣讲，形成"一院三讲堂"的课程模式。

内蒙古大学将持续推动区域红色文化资源的课程化利用作为主线，结合汉语言文学专业"现当代文学"课程的"红色文学"、旅游管理专业"导游学"课程的"红色文化资源讲解"等课程思政建设，形成了基于红色文化的课程资源共享体系。

3. 教学方法

各高校利用多样化教学方式展现红色文化。线下课堂是传统的教学场所，部分高校在课堂教学中创新教学方式。延安大学在文科专业开设延安精神方面的专业课，挖掘与本专业相关的传承延安精神的典型事例，并将之渗透到课堂教学之中；坚持实施课前3分钟延安精神教育，由任课教师和学生共同阐释延安精神内涵，介绍学习延安精神的心得体会，讲述与本专业有关的延安精神小故事。

此外，部分学校将课堂教学与实践教学相结合。如在韩山师范学院的"行走的红色文学课堂"中，理论教学占30%，聚焦区域红色资源，结合科研优势，讲述粤东左翼文艺家群体的生成；实践教学占70%，以潮安左联红色之旅、茂芝红色文化游径、潮州古城文化之旅等省级历史文化游径为中心，带领学生深度体验4~6条红色研学路线。该课程突出的特色与创新之处为"知行合一，三个结合"：文学阅读与文学行走相结合、红色研学与社会实践相结合、创新创业与社会服务相结合。

4. 教学路径

创新教学路径是宣传红色文化的重要方面。有些学校将红色文化的融入与课程改革相结合。闽南师范大学文学院成立芝山剧社，通过挖掘专业课程中的红色经典元素，以话剧

和小品的形式宣传红色文化。教育科学学院将课本剧作为专业教育的重要抓手，融入课堂教学改革，将中学语文教材搬上舞台，组织师生创作一批优秀的中小学红色课本剧，达成以文化人、以文育人的教学目标。历史地理学院以历史剧的排演为重点，组织师生根据中学历史课程合力编排一批原创红色剧，真正"让历史飞动起来"。

部分学校将红色文化资源作为专业教学形式的辅助。福建技术师范学院将红色文化与法律学院、艺术与传媒学院等学科专业特色充分结合，举办党史剧比赛，以党史文献、红色经典、革命事迹、英雄故事等为基础素材进行创作，展示中国共产党百年光辉历程、伟大成就和宝贵经验。

利用红色文化开发教材是强化课程思政的重要方式。嘉兴南湖学院立足"红船伟力"，深刻领会"红船伟力"内涵，做好融入"文章"，深化思政课程改革。学校面向全校学生开设"红船精神与时代价值"等必修课，编写以红船精神为主题的专题教材，出版了《红船精神与时代价值》教材，将"红船伟力"融入思政课程中；开设"红船精神与南湖先锋实践"课程，结合嘉兴地方红色元素，开展以"红船驶进青春梦"为主题的走心式思政课实践教学。

5. 保障措施

保障措施是开展红色文化育人的重要方面。有些学校借助现代信息技术，以各种方式丰富红色文化资源。复旦大学科技考古研究院以山西省吕梁市方山县南山革命烈士墓地分子考古研究项目为基础，通过发掘过程、DNA 寻亲、烈士死因、复原照片、个体生活史等信息复原呈现的方式，对烈士遗骸进行分子考古鉴定，推动英烈 DNA 数据库建设、体质鉴定、生活状况复原、面貌复原等。

除传统课堂教学之外，现代信息技术的发展为课堂教学提供了技术支撑。河北大学将红色文化资源与党的创新理论相结合，推动红色文化资源更好融入课程建设。新闻学专业依托新闻学专业（中国共产党新闻史教学）虚拟教研室，对百年党报发展史所涉及的教学板块进行系统性梳理与展示，运用虚拟仿真教学系统，结合元宇宙、VR/AR、动作捕捉等技术，为课程教学赋能。

二、红色文化资源融入理工类专业精品课程

1. 理论探讨

红色文化与理工类专业精品课程的融合主要包括创新教学方式、挖掘革命精神内涵、

现代信息技术赋能红色文化等。

第一，将红色文化与理工类课程有机结合，探索多种教学方式的融合。有的学者将长征精神与地理课程思政教学相融合，在课堂教学内容上进行建设，通过对长征精神与地理课程思政元素融合点进行挖掘，从教学目标、教学内容、教学步骤及教学评价等方面，将课程思政元素与地理课堂教学充分结合起来，从而达到专业课程与思政课程合力育人的目的。部分学者提出了多样化的教学方式。有的学者认为可将红医精神与高职外科学相结合，采取4条途径：其一为线上教学途径，以虚拟仿真实训中心、医学相关视频为载体；其二为线下教学，利用翻转课堂、案例教学（CBL）、团队教学（TBL）等多种教学模式；其三为网上问答、红医发源地云游等多种形式；其四为开展专业技能大赛、校内外志愿服务活动、实地研学等。有些学者对课程思政的教学体系进行了探讨。部分学者认为要建立"石油精神＋能源专业课程思政"的理论教学体系，始终坚持把学生放在主要位置，教师全程对学生进行引导，通过多种方法使学生主动学习，并使其在自主学习过程提升成就感，将石油精神的价值融会贯通到整个教学过程中。

推动红色文化与实践教学相结合是学界探讨的重要内容。部分学者将红色文化与农学相结合，认为要在农学课程中讲述习近平生态文明思想，将遵义红色文化融入经济发展与生态环境保护，推动大学生到革命老区开展社会实践，接受革命精神的洗礼，引导学生主动传播红色文化，缅怀革命先烈，传承爱国主义精神。也有一些学者认为除课堂教学外，在课程实习实践环节，有针对性地选择富含沂蒙精神又满足课程实习内容的实习地点，可以有效地实践沂蒙精神融入地理学，让无形的课堂知识和思政元素成为可观可感的真实存在，从而实现思政教育的升级。

第二，利用中国共产党革命精神的丰富内涵，加强理工专业精品课程建设。有的高校将中国共产党人的百年精神谱系、革命先驱、革命家、红色建筑遗址作为建筑学课程思政资源库的建设内容，通过8个模块梳理与整合课程思政资源，以数字化资源为主要信息载体，方便获取各类思政资源，突破传统课堂教学时空限制，赋能线上线下教学，使二者有机融合、同频共振。延安精神与大庆精神也可作为理工类课程思政的主要内容之一。也有的高校利用现代信息技术，将延安精神和大庆精神思政元素有机融入课堂教学，创建"油气田勘探＋"的教学平台，实现课前预习资料和课后复习资料的推送。通过学生反馈的信息，进行大数据分析，实时掌握学生对学习内容的理解和掌握程度，以便后期课程思政建设持续改进。

有的高校将"热爱祖国、忠诚事业、艰苦奋斗、无私奉献"的测绘精神、"国家自豪感、专业认同感、科学精神"的多维思政元素与"导航与室内外定位"课程相融合，注

重多元化的教学思想，融入案例法、课堂讨论法、多媒体法、讲座法、问题法等多种教学方式。

红色遗址是革命精神的具体体现，部分学者将其与专业建设相结合，强调要挖掘红色建筑遗址的红色元素，结合课堂教学、现场教学、实践教学等，通过对红色遗址进行现场调研，采用无人机搜集红色建筑结构、材料等相关数据，聘请红色专家介绍红色建筑所承载的红色事件和红色精神，渗透地方红色文化，践行地方红色文化融入土建类课程思政，培育学生做新时代红色工匠。

第三，现代信息技术赋能理工类专业课程建设。红色校史是课程思政的重要资源。有的学者将红色校史与电磁场理论与光波导技术课程相结合，以《红绿蓝：南邮的色彩》校史读本为例，讲述南京邮电大学在革命战争时期、新中国建设时期和改革开放以来的代表性人物、重要成果及重大事件。有的学者从现代信息技术的角度探讨红色文化与课程思政的关系。有的学者认为要建设课程红色文化数字资源库，提升课程红色文化数字传播效率，搭建红色文化数字共享平台，增强教育实效性，切实推进大数据时代课程思政红色文化数字化建设。红色文化资源库建设同样需要借助现代信息技术。有的学者认为红医精神融入课程思政应分层分类，加强课程思政教学的资源库建设，按照分层分类原则，对红医精神进行整体挖掘、开发、利用和整合，并且按照资源属性整合到相应模块。资源库建设必须选取入情入理、深入人心的经典素材，能够充分反映和彰显红医精神魅力，只有这样才能真正打动医学生内心。

2. 教学内容

第一，创新红色文化融入专业课程方式。理工类专业课程包含诸多红色文化资源，部分学校挖掘本专业的红色文化资源开展课程思政建设。电子科技大学中山学院将红色经典题材应用于工程图学课程教学，将红色经典题材融入教学设计，以装配图的表达为案例，培养学生的规范化意识和工程责任意识。

第二，立足本地、本校实际，推动中国共产党人的革命精神与理工课程的融合。广东药科大学结合学校专业特点，有机融入弘扬抗疫精神、红医精神、践行药医使命和学校65年办学历史中的红色基因等红色文化元素，引导青年学子厚植家国情怀、传承红色基因，让红色教育元素润泽青年学子的心田，激励青年学子勇担时代使命。

挖掘本校的红色文化亦是开展课程思政的主要内容。内蒙古医科大学蒙医药学院将蒙医学、蒙药学等专业内容与苏荣扎布所处的时代背景相结合，深入挖掘其先进事迹，整合并凝练红色教育资源，将红色文化和红色精神融入课程思政教育教学的全过程，用"小舞台"搭建"大课堂"，实现教学与育人相协调、"知"与"德"相统一。

3. 教学方法

将红色文化与理工精品课程融合是创新教学方法的重要方面。许多学校将开发理工精品课程作为课程思政的重点。安徽医科大学通过案例教学、情景模拟等方式，将红医精神融入医学专业课程教学，开设"健康中国的红色历史与印记""红色卫生文化概论"等医学人文素养精品课程。同时，学校加强对红医精神相关文献的整理和研究，为红医精神的传承与创新提供丰富的理论资源。

地理信息与长征精神的融合是创新教学方法的内容之一。成都大学将红色文化资源融入专创融合课程，如"地理信息系统原理与应用"课程将红军长征纪念馆作为课程思政实践教学基地，围绕红军长征地图开展教学，基于地理信息系统（GIS）空间分析技术在第一课堂开展建筑测绘常规训练，在第二课堂开展三维场景模拟等专题训练，通过对红军长征路线等的分析，实现课程"思政铸党魂"的目标。

许多学校以专业视角审视红色文化资源，重点打造具有专业优势的特色课程。辽宁省交通高等专科学校将红色文化资源融入专业教学，将红色文化转化为育人实效，形成了"以集运辉煌成就，提振民族自豪与自信""'精益求精工匠魂'——纯电动汽车灯光系统检修"等为代表的课程思政教学典型案例。西安航空学院找准航空报国精神与各专业学科的契合点，融入人才培养方案和课程大纲，开设以"航空航天概论""中国航空文化概论"为代表的"课程思政"示范课，形成以"门门有思政、人人讲育人"为主导的课程思政育人体系。

4. 教学路径

探索优化教学设计是高校教学路径探索的重要内容。承德医学院推广课程思政教学设计，通过课程思政案例库建设、"金课"建设、问题式教学（PBL）法改革、微课程及优秀教案评比等形式，广泛发动不同专业课程教师根据自身特色和优势提炼红医文化和爱国情怀，促进优秀课程思政元素的生成、开发与应用。

创新教学方式，使教学实践与课程改革相结合。福州大学建筑与城乡规划学院充分挖掘专业课程思想政治资源，以红色历史建筑为主题，选定中共一大会址、中共四大会址、古田会议会址等红色建筑，组织学生搜集建筑结构数据，深入挖掘红色建筑背后的历史。在教学实践和课程改革中以现场参观、实地考察为特别教学方式，带领学生亲临红色历史建筑现场，以遗物、遗址等革命历史遗存与纪念场所等红色资源为载体，挖掘其育人价值，建立实践教学基地，让学生走进融知识、文化与教育于一体的红色第二课堂，现场追溯历史。

5. 保障措施

现代信息技术赋能红色理工思政课程建设。现代信息技术赋予课堂教学更多展示机会。南宁理工学院信息工程学院计算机专业设立"承典颂文"虚拟教研室，以广西地方红色文化为灵魂，将红色文化融入计算机教育全过程，以信息技术为手段，构建立体交互的教育平台，将红色文化元素融入课程建设、实践活动、师资培养及校企合作等多方面。

现代信息技术为红色文化资源的存储与利用提供了重要支撑。南京农业大学信息管理学院以红色文献资源为基础，运用人文计算的方法，开展红色文献的智能化处理与转化应用工作。学校通过先进的技术手段实现了红色文献档案内容的多维展示与呈现，目前已应用于雨花台烈士纪念馆雨花英烈卷宗全文数据库建设、新四军纪念馆红色文化数字服务平台建设。

三、红色文化资源融入红色艺术类课程

1. 理论探讨

学界对红色文化资源融入红色艺术类课程进行了深入探讨，主要包括开发红色经典教材、红色文化的隐性教育功能、红色文化与艺术类课程的融合策略等。

第一，红色经典教材是开展红色艺术类课程的基础，有的学者提出根据艺术专业的特点开发红色艺术教材，加强红色艺术文化资源数据库建设，利用图书馆、网络、红色革命博物馆等渠道收集各种红色文化资源，根据播音与主持专业课程教学内容对红色文化资源进行分类，挖掘本土红色文化资源，将其融入教学，开发具有特色的本土红色经典教材。

第二，红色文化具有隐性教育功能，因此部分学者探讨了红色文化对艺术课程的隐性作用。有的学者认为艺术类院校课程中的红色元素丰富，要将隐性思政教育与显性艺术专业教育相结合，凸显专业课程的思想政治引领与价值观塑造功能。有的学者提出要充分发挥课程思政的隐性育人功能，重构专业课程教学标准体系，探索红色文化资源与文创产品设计、信息图形设计和图形创意等艺术设计专业课程的深度融合路径，以红色旅游路线为依托，设计红色旅游地图、红色博物馆文创产品及红色英雄人物形象等，构建专业课程思政建设指标体系。

有的学者提出要发挥红色文化资源在美术、舞蹈等艺术课程中的独特功能。红色文化资源是新时代高校美育课程思政建设的重要组成部分，其以信念之美筑牢爱国根基，以崇高之美培育高尚品格，以激情之美提振创新动力。高校应将红色文化融入美术史的教育过

程，充分从教学范本的整体角度出发，统筹美术史的知识，对各个章节的内容进行思政化创新，使之能弘扬中华优秀传统文化，宣扬爱国主义，深刻体现社会主义核心价值观。有的学者对舞蹈与社会主义核心价值观的融合进行了探索。有的学者认为舞蹈剧目可以作为社会主义核心价值观教育的载体，通过舞蹈表演的形式，向学生传递社会主义核心价值观的理念和内涵。舞蹈剧目的情节和形象可以与社会主义核心价值观相呼应，帮助学生深入理解和体验社会主义核心价值观的价值意义，使其塑造正确的世界观、人生观和价值观。

第三，红色文化与艺术类课程的融合成为学界关注重点。有的学者从红色歌曲的角度进行了探索。以《绣红旗》歌曲为例，学者们探讨了通过声乐课堂教育，培养学生的爱国主义情感和民族自豪感，提高学生的思想道德素质。红色文化与艺术教学内容的联系研究也是学界关注的重点内容，部分学者对此进行了探索。红色文化与民族声乐的融合应注重构建红色文化教学内容，将每一专题视为一个独立的课程模块，依据专题知识的复杂性与重要性，安排具体的学时，再将课程思政与声乐教育目标细化，形成一个更全面、更具可行性的目标体系，继而引入红色音乐作品，以课程教学目标为导向，制定红色音乐作品的解读方式、训练方法、表演计划，还要安排具体的教学考核与监督方式，构建一个独立的教学模块。

有的学者对红色文化与艺术类课程的融合策略进行了摸索，认为要将红色文化融入美术创造之中，同时阐发了红色革命精神的抒情价值，指出应注重将红色文化资源融入实践课程平台，用以承担课程资源共享、课程在线课堂、实践在线练习、思政创新教学成果等内容。有的学者指出，要将红色文化与绘画类课程思政进行融合创新，以学生为中心，遵循循序渐进的原则，采用多渠道融合的方式，注重借助合理的教学方法与途径，将红色文化融入课堂教学、实践教学与创作教学。加强红色文化作品在艺术教学中的比例，是艺术专业教师关注的重点方向。目前，艺术类高校钢琴专业教学练习的红色曲目较少，应增强红色钢琴音乐作品的弹奏比例，让学生在练习钢琴技能的同时，身临其境地感受乐曲所描述的意境，使歌颂中华民族百折不挠、砥砺奋斗的优秀作品真正成为帮助学生进步的助手。在实际教学中，可以混合教学为手段，将红色文化作为舞蹈课程思政建设的生动内容；以身体实践为桥梁，将红色文化信仰作为舞蹈课程思政建设的阐释资源；以课程改革为载体，将红色文化感召作为舞蹈课程思政建设的内在需求。

探寻红色文化与艺术专业的衔接是课程融合的重要内容，要发挥红色革命基因在播音主持专业教学中的传播带动作用，寻找红色文化与专业课知识的衔接点，用共通之处作为引入和桥梁，再结合理论知识进行融合提升；同时用丰富的实践内容、生动的体验方式，情境化地带动"红色文化＋思政教育"的实践体验教学模式。

设计比赛是艺术类专业的重要组成部分，其应以红色文化为切入点，开展赛训结合的专业教学。教师可以在项目教学中以竞赛的方式提高学生的实践创新能力，拓展学生专业技能实践的高度和广度，使红色文化教育从传统的说教式教育向实践式教育转变，同时学生可以依托全国大学生广告艺术大赛等平台，根据其中的公益红色主题进行创作，设计平面类、视频类、互动类作品。对于学科类竞赛，学校主要基于国家级、省级学科竞赛设置实践教学项目，促进价值塑造和能力培养紧密融合，需要将社会主义核心价值观等元素融入项目遴选、剧本创作、拍摄与后期制作、竞赛答辩的全流程创作实践，引导学生思考如何通过视听语言更好地唤醒受众的文化自觉和文化自信。

2. 教学内容

第一，利用本土红色文化，优化艺术教学内容设计。部分高校探索设立红色专业课程，如四川民族学院深入挖掘甘孜红色文化的育人内涵，其各专业结合人才培养方案，将红色文化育人融入专业课程体系建设，在音乐教学中开设"红色音乐赏析"课程，在美术教学中开设"红色素描"课程，着力增强课程的文化性、浸润性、思想性。

有的高校探索运用红色文化集体创作艺术作品。宁夏师范学院音乐舞蹈学院以红色文化基因传承为源泉，集体创作以红色文化基因传承为题材的歌剧、舞剧、音乐剧等大型舞台剧目并作为学院保留剧目，随时可演、相承相传。其将红色经典作品与音乐、舞蹈融合，搭建了红色文化创作平台。

第二，注重专业交叉，创新红色文化融入艺术课程方式。沈阳工学院有效推进红色文化与教育教学的深度融合工作，将红色文化教育与音乐剧艺术表演结合，探索出一条具有创新性和实效性的教育途径。推动红色文化教育从传统的课堂教学向多元化、实践化的方向发展，提高红色文化教育的针对性和实效性，有助于拓展教育教学的领域和范围，丰富教育教学的内容和形式。

临沂大学利用沂蒙红色美术档案，加强专业课程沂蒙红色美术育人的研究，将沂蒙红色版画融入美术学专业课程，将沂蒙红色雕塑融入美术学、设计学专业雕塑课程、陶艺课程，将沂蒙红色书法融入书法学专业相关书体课程，将沂蒙红色连环画融入动画专业插画课程，将沂蒙红色美术元素融入学生的毕业创作，加强了课程内容与学生生活及现代社会人文需求之间的联系。

3. 教学方法

第一，探索创新教学方式。安徽师范大学以红色文化育人为导向，在音乐、美术等专业课程教学中融入红色文学作品、红色经典乐曲、红色绘画作品鉴赏，引导学生从红色作品、红色旋律、红色精神等元素中深刻感悟中国共产党人的坚定信仰和情怀。

艺术类课程除了传统教学外，还包括演出、创作、研究等，部分高校将上述环节作为整体审视。江西师范大学音乐学院运用"教、学、演、创、研"五维联动人才培养模式有序推进音乐学院各类学科建设。在"教"上，学校把师生依据红色音乐元素创作的优秀作品收录进特色音乐专业教材与曲目库进行传唱，遵循"学为中心、教为主导"的培养理念。在"学"上，学校通过让学生学习演唱、演奏红色音乐作品，将革命先辈恪守忠诚、英勇无畏、克己奉公等革命精神转化为其学习和成长的内在精神动力。在"演"上，学校从教室、琴房走向社区、音乐厅、剧院等多种展示平台，演绎经典红色音乐作品，使人们沉浸式体悟红色革命精神。在"创"上，学校组织师生创作各类红色题材音乐作品，用红色音乐作品塑造革命精神，对弘扬先进人物事迹产生积极影响。在"研"上，学校邀请专家学者开展学术研讨，鼓励师生撰写红色音乐文化学术论文，组织出版"江西红色音乐文化系列"以及"高校红色音乐课程思政系列"丛书等。

第二，打造"红色文化+艺术"品牌。许多学校探索将红色文化与艺术深度融合。党史党建是红色文化的主要组成部分，部分高校探索将其与艺术课程进行融合。哈尔滨音乐学院以红色文化教育体系建设为引领，运用多种艺术表现形式，创新打造"党建+艺术"工作模式和党建新品牌，以音乐为载体，将理论阐释融入艺术场景，围绕"学思想、强党性、重实践、建新功"主题，通过授课+演奏音乐作品，阐述开展主题教育的重大意义和目标要求，让政治理论教育如盐入水，使党课更有力度和温度，直抵人心。

四、红色文化资源融入体育类课程

1. 理论探讨

学界从理论探讨层面探索红色文化资源融入体育类课程，主要包括对红色文化的系统把握、融入方式、教学方式方面的分析。

部分学者对红色文化融入体育课程进行了总体探索，认为要将党百年红色文化融入体育学专业课程思政建设，主要包括三方面：一是教学设计融合，即结合党百年红色文化思政元素，重新整合专业教学内容；二是教师队伍融合，即搭建专业教育三大平台，提升专业教师党百年红色文化思政能力；三是教学机制融合，即实现校-院-师3级联动，全员全程全方位渗透。

红色革命精神与体育课程的结合成为学界关注内容。有的学者认为要弘扬红色体育文化精神，根据体育课程特点挖掘学科红色思政元素，开展形式多样的体育课堂教学，创新体育教学方法，用多样化教学激发学生的学习兴趣，强化红色体育文化实践教学环

节。有的学者从红色精神融入高校武术课程的角度进行了考察。红色精神融入高校武术课程为中华武术文化的传承与保护注入了新的活力，有利于推动武术文化的创造性转化与创新性发展。舞龙、舞狮是我国优秀的民族传统体育项目，可结合红色文化元素，加强培养红色文化的龙狮师资，大力开发红色文化的龙狮课程，全面建设融入红色文化的龙狮课程教材，举办融入红色文化的校园龙狮实践活动。将红色革命精神谱系融入武术课程，要对教学主题进行系统性凝练，使中国共产党人的精神谱系的育人内涵有效贯穿武术课程与教学全过程，以武术的技术教学为实践支撑，将价值引领有机融入武术课程教学的各环节，选择合适的教学方法，提高学生对红色精神文明建设的参与度。中国共产党的百年红色精神是高校体育课程开展课程思政的重要资源，以体育课程的实践要求为依据，在运动实践的前、中、后三个环节渗透红色精神内涵，辅助学生完成运动实践任务，拓展延伸学生运动实践成果。红色精神融入体育科研方法课程思政亦是学界关注的重点。有的学者指出要创新教育模式，建立线上线下混合式教学模式，运用现代化的多元体育教育模式，使红色精神能够以不同的形式、类型在体育科研方法教学中展现，达到体育科研方法的育人目的。

有的学者将红色文化与教学方式相结合，将红色文化元素融入高校羽毛球课程教学，编创红色羽毛球游戏；拓展羽毛球教学形式，提升教育实效性；丰富情绪体验，统筹羽毛球教学与学生的全面发展；构建以红色文化元素为基础的羽毛球实践教学体系，以满足课程思政的需要。

2. 教学内容

部分高校对红色文化融入体育类课程内容进行了实践方面的探索。井冈山大学在体育教育专业开设"红色拓展训练"课程，依托红色拓展运动课程创设"井冈山大学运动会"，设置步云山练兵、挑粮上井冈、抢占七溪岭、转战大井冈、勇攀朱砂冲、勇攀城墙等项目，将传承红色基因、赓续红色血脉与强健体魄、提高运动技能、锤炼意志、培养团队精神等有机融合，开辟了"红色＋体育＋心理＋思想教育"的新模式，取得了较好成效。

第四章 高校红色文化资源育人与"大思政课"建设(二)

红色文化是中国共产党领导中国人民在革命、建设和改革的伟大实践中创造、积累的先进文化,蕴含了中国共产党人的崇高理想和坚定信念,是高校"大思政课"建设的鲜活教材、精神滋养和优质资源。

第一节 红色文化资源助力高校师资队伍建设

党的二十大报告指出,要用社会主义核心价值观铸魂育人,完善思想政治工作体系。思想政治理论课是落实立德树人根本任务的关键课程。办好思政课关键在教师,关键在于发挥教师的积极性、主动性、创造性。打造高素质的高校思政课队伍,必须牢记习近平总书记"政治要强、情怀要深、思维要新、视野要广、自律要严、人格要正"的"六要"嘱托,坚持"六要"标准,做好思政课教师。高校红色文化资源育人与"大思政课"建设,首先要注重服务"国之大者",以红色资源带活思政"大师资",做学生锤炼品格的引路人。

教育是国之大计、党之大计。高质量的教育需要高质量的教师。党和国家历来高度重视教师工作。党的十八大以来,以习近平同志为核心的党中央把教师队伍建设摆在突出地位,并对此作出了一系列重大决策部署。习近平总书记指出,强教必先强师。要把加强教师队伍建设作为建设教育强国最重要的基础工作来抓,健全中国特色教师教育体系,大力培养造就一支师德高尚、业务精湛、结构合理、充满活力的高素质专业化教师队伍。党的十八大以来,高校"大师资"队伍建设取得巨大发展,教师工作取得了历史性成就。

"大师资"之大,关键在于这是"专职为主、专兼结合、数量充足、素质优良"的队伍,这类队伍是提升"大思政课"建设质量的重要保障。具体说来,主要表现在以下几个方面。

一、有效发挥专兼职教师的作用

高校红色文化资源育人与"大思政课"建设,要注重厚植家国情怀,以红色资源构建思政"大格局",做学生奉献祖国的引路人。格局,主要指一个人的胸怀、视野和气度。胸怀宽广,眼界开阔,才是做人做事的大格局。大时代需要大格局,大格局呼唤大胸怀。大格局是一代又一代共产党人砥砺传承的精气神。党的二十大报告强调"着力培养担当民族复兴大任的时代新人",对完善思想政治工作体系提出更高要求。落实立德树人根本任务、培养时代新人,要求高校必须在构建格局、充实内涵、强化保障等方面下功夫,加快构建大格局。

大格局的建设，首先就要发挥专职思政课教师的"主力军"作用。思政课教师是从事马克思主义理论学科研究和教育的专业群体，要自觉树立持续学习理念，不断加强马克思主义理论学科的学习和研究，同时也要努力创新教学理念和方式方法，以适应新时代对思政课教师提出的新要求。只有充分发挥"主力军"作用，才能搭建"大师资"教学研究平台，才能完善思政课高校红色文化资源教学问题库、案例库、素材库等资源库建设，开展相关课题研究，推广优秀工作案例。

以红色文化资源激活思政"大课堂"，还需要发挥兼职教师的"协同军"作用。习近平总书记在视察南开大学时指出："专家型教师队伍是大学的核心竞争力。要把建设政治素质过硬、业务能力精湛、育人水平高超的高素质教师队伍作为大学建设的基础性工作，始终抓紧抓好。"健全思政课特聘教授制度和兼职教师制度，建立兼职教师师资库，聘请现任或退休党政干部、道德模范、劳动模范、优秀科技工作者、革命战士、抗疫英雄、"大国工匠"等先进代表进入思政课教师队伍。

二、有效发挥辅导员的作用

高校红色文化资源育人与"大思政课"建设，要注重推进课程思政，以红色文化资源盘活思政"大平台"，做学生创新思维的引路人。教育部等十部门印发的《全面推进"大思政课"建设的工作方案》提出，突出主渠道建设、强化实践育人、大力推进思政教育信息化、加强队伍建设、拓展工作格局等多条举措。"大思政课"建设将成为"十四五"时期推动思政课高质量发展的重要抓手，应营造全党全社会努力办好思政课、教师认真讲好思政课、学生积极学好思政课的良好氛围。2021年的数据显示，全国有3.6万余处不可移动革命文物，超过100万件/套的国有馆藏可移动革命文物。通过对文物资源、文献资源、场馆资源进行线上技术化改造，将分散的红色文化资源整合到统一的资源共享平台上，有利于提升红色文化资源的供给质量。

以红色文化资源盘活思政"大平台"，需要有效发挥辅导员、班主任的"生力军"作用。辅导员与学生联系最多、相处时间最长、接触最频繁。其陪伴学生成长，是高校落实立德树人根本任务的"主力军"，是思政教育和管理工作的组织者、实施者、指导者，是开展大学生思政教育的骨干力量。做好服务育人工作既是辅导员工作的职责所在，也是提升高校思政工作质量的必然要求。

三、高度重视学生党员的作用

习近平总书记反复强调:"青年一代有理想、有本领、有担当,国家就有前途,民族就有希望。"以学生党员为骨干组建宣讲团,面向各年级、各学院开展宣讲,有利于发挥朋辈榜样的引领作用。只有坚持用理想信念照亮前进的路,才能引导青年学生志存高远、脚踏实地、行循自然。例如,全国高校大学生讲思政课公开课自2017年以来,每年一届,深入推动习近平新时代中国特色社会主义思想进教材、进课堂、进学生头脑,培养德智体美劳全面发展的社会主义建设者和接班人。

重视学生党员的"后备军"作用,有利于盘活红色文化资源育人实践平台建设。加强高校与党史研究机构、革命精神研究中心和革命文物保护单位的交流与合作,联合开展对中国共产党党史、革命精神和红色文化资源等相关问题的深入研究,建好用好实践教学基地。利用现有基地(场馆),分专题设立一批"大思政课"实践教学基地。让学生走上思政课的讲台、走上实践的第一线,将思政课堂搬到生产劳动和社会实践第一线,在现场教学中帮助学生深刻体悟党的创新理论的真理魅力和实践伟力。

当前,高校红色文化资源育人与高校师资队伍建设发展呈现良好态势,实践探索案例层出不穷。例如,5年来,上海高校持续深化"大思政课"综合改革,利用"大课堂""大平台""大师资"不断增强育人合力。特别是善育"大师资",涌现出一批思政名师、思政"金课"。为完善思政课教师队伍配备,上海高校积极探索相关学科优秀教师、党政管理干部、辅导员转任专职思政课教师的长效机制。上海市教育委员会支持复旦大学、上海交通大学、同济大学、华东师范大学、华东理工大学、华东政法大学等作为符合条件的师资转任思政课教师先期试点高校,为其他高校提供经验。以华东师范大学为例,该校通过出台教职工转岗担任思想政治理论课专任教师具体实施办法,推动中国共产党党史与党的建设专业整合发展,让党史专业教师转任至马克思主义学院。据统计,经过近5年的建设,上海高校思政课教师数量显著增长。其中,专职教师人数与2019年相比增长近50%。

第二节 红色文化资源融入高校实践教学建设

实践教学是高校红色文化资源育人的重要组成部分，是深化课堂教学的重要环节，也是提升学生实践能力、创新能力的重要途径。

2023年，有关红色文化资源与高校实践教学建设的理论探索主要集中在以下几个方面：一是从协同路径方面拓展红色文化资源融入高校实践教学建设的方法。红色文化资源与思政课实践教学具有目标适配性、价值同向性和内容融合性。通过剖析红色课堂实践教学、红色参观实践教学、红色线上实践教学等红色文化资源与思政课实践教学协同运用的案例，以期从促进理论教学与实践教学的有机统一、正确把握教师主导性和学生主体性的关系、完善考核和评价机制、拓展校内外和线上线下红色文化资源以共建实践教学基地方面，优化红色文化资源与高校思政课实践教学的协同机制。二是从制度路径方面拓展红色文化资源融入高校实践教学建设的空间。实践教学是由多元主体、多重目标和多级结构构成的整体，引入多重制度逻辑的分析框架，能够使人们较为科学而清晰地认识到文科实践教学目前存在的困境，进而对其转型发展的动力机制进行深度理解和把握。在对学术共同体、企业和师生3大主体和学校/学科发展逻辑、市场逻辑、个人发展逻辑进行理论分析的基础上，有学者以Z大学历时7年的实践教学项目的转型个案为实证样本，梳理总结了文科实践教学过程中政府、学校、学院、教师/学生、企业、校友等多主体间的复杂互动，发现治理结构创新、项目组织模式创新、多主体合作创新等动力机制，能够有效释放改革动能、规避制度障碍。其据此提出了多层次构建实践教学网络生态、多元化开展激励约束评价、多渠道降低制度变迁成本等行动建议。①三是从行业特色方面拓展红色文化资源融入高校实践教学建设的路径。行业特色型高校是我国高等教育体系的重要组成部分，在开展思政课教学尤其是思政课实践教学中具有独特优势和丰富资源。行业特色型高校大多数成立和成长于我国革命、建设和改革时期，蕴含和承载着响应党和国家发展号召、服务国家需求的红色元素和光荣事迹，因行业需求而强，因产业变化而新，行业文化底蕴深厚，这些优势为思政课实践教学提供了独有的育

---

① 陈姚：《多重制度逻辑分析：文科实践教学的困境与动力——基于某高校文科实践教学项目转型的实证研究》，《高教探索》2023年第6期。

高校红色文化资源育人年度发展报告（2023）

人资源。在新时代新征程中，要落实好立德树人根本任务，必须认真探索行业特色型高校思政课实践教学创新的逻辑理路与实践进路，以此更好地服务于行业人才的培养。①

在实践层面，2023年我国高校红色文化资源育人与实践教学探索主要有以下3个方面的亮点。

一、积极宣讲党的创新理论

高校实践教学是实现思政"小课堂"与社会"大课堂"连接的关键环节，目前各高校十分重视实践教学的改革创新，并已取得一定成就。但在思政课实践教学的具体实施中仍然存在不足，主要表现为教学性质模糊、教学过程管理不足、评估考核实效不高、教学执行效果不佳等问题。因此，提升高校思政课实践教学的质量和水平，要推动思政课实践教学向课程建设专门化、课程组织规范化、课程评估全面化、保障机制体系化等方向发展，以期更好发挥高校思政课立德树人关键课程的作用。② 2023年，在形式多样的实践教学中，与红色文化资源利用与开发密切相关，且对红色文化资源运用较好的形式是理论宣讲。

理论宣讲是打通党的创新理论传播"最后一公里"的重要渠道。让党的创新理论"飞入寻常百姓家"，必须积极创新方式方法，让群众坐得下、听得进、弄得懂、记得牢。邓小平同志指出，为什么我们过去能在非常困难的情况下奋斗出来，战胜千难万险使革命胜利呢？就是因为我们有理想，有马克思主义信念，有共产主义信念。在理论上积极宣讲党的理论，既要保持宣讲"有高度"，又要确保宣讲"接地气"。

党的十八大以来，习近平总书记反复强调"要讲好红色故事，搞好红色教育，让红色基因代代相传"，并身体力行在多种场合带头讲有内涵、有温度、有共鸣的红色故事，生动阐释党的奋斗历程、光荣传统和优良作风，讲好党的故事、革命的故事、英雄的故事。在红色文化资源育人目标下讲好红色故事，必须重点围绕中国共产党为什么能、马克思主义为什么行、中国特色社会主义为什么好。习近平总书记曾经多次强调，理想信念动摇是最危险的动摇，理想信念滑坡是最危险的滑坡。因此，只有解决好世界观、人生观、价值观这个"总开关"问题，才能形成永固红色江山的强大精神力量。

2023年，习近平总书记高度重视在理论上积极宣讲党的理论，并形成了一系列重要

---

① 李正军：《行业特色型高校思政课实践教学创新探析》，《中国高等教育》2023年第Z3期。
② 蒙慧、许丽金：《高校思政课实践教学的功能定位与发展导向》，《党政干部学刊》2023年第9期。

论述。3月1日，习近平总书记在中央党校建校90周年庆祝大会暨2023年春季学期开学典礼上的讲话中指出："现在理论宣传上有一种现象值得注意，那就是照本宣科、不求甚解、浮在面上的多，以理服人、以情动人、入脑入心的少。理论阐释要以深入研究为基础，研究深入，阐释才能透彻。"3月30日，习近平总书记在二十届中央政治局第四次集体学习时的讲话中指出："党的理论创新每前进一步，理论武装就要跟进一步。习近平新时代中国特色社会主义思想历经了10年的发展历程，伴随着这一历程，我们也推动全党学习了10年，取得了明显成效。但是，理论武装的任务仍然艰巨。"

浙江大学坚持让青年成为学的主角、讲的主力，站上理论宣讲的"C"位（即中心位置），将青年参与校内外理论宣讲作为高校开展大学生思政教育的重要方式。学校结合重要时间节点、国家重大战略部署青年宣讲主题，部署谋划开展党的二十大精神宣讲、"八八战略"20周年系列主题宣讲等；立足"重要窗口"，挖掘身边故事，举办"跟着总书记在浙江的足迹学党史"青春汇报会，让党史学习鲜活起来；推动理论宣讲与学科思政紧密结合，将政治底色和价值指向融入学理性和知识性，形成了"我的学科有故事"等宣讲金名片，引导广大青年从学科的历史和发展中挖掘事实背后的逻辑，帮助他们坚定政治信念，明辨政治方向，站稳政治立场；组织青年学生到田间地头、乡村学校、工厂码头开展理论宣讲，以"蹲点式宣讲"代替"通过成绩讲方法"的方式，让宣讲离开灯光和舞台、走进问题、走进群众，使青年理论宣讲的泥土味、烟火气持续增加。

二、创办学术交流论坛

高校红色文化资源育人与"大思政课"建设，要注重以红色精神涵养学生。一是以学术活动为平台，发挥红色文化资源的育人作用，在博学活用中服务社会大众；二是以青年学生为中心，发挥党史治国理政功能，在帮学励志中服务大学生健康成长。

关于思政课实践教学路径问题，有研究认为，应以立德树人为根本、以项目为载体、以任务为驱动、以问题为导向、以能力为目标、以教师为主导、以学生为主体，探索构建教学目标明确、教学内容系统、教学方法多元、教学资源丰富、教学评价科学的思政课项目化实践教学体系。有的学者提出了多层次构建实践教学网络生态、多元化开展激励约束评价、多渠道降低制度变迁成本等行动建议。[1]有的学者认为，应通过理论探

---

[1] 陈姚：《多重制度逻辑分析：文科实践教学的困境与动力——基于某高校文科实践教学项目转型的实证研究》，《高教探索》2023年第6期。

究、参观体验和生产劳动等实践教学方式，促进革命文化融入思政课实践教学。有的学者从提高思政课实践教学形式和内容的契合度、拓展实践教学的空间、创新实践教学的方式等方面，来提升思政课实践教学的质量和效果，发挥实践教学对思政课教学的支撑作用。[①]还有的学者认为，理论教育是传授思政课知识的必要途径，但必须在实践教学的加持下，促进思政知识与社会现实相结合，用先进的思政观念武装学生头脑，才有助于实现课程目标，为学生全面发展奠定扎实的思想基础。在2023年红色文化资源育人的高校实践中，作为一种推进学生深度思考和高度融入的模式，学术交流构成了本年度最具活力的实践教学模式之一。

复旦大学"治国理政全国大学生交流论坛"，是国内少数针对大学本科生举办的治国理政交流论坛，以服务中国共产党治国理政为核心目标，将人才培养与学术研究有机统一作为重要抓手，引导广大青年学子树立问题导向和系统思维，扎根中国大地、深入基层实践，畅谈历史经验、探索治理之道，汇聚各方智慧、展现青年担当。该论坛于2014年首次举办，连续6届，在国内外产生广泛影响。十年来，"治国理政——中国共产党的理论与实践"全国大学生交流论坛以服务中国共产党治国理政为核心目标，为关注国家治理、心系社会进步、具有国际视野的国内外优秀青年学子交流思想、研讨国家与全球治理问题搭建专业公共平台，引导大学生从党治国理政历程中学习、体会、掌握国家治理的常识、方式与规律，使其做信仰坚定的青年马克思主义者，做中国特色社会主义的忠实践行者，为党治国理政贡献青春力量。

三、推动课程建设数字化转型

习近平总书记指出："人在哪儿，宣传思想工作的重点就在哪儿。网络空间已经成为人们生产生活的新空间，那就也应该成为我们党凝聚共识的新空间。"[②]推动思政工作体系实现从传统到现代的数字化转型，有利于推动思政工作创新，增强实效性。数字思政不是单纯的方法改进，而是现代思想政治教育内在运行适应数字时空境遇的转型升级。2022年，国务院颁布的《关于加强数字政府建设的指导意见》明确指出，要搭建数字化终身学习教育平台，构建全民数字素养和技能培育体系，持续提升干部队伍数字思维、数字技能和数字素养。

---

① 王虎丹、易荣伟：《关于提升高校思政课实践教学质量的思考》，《学校党建与思想教育》2023年第6期。

② 习近平：《加快推动媒体融合发展 构建全媒体传播格局》，《求是》2019年第6期。

2023年9月4日，国家主席习近平在致2023中国国际智能产业博览会的贺信中指出："当前，互联网、大数据、云计算、人工智能、区块链等新技术深刻演变，产业数字化、智能化、绿色化转型不断加速，智能产业、数字经济蓬勃发展，极大改变全球要素资源配置方式、产业发展模式和人民生活方式。中国高度重视数字经济发展，持续促进数字技术和实体经济深度融合，协同推进数字产业化和产业数字化，加快建设网络强国、数字中国。"2023年11月8日，国家主席习近平在向2023年世界互联网大会乌镇峰会开幕式发表的视频致辞中指出："我们倡导发展优先，构建更加普惠繁荣的网络空间。深化数字领域国际交流合作，加速科技成果转化。加快信息化服务普及，缩小数字鸿沟，在互联网发展中保障和改善民生，让更多国家和人民共享互联网发展成果。"

数字技术迭代更新速度快，数字应用范围广，唯有围绕数字素养和能力的提升持续不断地挖掘红色资源，才能更好地适应数字时代的需求。通过数字技术将红色文化资源打造成沉浸式、体验性、全息化的立体场景，采取渗透式、参与式、沉浸式的教学模式，充分融合文字、图像、音频、视频、动画等教学手段，有利于强化对思政课的数字化赋能。近年来，西南财经大学以虚拟仿真技术助推思政课教学提质增效，聚焦理论代入、实践代入、主体代入，切实推动思政课讲活理论、做活实践、激活主体，让学生在史实场景的沉浸式互动式学习中再塑世界观、人生观、价值观，实现从"指尖"体验到"心尖"感悟再到"脚尖"力行，形成独具特色的思政课虚拟仿真体验教学模式，并广泛应用于全国大中小学思政课教学，受益师生和人群超过350万人次。特别是2014年以来，学校依托川渝地区红色教育资源，积极探索思政课虚拟仿真体验教学，成功研发"四渡赤水""飞夺泸定桥""彝海结盟""两弹一星"等系列项目并投入应用，推动理论与实践互促、虚拟与现实互融、技术与价值互济、教师与学生互动，在极具震撼力、高保真呈现的史实场景中，促进学生在理论认同、情感认同和行动转化中培根铸魂，筑牢马克思主义信仰。

第三节 红色文化资源融入大中小学思政课一体化建设

大中小学思想政治教育一体化建设是纵向衔接大中小学各学段，横向贯通学校、家庭与社会各场域的系统工程，是全方位、全过程、全员性的一体化。其内涵要求主要体现在大中小学各学段教育目标、内容和方法相贯通，思政课程与课程思政相融通，思政"小课堂"与社会"大课堂"互通，以及线下思想政治教育与线上思想政治教育相联通。

从小学生的教育特点来看，应建立以情感认知建构价值基础为中心的思政工作体系，既要遵循少儿特点，把握红色育人的时代性、趣味性和层次性，又要创新方法手段，增强红色育人的吸引力、感染力和实效性。从中学生的教育特点来看，应建立以知识传授建构思想道德体系为中心的思政工作体系，既要构建"以知识为中心"的教学体系，发挥课程育人作用，又要构建"以学生为中心"的实践体系，发挥实践育人作用。从大学生的教育特点来看，应建立以铸魂育人培养建设者接班人为中心的思政工作体系，既要完善红色文化教育教学方式，又要建设红色文化育人综合平台。

2023年我国高校红色文化资源育人与大中小学思政课一体化建设的探索主要有以下3个方面的亮点。

一、以红色课堂吸引学生

思政课是强化理论武装的主干渠道，是开展马克思主义理论教育的核心课程，也是推动红色文化资源入脑入心的关键环节。"思政课的本质是讲道理"，为此，要把微观的情感体验融入宏大的政治叙事，厚植青年学生爱党、爱国、爱社会主义、爱人民、爱集体的真挚情感。当前学界，有研究关注到可视化图像化建构，认为"可视化认知工具是一种学生能够自主进行认知建构的思维表征工具，是一种具有混合性、建构性、进阶性特点的心理学技巧。根据任务属性和目的，高校思政课实践教学可视化包括3种呈现不同功能的可视化样态，即以概念分析方式凸显思维解析功能的可视化、以知识表征方式凸显情感表达功能的可视化、以仿真拟像方式凸显交互体验功能的可视化。教师在开展可视化实践教学过程中要增强教师主导下的学生自主建构能力，要聚焦问题导向下的主流价值引领功能，要把握样态特征差异下的可视化着力点，以有效提升高校思政课实践教学可视化应用效果"[1]。

二、以红色足迹引领学生

历史因铭记而永恒，精神因传承而不灭。党的十八大以来，习近平总书记数次踏上红色革命圣地，接受红色精神的洗礼，多次强调要从中国革命历史、优良传统和精神中汲取养分。

在红色文化资源挖掘和大中小学一体化教学过程中，追寻革命圣地、红色旧址、革命历史纪念场所，回顾党的故事、革命的故事、根据地的故事、英雄和烈士的故事，学习建党精神、井冈山精神、苏区精神、长征精神、延安精神、抗战精神、西柏坡精神等革命精神，对于学习党史、传承红色精神、进行红色教育具有重要的价值。习近平总书记在湖南考察时强调："保护好、运用好红色资源，加强革命传统和爱国主义教育，引导广大干部群众发扬优良传统、赓续红色血脉，践行社会主义核心价值观，培育时代新风新貌。"

北京外国语大学坚持传承红色基因、培育新时代新人，充分用好北京丰富厚重的红色文化资源，推动开展"礼敬北京红色文化"周末大课堂实践教育，积极探索红色文化资源育人新模式。2023年，学校立足北京红色资源，结合北京地域特色，设计8条红色文化路线，包括革命遗址参观、红色故事讲解、党史学习研讨等诸多环节，引导学生亲身感受红色文化历史，加深对革命精神的理解和认识，如表4-1所示。

表4-1 北京外国语大学2023年"礼敬北京红色文化"周末大课堂路线

路线	主题	基地
1	不忘来时路，奋进新征程	焦庄户地道战遗址
2	古韵运河联通古今，"一带一路"共建繁荣	大运河森林公园
3	重温红军路，精神代代传	京西山区中共第一党支部纪念馆
4	缅先辈英魂，筑强军之路	中国航空博物馆
5	共建"一带一路"，共享中国速度	长辛店二七纪念馆
6	弘扬抗战精神，赓续民族血脉	平北红色第一村
7	缅怀革命先烈，继承"播火者"精神	北京大学红楼、民族文化宫
8	重走百年路·歌唱新中国	《没有共产党就没有新中国》纪念馆

来源：北京外国语大学党校

---

[1] 郁有凯：《高校思想政治理论课实践教学可视化样态探析——基于认知工具视角》，《高校辅导员》2023年第6期。

三、以红色奋斗激励学生

党的十八大以来,以习近平同志为核心的党中央立足我国和世界发展的历史新方位,实施创新驱动发展战略。习近平总书记在党的二十大报告中指出,必须坚持科技是第一生产力、人才是第一资源、创新是第一动力,深入实施科教兴国战略、人才强国战略、创新驱动发展战略,开辟发展新领域新赛道,不断塑造发展新动能新优势。随着科技的快速发展,各国之间的竞争已经演变为科技实力的竞争。当代大学生,有责任和义务为实现科技自立自强贡献力量。科技发展以人才为关键,创新能力以人才为依托。自立自强标志着科技研发成果要用于中华民族伟大复兴,要用于摆脱"卡脖子"技术的限制,要用于经济高质量发展。用红色历史中的奋斗故事激励学生,有利于引领大中小学生走好科技自立自强之路。

中国石油大学(华东)作为国家能源行业战略性高校,始终坚持将"能源报国·能源强国"的价值理念贯穿人才培养全过程,连续24年开展"行走的思政课"实践教育活动,组建"能源报国·能源强国"博士团、先锋班实践团、青年马克思主义者培养工程大学生骨干培训班实践团等多支实践团,分赴全国各地开展实践学习,激励学生筑牢能源强国梦,为保障国家能源安全贡献青春力量。学校选取西北、西南、东北、胜利等国家油气战略重点区域,华东、华南等改革开放前沿阵地,山东省等乡村振兴和黄河战略重点省份作为实践教育阵地,将课堂搬到红色基地打造"红色课堂",搬到生产一线打造"油味课堂",搬到战略区域打造"国情课堂"。学校通过沉浸式体验学习,教育引导青年学生砥砺初心使命,自觉将青春融入中国式现代化波澜壮阔的进程之中。

第五章 数字化赋能高校红色文化资源育人的创新性发展

近年来，数字技术被充分应用到社会各领域，数字化已然成为推动高校红色文化资源育人创新的重要力量。学术界在红色文化资源数字化相关基础研究方面取得重要进展，为数字化赋能红色资源育人提供学术支撑。经过不断探索与实践，高校数字化赋能红色文化资源逐步形成了校内协同、校际协同、校地协同的多位一体的育人合力；一套较为完整的多元性红色资源数字化育人平台融合体系在高校已经基本形成了，高校红色资源育人的针对性和实效性不断增强。

第一节 夯实数字化红色文化资源育人学术支撑

近年来,学术界针对数字化赋能红色文化资源育人展开了多方面的研究,为数字化赋能红色文化资源育人不断夯实学术支撑。在中国知网(CNKI)检索栏输入"数字化赋能红色文化资源"等相关主题词,检索结果显示,从2012年至2023年,共有200余篇学术论文(不含硕博学位论文),发文量呈逐年增长趋势,特别是2022年以来,年发文量突破100篇(图5-1)。此外,相关主题论文的关键词以红色文化资源、人工智能、数字技术、思想政治教育、实践路径、传播路径等为主(图5-2)。

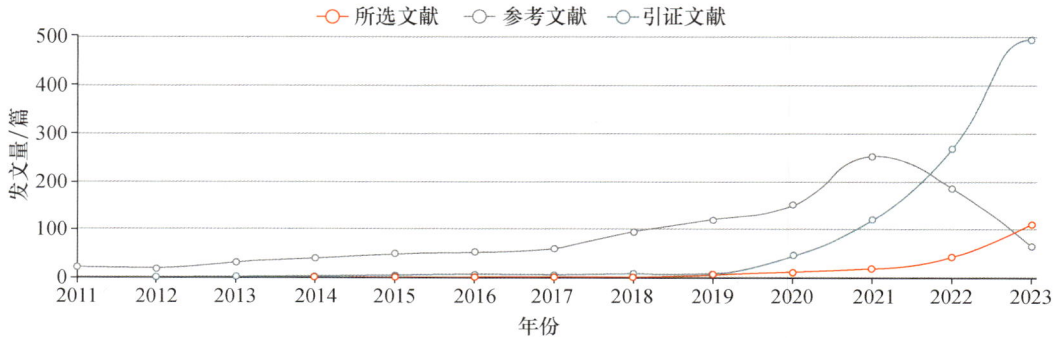

图 5-1 以"数字化赋能红色文化资源"等相关主题词检索的论文发文量总体趋势分析图
(红色实线表示发文量)

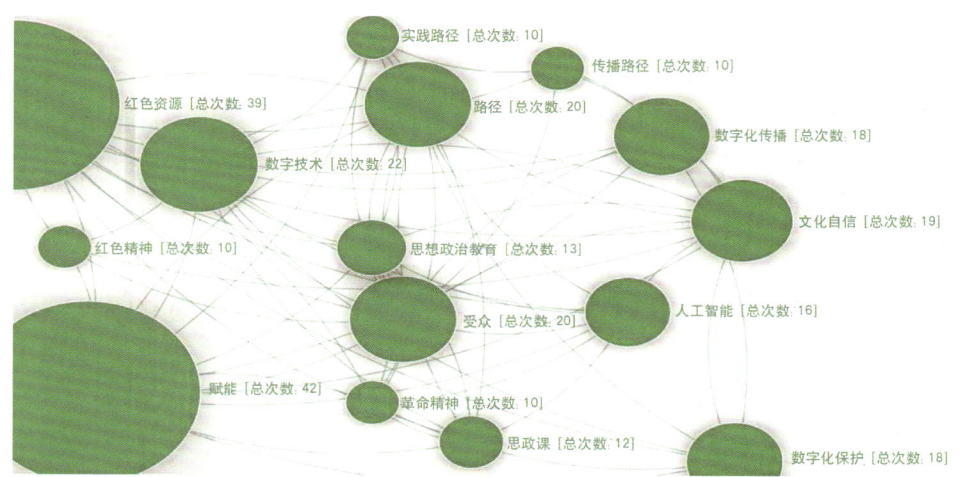

图5-2 以"数字化赋能红色文化资源"等相关主题词检索论文的关键词共现网络分析图(1)
(筛选阈值设定:出现频次10~50、共现频次1~50)

一、数字化赋能红色文化资源育人的理论建构

目前，数字化赋能红色文化资源育人相关理论研究主要围绕数字化红色文化资源的教学理论、课程理论及教育教学模式展开。图5-3是基于分析200余篇有关"数字化红色文化课程"等相关主题词检索论文生成的关键词共现网络分析图，教学内容、教学效果等是主要出现的关键词。

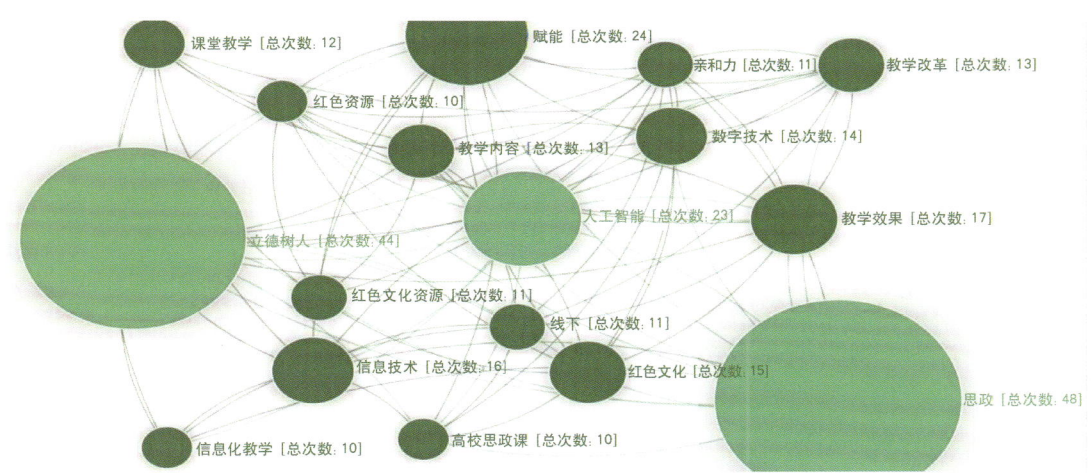

图5-3 以"数字化红色文化课程"等相关主题词检索论文的关键词共现网络分析图（2）
（筛选阈值设定：出现频次10～50、共现频次1～20）

1. 数字化赋能红色文化教学理论

关于数字化赋能红色文化资源教学理论，从教育者的视角看，有研究认为数字社会的教育主体能随时获取不同信息资源，实现多样化、精准化的教学活动；[①]从受教育者的角度看，有研究认为将数字化技术运用于思政"金课"建设，能促使学生在虚拟场景中进行沉浸式体验学习，激发其学习兴趣，从而提高思政课教学效果。因此，建议通过推动红色文化资源数字化，使学生可以通过移动终端，随时随地聆听红色英雄人物的历史故事。[②]

[①] 刘珊珊、徐礼平：《数字社会"大思政课"的育人图景、核心要旨与实践路径》，《思想教育研究》2023年第12期。
[②] 李伏清、范佳：《"大思政"视域下红色资源融入思政课的理路与实践探析》，《红色文化学刊》2023年第3期。

2. 数字化赋能红色文化课程理论

通过数字技术赋能红色文化资源课程，既能够推动红色文化资源课程数字化转型，又能够为高校思政教学课程改革提供新的思路和方法。关于数字化赋能红色文化资源课程理论，学界主要围绕课程体系、课程形态、课程资源和课程内容等方面展开研究。

关于课程体系，有研究认为红色文化资源数字化可以增强学生的参与感、沉浸感和体验感，有助于加深他们对理论知识的理解，促进课程教学模式的创新，有效减少思想政治教学资源分布不均的问题，缩小不同地区和学校之间的差距。①

关于课程资源，有研究提出红色文化数字资源的开发应基于学生的兴趣和教师的教学需求，应从个性化教学的角度进行。②

关于课程内容，有研究认为可以利用 AR 等技术，将各类纪念场馆的内容转化为校内可用的虚拟体验馆或网上博物馆等教育教学资源；③也可以借助 ChatGPT 等数字技术，深入分析学生特点，进而提供针对性强的思想政治教育内容④。

3. 数字化赋能红色文化资源教育教学模式

数字化赋能红色文化资源教育教学模式是新时代高校思想政治教育的重要创新路径。目前，学界主要从教育形态、教学体系、教学方式等方面进行分析。

一是教育形态，即数字化赋能可以将思政课线上线下教学灵活结合起来，尤其对虚拟仿真技术的应用，可开发设计系列红色文化课程，将静态的红色史料变得鲜活起来，借助 VR、AR 等技术设备能够使学生拥有沉浸式的交互体验。⑤二是教学体系，即通过充分利用现代技术手段，模拟真实的实践教学环境，把红色文化资源制作成多媒体课件、现场教学录像、电视专题片等，形成虚拟仿真的思想政治教育教学体系。⑥颜佳华、高超认为，"人工智能＋"高校思政课的模式，可以将教学过程分为几个教学场景，促进新的教学体

---

① 罗方述：《数字化赋能红色资源育人探赜》，《学校党建与思想教育》2023 年第 8 期。
② 廖卫华、樊心颖：《大数据时代课程思政中红色文化数字化建设探究》，《红色文化学刊》2023 年第 4 期。
③ 张泰城、张旭坤、陈刚：《论红色文化资源育人的三个转化》，《中国井冈山干部学院学报》2023 年第 6 期。
④ 吴星儒：《ChatGPT 对高校思想政治教育的影响及对策研究》，《吉林师范大学学报（人文社会科学版）》2023 年第 5 期。
⑤ 陈诚：《数字思政的生成机理、价值意蕴与实践路向》，《学校党建与思想教育》2023 第 16 期。
⑥ 范方红：《红色文化融入高校思想政治教育的价值与路径》，《学校党建与思想教育》2017 年第 6 期。

系和新的教学模式的建构。[①]三是教学方式，即随着信息化 VR 技术的发展，课程资源由传统的纸质教材转变为智慧教室等形式，极大地丰富了教与学的方式。[②]

二、数字化赋能红色文化资源育人的功能价值

对数字化赋能红色文化资源育人的功能价值进行研究，有助于更好地发挥红色文化资源育人功能。这既是顺应时代发展的必然要求，也是实现立德树人目标的重要途径。

通过中国知网（CNKI）检索，结果显示，截至 2023 年年底，以"数字化思政"为主题的学术文献有 1059 篇，主题集中于红色文化、红色文化资源、高校思政课等（图 5-4）。关于数字化赋能红色文化资源育人的功能价值研究，学界主要围绕适应数字化转型时代要求、提升高校精准思政成效、数字化红色文化资源育人意义以及红色文化资源数字化保护开发等方面展开。

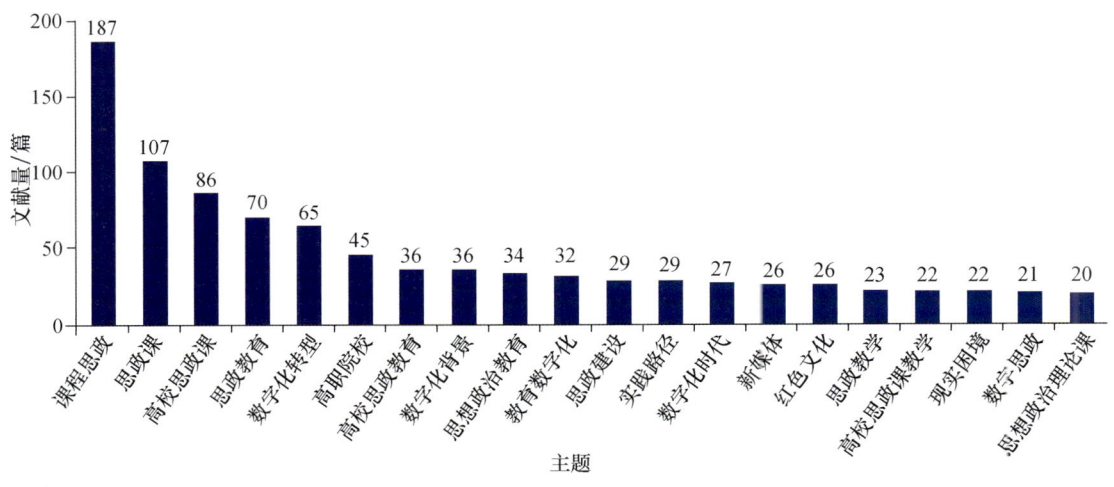

图 5-4 以"数字化思政"为主题的学术文献主要主题分布

1. 适应数字化转型时代要求

数字技术的飞速发展不仅重塑了经济结构，也深刻影响着社会的方方面面。在这一背

[①] 颜佳华、高超：《人工智能驱动的高校思政课教学范式转型及其路径》，《岭南学刊》2023 年第 2 期。
[②] 廖卫华、樊心颖：《大数据时代课程思政中红色文化数字化建设探究》，《红色文化学刊》2023 年第 4 期。

景下,数字化赋能红色文化资源育人显得尤为重要,不仅满足了数字化转型时代要求,也促进了新时代的高校人才培养工作。

从数字技术的角度来看,在数字化变革时代,高校思想政治教育要主动认识和适应大数据和人工智能发展趋势,积极推进思政课数字化转型,将现代信息技术与思政课传统优势深度融合。①为了顺应教育数字化转型的时代趋势,同时为了解决新时代思想政治教育科学化和学科发展问题,思想政治教育需要智能转型,从而推动自身的持续创新发展。②

2. 提升高校精准思政教学成效

通过红色文化资源数字化实现精准思政教学,使高校能够更好地完成培养社会主义建设者和接班人的使命,同时也能够为国家的长远发展和社会的进步做出积极贡献。从数字资源的角度来看,在数字图书库等数字化教学资源中,教育者提取出贴近学生的知识和经验创设数字化情境,能够使教学内容更加充实饱满。③从教学评价的角度来看,智能思政模式的开发应用,有助于思想政治教育评价朝着精确化、科学化方向发展,也为解决以往评估难问题提供了新思路。④运用学情智能诊断和智慧课堂评价对大学生的学习情况进行分析,可以准确、及时地了解大学生的需求以及评估思政课教学,从而有助于提升教学成效。⑤

3. 数字化红色文化资源育人意义

数字化红色文化资源优化了高校思想政治教育环境,提升了情感认同,丰富了育人资源,提高了高校思政教育的质量和效果。从育人环境看,红色文化资源数字化有效拓展了高校"大思政课"的教学场域,提升了数字化红色文化资源的育人成效。⑥从情感认同看,精准的数字化打造能够增强红色文化资源传播的感染力,有利于增强学生对红色文化和革命精神的情感认同,从而达到红色文化育人成效。从育人资源看,开发红色数据库一方面

---

① 黎博、戴成波、谭超:《高校思政课数字化转型的现实困境与优化路径》,《学校党建与思想教育》2023第14期。

② 韩俊、金伟:《数字技术融合下思想政治教育智能转型探赜》,《思想教育研究》2022年第6期。

③ 吴恒、陈冬阳:《数字赋能"大思政课"建设的逻辑、困境与路径》,《思想政治教育研究》2023第5期。

④ 斯琴格日乐、刘建华:《智能思政有效性的理论逻辑与实践样态》,《思想理论教育》2023年第1期。

⑤ 王健崭:《人工智能赋能高校思政课教学的生成、风险及对策》,《江苏高教》2023年第9期。

⑥ 冯淑萍:《红色资源融入高校"大思政课"的价值意蕴与实践进路》,《思想理论教育导刊》2023年第7期。

可以为红色文化资源提供信息载体,另一方面也推动了高校的红色文化育人工作。①

4.红色文化资源数字化保护开发

红色资源的数字化保护与开发,是新时代传承红色文化、弘扬革命精神的重要途径。通过将红色资源转化为数字形式,让红色资源"活起来",增强其教育功能和传播力。在继承保护方面,红色资源数字化既有利于保护和管理革命文物,也有利于红色资源信息整合与共享。②将区块链技术应用于红色资源存储,可以实现红色资源的"永久性"保存。③在开发利用方面,通过借助数字化技术,红色档案可以得到更好的修复与还原,从而拓展红色档案资源的开发路径。④

三、数字化赋能红色文化资源育人的现实困境

学界关于数字化赋能红色文化资源育人的现实困境研究多集中于教师数字素养、数字化红色文化资源融入度、技术异化对红色文化资源育人效度的影响以及数字伦理4方面,对近5年相关度高的200篇文献进行可视化分析,可看出具体发文量分布情况,其中2023年发文量达到峰值(图5-5)。

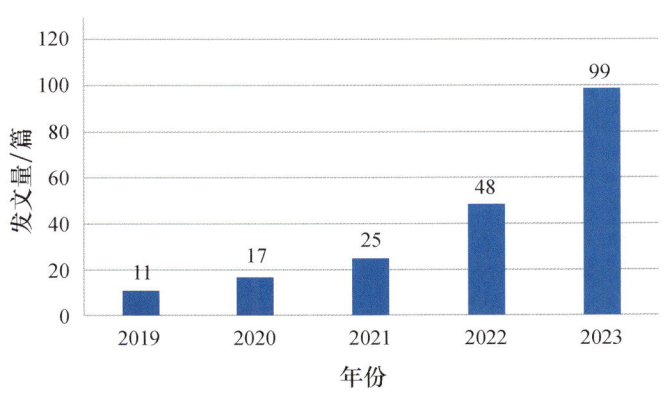

图5-5　2019—2023年数字化赋能红色文化资源育人的现实困境研究的发文量分布情况

---

① 严一梅:《红色资源数据库现状调查与利用研究——以粤港澳大湾区高校为例》,《图书馆》2022年第7期。
② 邱辉:《构建数字赋能红色资源保护利用研究》,《党史文苑》2022年第7期。
③ 张路正:《新时代红色基因"四位一体"传承探析》,《红色文化资源研究》2022年第1期。
④ 彭庆红、孙晓丹:《红色档案资源数字化开发利用的路径与梯度》,《档案学通讯》2022年第4期。

1. 教师数字素养有待提高

高校教师的数字素养包含数字思维、数字技术的学习与创新及数字教学理念与方法等内容。从教学理念来看，部分高校思政教师对于新技术和新平台的应用不熟、不足。①部分教师缺乏容纳数字技术的意识和主动性，在观念上也与数字技术革命对思政课的现实要求之间存在距离。②从对数字技术的掌握和应用来看，当前高校教育主体数据分析能力和应用能力不足，对于如何把大数据技术应用到教育实践中存在困惑和不确定性。从人才储备来看，当前高校存在数字化人才欠缺问题，高校思政工作团队向数字化方向转变的进程较为迟缓。③

2. 数字化红色文化资源融入性不强

从教育现象看，当前数字化红色文化资源呈现碎片化特点。学生极易获得零散、非专业、低质量甚至是虚构的红色文化信息，难以对红色文化建立全面的认知与深刻的理解；④从教育方法看，传统的教学方法和千人一面的教学模式难以满足学生的个性化需求，致使课堂的鲜活度和吸引力不足，难以实现数字化红色文化资源的深层融合。⑤关于红色文化资源的开发利用，大多数高校的数字化课程建设存在严重短板，如技术开发与思政课教师主体相分离。数字化课程开发技术难度大，往往要依靠专业部门提供技术支持，所购买的教学产品也面临同质化难题，这导致数字化红色资源在融入思政教育的过程中还停留在表层、效果不实。⑥

3. 技术异化影响育人效度

数字技术异化主要表现为技术异化对意识形态造成冲击、对教育结果造成危害。一是技术异化对意识形态的冲击。人工智能技术给西方错误思潮渗透意识形态、入侵"大思政课"育人空间带来可乘之机，不断诱发信息内容去中心化、气泡化和茧房化现象，加大思

---

① 王玉蓉：《"大思政课"实现数字化建设的价值意蕴和实践策略》，《岭南师范学院学报》2023年第5期。

② 吴恒、陈冬阳：《数字赋能"大思政课"建设的逻辑、困境与路径》，《思想政治教育研究》2023年第5期。

③ 姚源：《数字化赋能高校思政教育的必然、实然与应然》，《成才》2023年第22期。

④ 林海：《"互联网+红色文化"融入大学生思想政治教育的路径研究》，《成才之路》2023年第36期。

⑤ 刘丽娟、潘婕：《人工智能赋能高校思政课程教学改革研究》，《成都师范学院学报》2023年第5期。

⑥ 林帅、李智睿：《红色文化数字化赋能高校思政课的价值意蕴与实践路径》，《长春工程学院学报》（社会科学版）2023年第4期。

想政治教育的育人难度。①二是技术依赖或技术应用不当，会对教育结果造成负面影响或危害。在育人目的上，其会对个体的道德素养提升、价值取向建立和政治观念形成产生误导，造成育人目标的偏离；在育人内容和育人形式上，一味追求数字化的生产模式与话语内容，忽视教育实践的方法规律，会使思想政治教育的人文精神和价值理性受制于程序化与流程化，难以彰显思想政治教育人文精神的社会关系向度。②

4. 数字伦理风险

互联网信息技术的发展极大地丰富了信息资源，拓宽了人们获取信息的途径和视野，但同时也伴随着一系列伦理问题，这在一定程度上体现出当前思政教育育人空间的治理难度。

数字思政仍处于早期发展阶段，具体的操作机制和制度支持还不完善。部分高校在未告知教育对象的前提下使用数字思政平台收集相关数据，存在违背教育对象意愿问题以及对信息数据保护不到位、泄露个人隐私的隐患。③将数字化技术应用到思政课教学中会涉及大量信息的存储，其中包括学生、教师的个人信息以及学校的教育资源信息，极易因技术风险而导致数据泄露，侵犯个人隐私。④同时，人工智能技术的应用打破了传统的教育模式，这可能逐渐消解教师的信息主导权，窄化学生获取信息的渠道，长时间持续会形成信息茧房，在一定程度上剥夺了个体接触新鲜事物的机会与能力。

总而言之，当前数字化赋能高校红色文化资源育人还存在诸多挑战，相应的数字化人才匮乏、思政教师数字素养不足、高校对于数字化赋能思政教育缺乏重视以及数字技术的滥用和数据保护不当带来的科技伦理隐患，都阻碍了数字化赋能高校红色文化资源育人的进程和成效。

四、数字化赋能红色文化资源育人的路径

数字化赋能高校红色文化资源育人既是顺发展之"势"、应现实之"需"，更是达育人

---

① 崔春梦：《人工智能赋能"大思政课"：理想图景、现实挑战与实践进路》，《未来与发展》2023年第7期。

② 刘骏：《"数字思政"的伦理审视：价值、矛盾和治理》，《思想理论教育》2023年第9期。

③ 黄岩、邹何爽：《"数字思政"伦理风险的生成逻辑与规避路径》，《杭州电子科技大学学报（社会科学版）》2023年第6期。

④ 刘星焕、何玉芳：《以数字化赋能"大思政课"建设的内在机理、现实梗阻及实践路径》，《理论导刊》2023年第10期。

之"要"。当前,学界对数字化赋能红色文化资源育人的路径研究主要集中在加强师资队伍建设、创新教学模式、搭建育人平台和构建保障机制等方面(图5-6)。

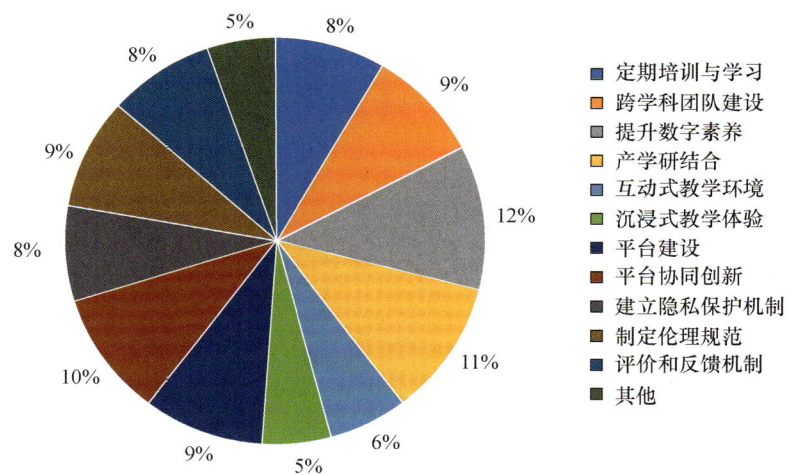

图5-6 数字化赋能红色文化资源育人路径的各元素占比情况

1. 加强师资队伍建设

思政教师是高校师资力量的重要体现者,数字素养是思政教师最基本的素养之一。更新教学理念、提升数字技能、开展数字化培训是加强高校思政师资队伍建设的重要途径。高校思政教师要具备数字化意识和数字教学思维,以开放的心态面对教学领域变革,不断探索数字化教学应用新模式、新方法和新路径。[①]其应积极提升算法素养,主动学习与人工智能技术相关的理论知识和实践技能,从"技术的跟随者"变为"理性的教育者",不断提升驾驭人工智能技术的能力。[②]

2. 创新教学模式

教学模式是实现教学目标的具体手段,离不开丰富的教学资源和新型的教育方法。高校要积极实现红色文化资源的"3个转化":一是红色文化资源要转化为教育教学资源,坚持价值性与知识性相统一,借助AR、VR等技术创新红色文化资源育人教材;二是将红色教育教学资源转化为讲授聆听类、解说观察类、互动体验类的课程资源,不断优化教

---

① 田必春、王冬梅:《VR技术与红色文化育人融合的现实依据及路径思考》,《遵义师范学院学报》2023年第5期。

② 陈清:《论人工智能融入高校思想政治教育的深层逻辑》,《江苏高教》2022年第1期。

学设计，增强学生参与感和获得感；三是将红色文化课程资源转化为学习主体的素质能力，积极构建"引导启发-观察思考""组织活动-参与体验"教学方式，让红色故事、红色话语走进学生的心灵深处。①

3. 搭建育人平台

育人平台是连接高校与社会的桥梁，对于现代教育体系构建尤为关键。

有学者提出构建精准思政一体化育人平台的4大要求：一是加强硬件设施的整体化建设。通过搭建主干网，实现校园网络的全覆盖，打通校内"信息壁垒"。二是开发集成教学、资讯和社交的应用软件平台。利用软件平台整合各类教育主体和资源，实现教育内容的精准供给。三是建设一站式管理服务平台。四是精心搭建信息化环境。高校要在人机结合的状态下开展育人活动，提高学生的使用体验和用户黏性，增强精准思政的施教质量。②

对于学校来说，辅导员要积极化身为红色讲解员，创建"辅导员-红色云讲堂"的专题微课；根据大学生常用的社交平台创建专门的红色文化主题互动空间；积极发挥学生社团的主阵地作用，把红色文化元素融入日常的社团活动中，引领师生做到知行合一。③学校要以网络平台为基础，线上线下相协调构建思想政治教育主阵地，线上要充分利用红色主题网站、微信公众号等平台的载体功能，弘扬红色文化、传承红色经典、传递红色精神；线下可以借助党团活动、校园文化或是重大时间节点举办红色主题实践活动，增强思政教育的实效性与获得感。

从加强校际协同合作看，各高校要把握不同高校红色校史资源的特色，积极搭建数字化红色资源共享平台，实现数据共享；注重同党史馆、档案馆等线下单位开展多层次、多方面的深度合作，创造更高的育人价值。④高校要将红色基地、红色场馆、红色人物等红色文化资源通过数字化技术"搬"进学校、"请"进校园、"融"入课堂；打造红色智慧课堂和红色文化体验馆，引导学生置身于历史情境中认知红色文化。⑤也有学者认为，高校

---

① 张泰城、张旭坤、陈刚：《论红色文化资源育人的三个转化》，《中国井冈山干部学院学报》2023年第6期。

② 申小蓉、潘云宽：《大数据时代高校精准思政的主要特征、运行机制和实践策略》，《学校党建与思想教育》2023年第23期。

③ 郑婷：《"互联网+"时代地方红色文化融入高校大学生思想政治教育的现状与对策研究》，《产业与科技论坛》2023年第14期。

④ 刘澈、徐晓风：《"数字化"红色校史资源赋能高校思政课的价值与实践路径》，《思想政治教育研究》2023年第6期。

⑤ 庞春阳：《红色文化资源数字化赋能高校思政课论析》，《高校马克思主义理论教育研究》2023年第4期。

应同各大红色文化机构搭建合作新平台，共同开设数字红色文化专栏、VR/AR体验馆与红色精品育人项目，创作出红色文化新作品和新物态，推动高校红色文化教育的纵深发展。①

4.构建保障机制

保障机制是高校提升教育质量、优化平台管理、适应教育改革的重要途径。

第一，构建多方协同。一是加强顶层设计。学校要实现资源互联互通和共享，让红色文化育人呈现出非线性、多角色和开放性特征。二是强化制度保障。学校要着力构建党组织统一领导、党政齐抓共管、各部门各负其责的领导体制和工作机制，多渠道开展数字化红色资源育人工作。三是推动协同攻关。学校在制定统一标准和规范时，还要加强与档案馆、地方文化机构等多个部门的协商合作，在最大范围内实现人员共享、资料共享和成果共享。②

第二，构建评价机制。一要实现动态评价与静态评价相结合。高校应实时跟进学生学习状态，结合结果导向，对学生进行全面系统的评价。二要坚持知识评价与价值评价相结合。高校不仅要对学生的学习成果进行评价，也要注重对学生的思想引导和价值教化，确保学生的价值取向契合时代发展要求。三要做到师生互评与学生自评、学生互评相结合。高校应采取留言互动、匿名方式对教师的教学水平、教学技能及教学效果进行多方面评价，同时教师也要对学生的知识、能力、价值形成公正、合理的评价，以便更好地发挥评价的监督促进作用。③

第三，构建隐私保护机制。高校要建立明确的用户隐私保护机制，大力普及并宣传隐私保护知识，制定相关数据保护规定；建立健全数据安全管理制度，加强对数据来源的审核与监管，以此实现数据全面可控，保证数据隐私安全；建立完善的数据备份和恢复机制，采用多重身份认证和数据加密等技术手段保护数据信息，防止用户数据丢失或受损。④

综上，高校应立足现有的难题和瓶颈，有针对性地采取相应措施进行突破，不仅要研究打造数字化人才队伍，还要探索利用数字化技术创新教学模式，联合各大机构共同搭建育人平台与数据库，健全保障机制，实现资源共建共享最大化，为数字化赋能红色文化资源育人搭建桥梁。

---

① 陈亚红：《红色文化数字化赋能高校思政课研究》，《盐城工学院学报（社会科学版）》2023年第6期。
② 罗方述：《数字化赋能红色资源育人探赜》，《学校党建与思想教育》2023年第8期。
③ 李铁英、张豪永：《大数据时代高校智慧思政的表征、困境及进路》，《沈阳建筑大学学报（社会科学版）》2023年第4期。
④ 吴星儒：《ChatGPT对高校思想政治教育的影响及对策研究》，《吉林师范大学学报（人文社会科学版）》2023年第5期。

第二节　协同形成数字化红色文化资源育人合力

近年来，众多高校结合自身实际，积极探索数字化赋能红色文化资源的教育模式、实践方式、合作机制，逐步形成了校内、校地、校际协同的"多位一体"育人格局。

一、校内协同育人机制构建

构建数字化赋能高校红色文化资源协同育人机制的灵魂是文化认同。鉴于此，各高校为增强校内红色文化资源吸引力，因地制宜、突出特色，与校内文化服务部门、马克思主义学院相协同，在挖掘校内现有革命历史遗址、纪念馆、博物馆等红色文化资源的同时，利用现代数字化信息技术打造"数字马院"，寻求红色文化资源与大学生思想政治教育的耦合点，落实立德树人这一根本任务。

1. 与校内文化服务部门协同

校内文化服务部门主要包括校史馆、博物馆等实体组织，是实现数字化赋能校内红色资源的组织支撑。高校与校内文化服务部门协同打造数字化校史馆、博物馆、纪念馆，既是对红色资源传统传承和现代技术融合的过程，也是数字化红色文化资源与大学生思政教育耦合的过程。这一过程可以增强校内红色文化资源的文化传承和思政育人功能，形成协同育人合力。

（1）与校史馆协同。

每一所院校都有自己独特的历史，在数字化校史馆建设过程中，各高校应结合自身特色专业、特色学科、特色教学环境，深入发掘红色文化资源的独特性，打造富有特色的数字校史馆。

上海交通大学作为全国第一所建立校史博物馆（图5-7）的高校，在数字化信息技术方面一直走在前列。学校校史馆利用静态网页展示技术、3D虚拟展示技术等多种数字网络新技术，完整地展现了学校110多年的历史及辉煌成就，通过传递"以史育人"理念，助力培养具有中国传统文化底蕴的创新型人才。校史馆还不断更新升级数字化信息系统，新增线上拍照留影系统和毕业生查询系统，为新生入学教育、新入职教职工岗前培训及全体外籍及港澳台教师提供优质服务，积极拓展"多语＋专业""校史＋思政"育人载体，建构沉浸式校史育人新模式。

图 5-7　上海交通大学校史博物馆"两弹一星"功勋科学家王希季校友专题展

清华大学依托悠久校史资源，借助"清华大学校史党史资源特色库"，推进数字化校史红色资源建设，助力讲好"大思政课"。清华大学王之纲教授团队创作的主题光影秀《大先生》利用清华大学早期建筑大礼堂内部穹顶空间结构和全息纱幕、LED 屏幕等作为影像载体，选取清华历史上文、理、工、体、美 5 个学科领域"大先生"的故事，借助数字化虚拟场景设计和 3D 扫描技术，营造了立体、沉浸、震撼的感官体验。同时，其以建筑、书信、手稿等革命文物为故事意象进行生动呈现、有机串联，令朱自清、叶企孙、顾毓琇、马约翰、梁思成等 5 位大师与当代青年跨越时空开展"对话"，深情讲述"立德为首，学高为师，教益为友，育人为本"的育人理念与家国情怀。

华南理工大学校史馆以"初心"为主题，通过"实业救国""工程报国""产业兴国""科教强国""筑梦一流"5 大篇章，采用裸眼 3D 魔方、270°沉浸式 5 折屏等高科技展示照片 1000 余张、实物展品 90 余件、影像资料 10 余段，讲述了学校始终与党和国家同向同行、科技报国所留下的一个个刻骨铭心的奋斗故事。该馆通过数字冰屏技术将建筑幕墙秒变传媒大屏，用曲幕长卷及数字沙盘技术演绎烽火播迁的办学故事，利用创新性裸眼 3D 互动魔方全面演绎时代故事，展现了科学家为党育人、为国育才的辉煌篇章。该馆设置了线上看展渠道，让观众通过扫描二维码看展，化虚拟为现实，化被动为主动，化观看为互动，使观众沉浸式体验科学家的人生历程。该馆还基于 3D 建模、元宇宙实时交互引擎等数字技术，对线下校史馆场景进行生动复刻，让观众无论身在何处都可以随时探索科学家故事，聆听科学家声音。该校以数字化校史馆为基础，充分发挥"修史立典，存史启智，以文化人"作用，把校史馆打造成为校史研究主阵地、育人大课堂、宣传主窗口。

此外，东南大学数字化校史馆实现了对国立中央大学关防、国立东南大学界石等珍贵展品的数字化展示，提供自动漫游和手动漫游两种浏览方式，建构了沉浸式校史育人新模式。武汉大学校史馆开发了"红通通——新一代红色教育元宇宙平台"，对红色资源进行数字化存储和展示，增强了思政教育的实效性和体验性。集美大学校史馆通过 3D 数字建模技术 1∶1 还原线下场馆，打造"云上校史馆"数字化平台，集中展示了陈嘉庚先生爱国创业、倾资兴学的一生。中国医科大学打造了红医精神校史馆，实现了校史馆实景的网络呈现，让参观者可以通过手机端、个人计算机（PC）端远程参观校史馆，聆听党史故事、校史讲解，感悟红医精神。

可见，各高校协同校史馆，与时代主流传播媒介相结合，通过数字化手段最大限度地共享校史文化资源，提高了校史研究成果的利用率，实现了校史文化广泛且有效的传播，赋能思政育人新形态，提升了时代新人的培养成效。

（2）与博物馆协同。

博物馆是红色文化资源的主要保存和展示场所，是开展红色教育、传承红色基因、弘扬红色文化的重要载体。高校依托本校博物馆的红色文化资源优势，运用现代化信息技术，突破时空限制，赋予高校红色文化教育活力和感染力。

西北工业大学航天博物馆作为全国高校唯一一座空间飞行器实体陈列馆，也是西安地区乃至西北地区唯一一座导弹型号最全、卫星数目最多的陈列馆，更是全国为数不多的在编大型航天馆之一。2023 年，该馆与红光沟航天精神文化区共建思想政治教育基地，通过实践研学活动，让学生直观感受中国航天的强大魅力，切身体悟航天人报国情怀；同时还利用 3D 扫描技术、数字化手段及信息化方法对文物进行数字化建模、虚拟复原与展示，不仅为新形态考古发掘与文物保护奠定了基础，还把传承中华优秀传统文化与思政教育、专业教育和实践教育有机结合，引导学生坚定文化自信。

西安交通大学西迁博物馆在数字化赋能红色资源育人方面也很有特色。该馆依托 5G、人工智能、VR 等新技术，推动"5G＋"智慧博物馆建设，开展 3D 实物建模，实施藏品信息化管理、数字化展示，以直观、形象的方式展现出西迁精神"胸怀大局、无私奉献、弘扬传统、艰苦创业"的核心内涵。

中国石油大学（北京）的石油精神教育基地是集智慧党建、智慧思政、智慧课堂于一体的数字化教育平台。该平台采用先进的数字化技术复原了红色革命纪念地、石油会战等

系列历史情景，打造了油田生产一线、科技成果应用等系列虚拟场景，实现了资源共享、在线互动、网络集体学习等功能。

各高校通过打造校内博物馆等红色基因库，并运用 AR、VR、3D 数字扫描等数字化技术，将各类场馆的展陈内容转化为虚拟体验馆或网上博物馆等教育教学资源，从而使红色文化资源育人不再是孤立于其他学科教育之外的"特色活动"，而是逐渐融入课程体系、校园文化建设以及学生综合素质评价等各个环节之中，推动整个高校思政育人体系进一步完善和优化。

2. 与马克思主义学院协同

许多高校马克思主义学院充分发挥学院特色优势，努力打造"数字马院"，开发数字化红色文化资源育人实践项目、实验系统、文化产品等，为推进教育数字化凝聚了育人合力。

北京科技大学作为全国首家"数字马院"示范基地，遵循"公益为本、精准服务、共建共享、循序渐进"的理念，成功打造了覆盖范围广泛的思想政治理论课综合性信息化平台，并在扩大优质思政课资源供给、提升思政课教学管理水平、助推思政课教师能力素质提升方面都取得了不菲成绩，实现了数字化技术助力思政课堂革命、助力思政教师发展、助力学生成长成才。同时，北京科技大学、南开大学、南京大学、西安交通大学、东北师范大学等高校发起成立"数字马院"联盟，实现了全国高校马克思主义学院数字化建设理论研究成果及实践经验的分享，也推动了高校思政课数字化建设理论与实践创新。其中，南京大学马克思主义学院在"翻转课堂＋专题教学"的混合教学模式改革、虚拟仿真实验室建设以及虚拟仿真资源库开发、数字化教学平台的广泛应用中，体现了其在"数字马院"建设方面的积极探索。东北师范大学马克思主义学院积极探索以数字化赋能高校思想政治教育的实践路径，通过数字技术的运用，提高教育方案的适配性和针对性，强化教育过程的生动性和差异性，提升教育评价的精准性和科学性，以打造数字化育人新模式。

首都经济贸易大学马克思主义学院通过引入纳米黑板、多机位录播系统等数字化技术，积极打造"'数字马院'教学资源互动共享平台"。通过该平台，教师可以录制精品课程，直播时学生可在网上参与课堂互动。课程结束后，该平台自动保存上课过程，让学生能下载课件并在线回看。重庆交通大学马克思主义学院以习近平总书记关于传承中国共产党人精神的重要论述为理论基础，以师生连续 7 年重走川藏、青藏线"两路·一梦"社会实践为蓝本，开发了"感悟'两路'精神传承红色基因"虚拟仿真实验系统，通过云端网络化和 VR 技术手段，还原"两路"修筑历史场景（以川藏公路修筑场景为主）及"两路·一梦"社会实践全过程，让学生重温筑路艰辛历程，用中国共产党人的精神谱系感召青年，推动实现建设美丽中国与民族复兴的愿景。西南财经大学马克思主义学院，围绕"四渡赤水""彝海结盟""飞夺泸定桥""翻雪山过草地"等项目开展集中攻关建设，成为全国第一家"5G＋VR＋红军长征在四川"的党建与思政系列产品。山东建筑大学马克思主义学院在"数字马院"建设中，重视集体协作和团队打造，发挥"智慧树""超星""雨课堂"等教学平台的辅助作用，全面开展思政课信息化教学改革，建立起线上与线下、课堂与网络、教师与学生彼此交互的课堂模式。

"数字马院"的开发建设是信息技术时代的必然趋势，并会随着信息技术的发展而不断创新。"数字马院"只有不断与时俱进，及时融入新技术元素，解决数字化技术新难题，才能开创思想政治理论课改革的新局面。

二、校地协同育人机制构建

在形成数字化红色文化资源育人合力的过程中，高校与地方各机构组织都扮演着重要角色。多方协同合作积极推动着数字化红色文化资源育人合力的形成。具体而言，高校协同的对象主要包括地方政府行政部门、公共文化服务部门、知名企业等。高校通过与这些协同对象不断深入协同合作，整合各方数字化资源和力量，促进数字化育人力量的深度整合优化，形成数字化红色文化资源育人合力，提升高校思想政治教育效果。

1. 与地方政府行政部门协同

高校通过与地方政府行政密切协作，不断整合多方资源、创新教育形式等多种手段，确保红色文化资源能够在全社会特别是大学生群体中得到广泛传播和深入理解。[①]

江西科技师范大学与教育部高等学校科学研究发展中心协同，牵头开展"信息化赋能红色文化资源的传播研究"等重大项目，启动了一系列精品思政课程和课程思政成果研发工作，推出了红色文化资源数字化育人高质量成果。同时该校还通过开展"南昌起义"沉浸式红色主题教育工作，指导、组织开展新生军训期间建军精神及国防教育授课工作，解锁青年学子红色教育新体验，为红色教育拓展"创意化、年轻态"的新模式。

浙江理工大学作为教育部大中小学思政课一体化共同体建设项目浙江省牵头高校，与

---

① 吴星儒：《ChatGPT对高校思想政治教育的影响及对策研究》，《吉林师范大学学报（人文社会科学版）》2023年第5期。

杭州市临安区、临平区、钱塘区合作，推进天目少年思政学院、弘临思政学院与钱塘红潮思政学院建设，举办了"数字思政理论与实践研究论坛"，以探讨如何利用数字技术推动思政教育的创新发展，并依托数字赋能贯通思政"小课堂"与社会"大课堂"，链接校内外思政元素，打通思政教育各个环节，创新思想政治教育工作新模式。

广东省外语艺术职业学院以南粤大地丰富的红色文化资源为天然教材，建构政校行企协同育人共同体，打造出一批实景式、田野式、共享式、公益式的育人平台，感召和引领青年学生走进社会"大课堂"，把"四育基地"①建在乡村振兴、百校联百县助力"百县千镇万村高质量发展工程"行动等真实项目上，2万余名青年学生化身乡村新媒体人、设计师、代言人、绘画师，走进田间地头开展助农直播、产品设计、文旅调研、理论宣讲、基层治理等实践活动，把青春华章写在南粤大地上。学校被评为全国大中专学生"三下乡"社会实践优秀单位、"镜头中的三下乡"全国优秀组织单位、广东青年大学生"百千万工程"突击队优秀组织单位。

天津城建大学与天津市政府合作，依托天津市红色文化资源，结合时代特点，打造了"知识传授＋历史素养＋时代担当＋价值引领"的特色思政课实践教学模式，让红色旧址遗存变成"课堂"，让革命文物资料、城市发展成果变成"课本"。

此外，北京科技大学联合甘肃省秦安县，通过"大思政课"实时教学数字信息平台，合作讲授数字时代"大思政课"，以连线方式展现秦安县从打赢脱贫攻坚战到全面推进乡村振兴的鲜活实践，不仅实现了课堂理论讲授与实践体悟的紧密结合，更使学生对全面推进乡村振兴有了更加深入的理解。

2. 与公共文化服务部门协同

为了顺应数字化时代的发展，也为了更好地保存红色文化资源，让观众享有更强的体验性和沉浸感，革命博物馆、革命纪念馆不仅通过数字化技术对馆藏资源进行了系列数字化开发，还通过采用VR技术再现等数字方式实现"线上"参观，从而让观众直观感受战争年代中国共产党带领中国人民进行革命、改革和建设的历史，在潜移默化中发挥数字化红色文化资源的育人功能。因此，高校应积极寻求与革命博物馆、革命纪念馆合作，提升数字化红色文化资源的育人价值。

如浙江大学与南湖革命纪念馆合作，协同推进"革命文物大思政课"建设，将数字化的革命文物资源融入思政教育。

---

① "四育基地"是指党建育人基地、青年爱国主义教育基地、"大思政课"实践育人基地、劳动教育基地。

中国科学技术大学与金寨革命博物馆共同打造"思政云课",通过云端游览革命博物馆、异地专家现场讲述、现场教学解读、课堂交流互动等环节,实现思政课"场馆资源+校外专家+大中小学+网络实景"的生动融合。

河北工业大学和中共一大纪念馆借助数字化手段,整合馆校双方资源,打造"1+6+x""数字化实践双螺旋大思政课"实践教学平台,实现了思政课实践教学环节的数字化全过程管理。

西安外国语大学与延安文艺纪念馆开展双语宣传合作项目,充分利用延安文艺纪念馆内的红色经典文艺作品,依托陕西省外国文学学会和延安鲁艺文化中心的微信公众号、视频号等新媒体平台,通过"文字+音频(双语)+图像"及双语宣讲微视频的数字网络形式,用双语形式呈现延安的优秀红色文艺作品。

可见,高校与地方博物馆、革命纪念馆等公共文化服务部门进行数字化红色文化资源的协同育人,不仅提高了红色文化资源在理想信念教育中的作用和感染力,还推动了红色文化资源信息共享机制、协同攻关机制和转化应用机制的建立。

3. 与知名企业协同

目前,校企在数字化红色文化资源方面的合作模式主要是共同打造爱国主义教育基地、思政教育实训基地。

哈尔滨工业大学联合中国航天科技集团历时18年建设完成一座国家重大科技基础设施——空间环境地面模拟装置(图5-8),并将其打造成思政教育"地面空间站",成功把思政课课堂搬到了"地面空间站",实现了思政"小课堂"与社会"大课堂"的有机融合。

图 5-8 哈尔滨工业大学零磁空间实景思政课

吉林大学与科大讯飞共同研发的教育评价大模型"知新"在第61届中国高等教育博览会上正式发布。作为全国首个教育评价垂类大模型，"知新"打通了国产大模型在教育评价领域应用的"最后一公里"。

苏州大学与华为公司签署战略合作框架协议，共同致力于打造一个数字化、镜像化、智能化的"云中大学"。该项目从顶层设计开始，确立信息化全面深入改变学校发展的路径，包括部署人脸识别系统、设计全新的迎新和离校系统等，以数字化手段提升思政育人的质量和效率。

中南大学与浪潮集团有限公司签署全面战略合作协议，聚焦健康医疗大数据与"互联网＋医疗健康"建设，建立国际一流的全学科链和产业链融合的科技创新模式。

中国计量大学与杭州睿数科技有限公司合作建设大数据与人工智能实验室，实现"大数据与人工智能＋"的专业建设，以及跨学科、跨领域的科研创新。

北京林业大学与曙光大数据平台合作提供大数据实训平台EDU，满足校方对人才培养实训环境、优质课程以及师资培训的需求，解决大数据人才培养的核心问题。

总之，高校应积极与地方政府、文化部门等组织机构协同合作，不断整合吸纳地方优势资源，深剖各地红色文化资源，努力形成数字化红色文化资源育人合力，从而促进数字化红色文化资源高质量地渗透到高校思想政治教育教学实践中。

三、校际协同育人机制构建

校际协同育人是高等教育内涵式发展的重要途径。在数字化红色文化资源育人合力的形成过程中，校际协同育人价值不可忽视。通过校际数字化红色文化资源共建共享，整合不同高校的教育资源，优势互补，促进红色文化资源交融和思政课程创新，形成数字化红色文化资源育人合力，推动文化强国建设。

厦门理工学院与中央党校、清华大学、北京中科知识工程技术研究院通力协作，推出了面向全国高校的通用型"人工智能技术与应用"课程思政方案及其产学研社会导引案例集合。该数字课程思政集合不仅包含视频讲解、根据经典原文萃取的计算机建模图、线上章节测试题，还配备建模图和经典原文记事本。该课程通过多种人工智能建模表达对经典文献部分章节进行逐字逐句的数据分析、挖掘和设计，萃取出50余张建模作品，以弥补人脑在感受力、瞬时记忆和挖掘深度等方面的不足。同时，其通过挖掘基于原典原文的知识，帮助学生深刻理解经典文献精神实质和核心要义，对严肃的经典正本以人机结合的方式进行创新性呈现，变传统性学习为探索式、主动式学习，增强学生的内驱力，调动学生的参与性。

东北师范大学和华南师范大学在数字化协同育人合作方面共同探索出了数字化思政教育的新路径。其主要体现在两校运用微视频、动画、思维导图等数字化手段合作开发了系列思政课数字化教学资源。以中国传统文化与思政教育融合为例，两校教师共同策划制作了一系列微视频，介绍中华传统美德故事、古代思想家的思政智慧等内容。该数字化教学资源可以在两校的思政课堂上共同使用，并且通过两校的在线教学平台向其他师范院校开放共享，有效提高了思政课程的趣味性和吸引力。

另外，部分高校通过与军事类院校协同育人，不仅能够推动红色文化的传承与弘扬，而且可以提升高校学生的综合素质和军事素养，为国家的国防建设和人才培养做出重要贡献。延安大学与中国人民解放军空军工程大学积极共建国防教育、红色教育"双基地"，深入挖掘和弘扬党中央在陕北和延安领导中国革命的光辉历史和优良传统，将国防教育融入延安精神铸魂育人体系，在高质量开展国防教育方面进行了积极探索，并在与军事类院校协同育人模式探索方面走在了前列。

可见，新时代下各高校数字化赋能红色文化资源基本形成了校内协同、校际协同、校地协同的"多位一体"协同育人格局。从高校协同校内校史馆、博物馆打造"云"馆，到高校协同地方政府行政部门及公共文化服务部门共享共建数字化红色文化资源实践课程、科研项目，再到校企共同开发打造新时代大学生喜闻乐见的红色文化资源教育新形态，初步实现了数字化红色文化资源的传统传承和现代技术融合，助力数字化赋能红色文化资源的推广、研究和传播，让红色文化资源在新时代焕发新的活力。

第三节 探索构建红色文化资源数字化育人平台

为进一步推动各高校、区域、机构之间红色文化数字资源的集成融合，加快实现高校红色育人工作从线下走进线上、从单线走向互联，搭建高质量数字育人平台成为开拓创新的重要举措。目前，大多数高校在探索与实践中逐步建立多元性平台融合体系，以此勾勒当前我国高校红色文化资源数字化育人平台建设的基本轮廓。

一、红色数字资源平台

红色数字资源平台是高校开展红色文化数字化育人实践的基石。对不同类型、主题、地域的红色文化资源进行信息化、数字化开发，一方面可以为红色文化传承提供有效路径，另一方面亦为增进高校系统内红色文化资源共享奠定基础。当前，各大高校及相关机构所尝试建设的红色数字资源平台主要包含以下3种类型。

1. 红色专题数据库

红色专题数据库集红色文化资源采集、描述、组织与利用等功能于一体，使用户可以集中检索、发现某类红色文化数据，是一种综合性的文献服务保障系统。目前，国内高校红色数据库平台的建设模式主要有两种：第一种是订购或试用第三方机构建设的通用型数据库。比如引入"中国共产党思想理论资源数据库""中国历史文献总库·红色文献数据库""爱如生红色历史文献数据库"等平台。该模式可满足高校快速开展红色文化育人研究与实践的需求，但也在一定程度上忽视了红色文化资源开发的地域性与典型性特征。鉴于此，自建红色专题数据库成为部分有条件的高校的第二种选择。尤其是在"两个结合"精神的引领下，这些高校纷纷以革命历史与革命人物为主题，开发了一批优秀的红色专题数据库（表5-1）。该模式的开发主体一般为高校图书馆。

表 5-1　红色专题数据库

序号	学校	名称	类别
1	四川大学	江姐专题文献数据库	人物类
2	合肥工业大学	陈独秀特色数据库	
3	集美大学	陈嘉庚研究数据库	
4	淮阴师范学院	周恩来研究专题数据库	
5	玉溪师范学院	聂耳和国歌特色数据库	
6	石河子大学	兵团史志文献数据库、兵团年鉴数据库	区域类
7	嘉兴大学	红船精神研究与红色文化数据库	
8	四川文理学院	川陕革命老区历史与现实问题研究数据库	
9	清华大学	清华大学校史党史资源特色库	综合文献库
10	中国人民大学	中国人民大学红色文献平台	
11	浙江大学	浙江大学红色文献库	

2.思政教学资源库

高校对于成熟性的思政类教学资源开发日趋重视。不同地区、层次的高校纷纷尝试建设可供本校乃至本学科共享、交流的思政教学案例资源库，增强了红色课程资源开发的规范性与统一性。部分实践成果见表 5-2。

表 5-2　部分高校思政教学资源库

序号	学校	名称
1	北京大学	课程思政示范课程
2	南京大学	课程思政实践案例库
3	哈尔滨工业大学	课程思政云端资源库
4	湖南大学	课程思政示范课程
5	中国矿业大学（北京）	课程思政专题网站
6	中国石油大学（北京）	本科课程思政优秀教学案例
7	长安大学	红色经典影视作品融入思政课教学案例库

（来源：中华人民共和国教育部网站）

此外，相关机构、教育企业亦会独立或参与研发一些通识类高校课程思政数据库，如人民网与北京文华在线共同推出的"人民大思政课资源库"，教育部思想政治工作司指导、

中国教育出版传媒集团建设运行的"全国高校思想政治工作资源库",人民网旗下人民视讯文化有限公司开发的"人民课程思政教育资源库"等。

3.红色档案资源管理系统

区别于高校图书馆建设的专题数据库,高校档案馆会更多聚焦于红色档案资源管理系统开发项目。这是一种集红色档案保护、管理、开发、利用于一体的特殊平台。

四川大学保存的新中国成立以前的档案有近1万卷,包括朱德、郭沫若、江姐等在校任教或求学的档案。四川大学档案馆大力实施档案数字化和信息化工程,初步建立起包括档案图像资源库、档案目录资源库、档案全文资源库以及档案缩微胶片库和档案级光盘资源库等"五位一体"的数字档案存储和异质备份体系。除对传统载体档案实施图片采集和目录著录外,四川大学档案数字化最大的特点就是针对大量毛笔书写的繁体字的历史档案实施全人工word文档式的全文识别转录。为了进一步加强校档案馆管理,提升这些珍贵历史档案的利用率,以馆藏历史数字档案资源为基础的"发现川大:四川大学历史档案信息发布系统"和以与校史文化相关的历史图片、影像、视频、教案资源等为主体的"川大记忆"四川大学校史文献专题资源网站亦陆续发布。

二、在线学习服务平台

与以资源集成、供给服务为主的数据库相比,在线学习服务平台更加侧重于用户开展自主式学习与个人知识管理等内容,交互性、服务性更加突出。目前,国内红色文化在线学习服务平台的开发已取得较快进展,全国高校积极借助"互联网+平台"开展大学生思政育人工作。

1.教学服务平台

国家智慧教育公共服务平台作为中国教育的国际名片,汇聚了政府、学校和社会的优质资源、服务和应用,为全国师生学习交流提供了重要平台。在"智慧高教"模块,设置有"红色筑梦之旅""思政课""美育""劳动教育"等栏目。依托该平台开展红色文化教育成为多数高校的优先选择。

同时,一些专业性的思政类学习平台陆续得到开发。教育部社会科学司委托中国人民大学和北京高校思想政治理论课高精尖创新中心联合打造的全国高校思想政治理论课教师网络集体备课平台,由教育部组织全国多个分课程建设的教学创新中心与各个教指委合作,分课程、分专题地开发建设教学案例库、素材库和问题库,为国家智慧教育平台的打造提供有力支撑。新华网建设的"新华思政"全国高校课程思政教学资源服务平台，汇聚了丰富的国家级、省级、校级示范课程及相关配套教学资源，学科专业覆盖全面，为高校教师开展教学观摩、经验交流与资源共享提供了专业门户。一些全国性的高校思政联盟、高校思政示范课专区在该平台亦有专门安置，方便其他学校与用户进行专题类课程资源挖掘与学习。

由安徽省委教育工委、省教育厅牵头组建的安徽省高校网络思想政治工作中心在安徽大学正式揭牌，其运转载体"安徽省高校智慧思政平台"囊括了思政教育、服务、管理等各项工作的核心功能。目前，中心完成了"省校两级智慧思政平台应用"的开发和建设，服务全省120所高校、150多万名师生。在该平台中，嵌入了"安徽省智慧思政课教学平台""安徽省大中小学思政教育一体化"等模块，每个模块整合了省内外优秀的红色文化育人课程以及红色文化活动案例，并且融入了直播教学、在线慕课等功能，为省内外高校开展红色文化数字化育人工作打造了一个立体性的学习空间。

浙江省委教育工委、省教育厅主动出击，以数智赋能推动该省高校智慧思政高质量发展，统筹布局了"1＋4＋N"的建设体系。其中，"1"是一体化高校智慧思政系统，将"一网（浙江省高校网络思政中心网）""一脑（思政大脑）""一台（智慧思政工作台）"三者合而为一。"4"是打造思政队伍、思政课程、思想教育、心理健康4项核心业务。"N"是建设若干特色场景应用，聚焦解决高校思政教育领域的实际问题。在浙江省高校网络思政中心平台中，用户可以访问"智慧思政舱""智慧思政台""浙里应用""浙里优课"等栏目。这些内容模块含有丰富、优质的红色文化数字资源，以不同主题、形式进行整合，方便用户快速定位、发现资源，促进了高校智慧治理与智慧育人工作的深度融合。

2. 在线互动社区

易班作为高校实名制的网络虚拟社区，集用户学习、生活、娱乐多功能于一本，与国内其他综合性学习社区相比，在整体上具有更强的管理性与拓展性。由于符合大学生的社交习惯，易班成为各大高校开展网络红色文化教育的重要阵地。

近年来，年度性的全国易班共建高校优秀工作案例评选工作，也直观展示了国内高校在虚拟社区开展思政育人工作的探索步伐。2023年，教育部易班发展中心评选出了98所"全国优秀易班共建高校"。其中，华南师范大学创新性地提出了"易班＋党建思政""易班＋创新教育""易班＋体育教育""易班＋美学美育""易班＋劳动教育""易班＋心理教育"等6大育人模式，有力推动了网络思政与日常思政工作的深度融合。相关案例如表5-3所示。

表 5-3 华南师范大学部分教学单位开展红色文化育人易班活动案例

序号	活动主题	内容（摘选）
1	扎根红色文化弘扬革命精神	"跨越时空，学习英雄"故事分享
2	追寻红色印记践行初心使命	红色影片微呈现 峥嵘岁月我来说 且看旧颜换新颜 日新月异二十载 党史学习记心中 知识竞赛固基础
3	赓续红色血脉 共迎华师校庆	"红色引领铸新人，承前启后谱新功" ——品读红色经典活动 "手绘校标忆校史，共迎校庆续华章" ——新生迎校庆系列活动

此外，海南大学的"朕合阵地，多元融合打造'青梨党建'红色育人品牌"、沈阳航空航天大学的"铭记历史，铸就航空报国之魂：主题教育与实践活动的有机结合"、兰州大学的"党史熠熠砥砺前行，'青梨'引领青年精神"等也都是 2023 年高校易班思政育人探索的典范案例。

3. 在线开放学习平台

在线开放学习平台是"互联网＋教育"融合思想的突破性探索。随着 2012 年我国"MOOC 元年"的开启，政府机关、教育部门、互联网行业等纷纷加入在线课程资源开发与平台建设中，为不同层次、主题的学习活动开拓了一条创新"赛道"。在这些平台中，高校不仅是红色课程资源的主要生成者，也是这些资源的最大利用者，普遍利用这些在线学习平台开展红色文化育人工作。

目前，越来越多的在线开放学习平台建立起来，如学银在线、学堂在线、阿里云课堂、智慧树、人民网公开课等品牌，呈现百花齐放的景象。湖南工商大学的"走近湖湘红色人物"课程团队与智慧树网合作，建设了学校首门智慧共享课，已上线智慧树平台并面向所有社会公众和学习者开放共享。课程由思政课教师、纪念馆馆长、辅导员等组成主讲团队，全景展示湖南丰富厚重的红色基因，分为领袖、元勋、先烈、将帅、巾帼 5 个篇章，涵盖毛泽东、刘少奇、任弼时、彭德怀等 24 位湖湘知名红色人物，体现了鲜明的地域特色，属于国内高校慕课建设领域首创。

三、虚拟交互体验平台

红色文化资源数据库与在线学习服务平台均属于信息时代计算机技术、互联网技术赋能的延续，而以 VR 技术为主导的教学空间建设，则是智慧时代人工智能技术、传感技术、可视化技术等交叉融合的直接体现。根据 VR 技术的"3I"特征，即交互性、沉浸性、想象性，国内高校纷纷根据自身红色文化资源特色与育人目标，将课程思政理念与 VR 技术相结合，探索出了不同类型的体验平台。

1.红色虚拟仿真实验教学平台

红色虚拟仿真实验教学平台是以红色文化资源为课程基础，综合性应用 VR 技术、人机交互技术、大数据技术等手段，通过数字化、情景化课程再现历史场景、特定文化氛围，使学生体悟红色文化真谛，提升思想政治觉悟的一种开放式教学平台。

在"实验空间"——国家虚拟仿真实验教学项目共享平台中，越来越多的红色文化示范性虚拟仿真实验教学项目开始走出实验室、走出学校、走向社会。2023 年 4 月，河北科技大学在该平台开设的"'追寻初心·梁家河'虚拟仿真实验"课程（图 5-9），以习近平总书记 15 岁开启的 7 年知青生活为蓝本，通过多种虚拟技术，以"人生抉择""浴火重生""奋斗青春"和"青年寄语"4 个模块引领学习者体悟习近平总书记 7 年知青的艰苦生活和成长历程，深刻理解青年习近平总书记确立"为民做实事"初心的实践之源，从中找寻人生的青春坐标。

图 5-9 "'追寻初心·梁家河'虚拟仿真实验"课程

兰州大学于 2023 年 12 月开设的"携手丝路越千年，命运与共续华章——'一带一路'虚拟仿真实验"课程首次开课，以"习近平新时代中国特色社会主义思想概论"课中共建"一带一路"内容为元素，设计了体现人类命运共同体构建成就和丝路精神内涵的虚拟仿真实验课程。其借助 3D 建模、VR 技术和人机交互等技术手段设计了多维实验场景，使学生直观感受到"一带一路"的文化融合，达成弘扬丝路精神的价值塑造。

北京理工大学团队在全国范围内最早研发用于思政课体验教学互动的新载体，目前已建立了一套完整的思政课数字化教学体系。它能实现诸多功能：运用 VR 技术，使学生可以"重走长征路"、体验"悬崖上学路"；通过开发虚拟仿真资源库、案例库、知识图谱库等，实现教学资源的分类整理、智慧推送。2023 年 9 月，北京理工大学的"思想道德与法治"课程组联合全国高校思政课虚拟仿真体验教学中心（北京理工大学）、宣传部等机构，组织全体大一新生开展了"红色文物故事"数字作品征集活动。在课上，老师布置了一项特殊的作业：选择一件红色文物、校史文物或科技文物，在计算机上以数字化手段呈现。经过 3 个多月的努力和实践，学生提交了 130 余份作品，涵盖了中国古代、近现代等各个历史阶段的历史典籍、科技重器等诸多内容，借助数字建模、网站制作等技术手段，使文物背后的历史故事和红色精神呈现于屏幕之上。图 5-10 为北京理工大学思想政治理论课虚拟仿真体验教学发展历程。

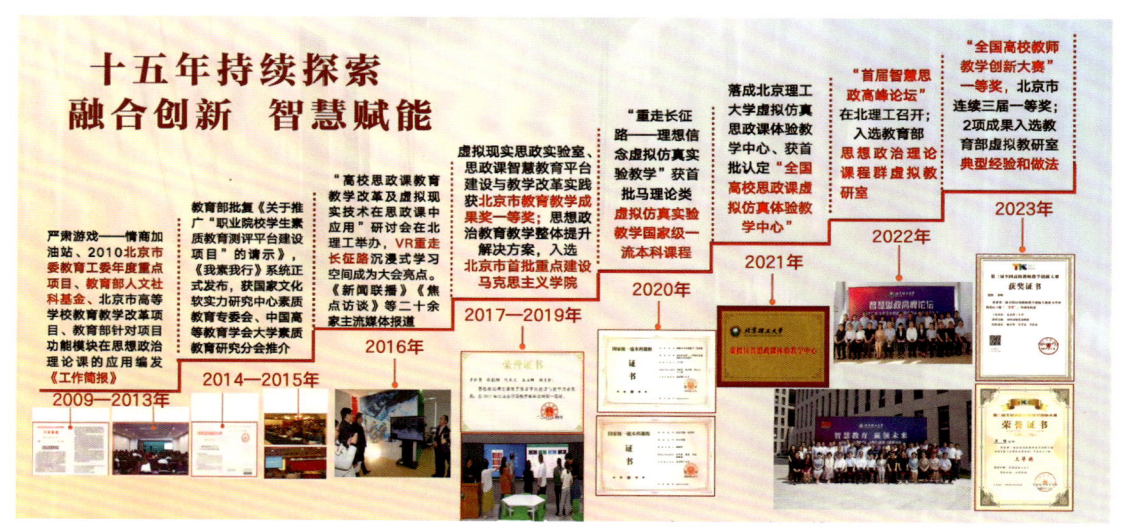

图 5-10　北京理工大学思想政治理论课虚拟仿真体验教学发展历程

2. "云"场馆学习平台

随着数字校园、智慧校园建设的推进，以及 VR 技术、大数据技术的深度加持，国内高校纷纷开始尝试与公共文化服务机构、本校其他文化场馆合作，依托这些场馆的实体资源与信息资源，开展红色文化数字育人活动。

五邑大学积极开设 VR 沉浸式教室、洞穴式自动虚拟环境（CAVE）沉浸式投影厅、革命场景 MR 复原体验室以及党史长廊。学生在 CAVE 沉浸式投影体验厅"参观"韶山毛泽东同志纪念馆，深刻领悟毛泽东同志心系人民群众，为中国人民不懈奋斗的光辉一生。学校还借助学校中德（江门）人工智能研究院，运用 3D 数字化建模技术，生动展示了古田会议纪念馆、焦裕禄纪念园、梁家河红色资源等红色旧址，增强了国防教育、爱国主义教育实效。

西安电子科技大学为了向师生展示我国军事电子科技事业发展的光辉历程，在学校实体博物馆的基础上，开通了线上 VR 全景漫游，让师生可以在"云端"参观歼-10 战机模型、火星影像图、雷达系统整机、航模展台等空间主题区域，帮助师生追溯我国电子科技发展的历史脉络和文化发展历程。

3. 红色虚拟现实育人微平台

部分高校也会通过打造 VR 微平台，利用数字活动、VR 游戏等手段来实现红色文化资源的宣传教育。2023 年 3 月，安徽师范大学师生积极与芜湖市退役军人事务局、芜湖市烈士陵园管理处等机构展开合作，推出了线上祭祀英烈系列服务，梳理出芜湖本地 316 名、异地 5116 名烈士名录，并同步开发了"云端"VR 祭拜先烈的网站。其多场景、多角度还原真实场景，通过图音并茂、图文并茂等方式为师生带来浸入式缅怀体验。为缅怀南京大屠杀死难者，在 2023 年 12 月 13 日，即第十个"国家公祭日"，重庆大学依托党建智慧工作站，开展了沉浸式的"缅怀先烈，祈愿和平"党员活动。师生借助智慧党建 VR 平台，参观了南京大屠杀遇难同胞纪念馆。

国防科技大学创作的《红军长征之飞夺泸定桥》虚拟仿真实验教学课件，将红军长征经历融入 VR 游戏编写框架中。学生需要操控手柄进行战略决策，在危急关头排布精兵良将和强攻硬弩，冒着枪火在战场上对敌人精准射击，还要亲历长途跋涉时的艰难历程。该课件在全国首届仿真教学大赛中获得了"仿真教学课件"一等奖。

四、红色融媒体矩阵宣发平台

国内高校红色数字资源的宣发路径，已从跨媒体、全媒体平台发展至融媒体平台，宣发理念也由原本的关注流量转变为注重内容质量、传播效能，整体已从原有"单兵扩散"的线性传播状态逐渐过渡至"云端共联"的平台型融合传播状态。此外，很多高校开始紧跟青年人的兴趣所在，关注亚文化传播平台的潜力与生机，主动在哔哩哔哩、抖音等平台投放针对性、趣味性的红色教育资源，延伸了校园媒介教育的效能。

北京大学融合传播矩阵以办好思政类公众号为主线，实现"旧融于新"，既有传统的电视台、广播台、新闻网、图片网，又有新兴的微信、微博、政务号、国际新媒体，更有面向未来超前布局的短视频矩阵。截至2023年年底，北京大学融合传播矩阵账号总粉丝量突破5000万，全平台总阅读量累计70亿次，覆盖范围和社会影响力持续扩大。同时，北京大学融媒中心聚焦红色校史资源、学术文化、理论研究资源，将内容优势转化为网络育人优势。在建党百年重大主题宣传报道中，北京大学敏锐发掘影视题材《觉醒年代》传播亮点，结合北京大学厚重的红色校史资源，与剧组开展长线合作，打造了一批现象级传播力作，给年轻人上了一堂入脑入心的"大思政课"。

第六章 高校红色文化资源育人与校园文化建设

习近平总书记强调:"革命博物馆、纪念馆、党史馆、烈士陵园等是党和国家红色基因库。要把红色资源作为坚定理想信念、加强党性修养的生动教材,讲好党的故事、革命的故事、根据地的故事、英雄和烈士的故事，加强革命传统教育、爱国主义教育、青少年思想道德教育，把红色基因传承好，确保红色江山永不变色。"

第一节 红色文化资源场馆建设

全国各高校始终牢记习近平总书记重要指示精神，通过自建图书馆、校史馆、博物馆和专门场馆，以及和社会其他单位共建场馆、利用社会场馆等方式，构建了形式多样、种类丰富和各具特色的红色文化资源场馆体系。这些场馆不仅保存了丰富的历史文物，而且成为进行思想政治教育的有效平台。建设和完善红色文化资源场馆，可以更好地向公众展示党的光辉历程和伟大成就，激发爱国情怀，是传承和弘扬革命传统的重要途径。

一、图书馆的建设及成效

各高校通过收集、整理、编纂红色革命历史图书和影视资料，如红色文献、档案、图片、音像等，来推动红色文化资源的传播，成效显著。

一是红色文献资源库的建设。有的高校建立特色文献区，有的高校设立红色经典书架、红色文献特藏室，来更为方便地传播红色文化资源。二是数字化平台的建设。有的高校建立电子书籍和红色文献数据库，使红色文化资源更为丰富、体系更加系统，不但便于师生查找和使用，而且利用数字化手段扩大红色文化资源的可及性和影响力。

1. 红色文献资源库建设

各高校广泛搜集革命历史文献、档案资料、珍贵书籍、期刊、音像资料等，建立系统化的红色文献资源库。这些资源涵盖中国共产党的重要历史文件、革命先烈的传记、红色经典文学作品、革命回忆录等，在传承红色基因、赓续红色血脉、弘扬红色文化、培育红色新人方面起到重要的作用。

临沂大学实施"红色档案品牌"建设计划，推进中国人民抗日军政大学（以下简称"抗大"）第一分校红色基因库、沂蒙根据地解放区档案资料库建设。学校充分发挥档案资料在理想信念教育中的重要作用，使之成为临沂大学传承抗大红色基因、弘扬沂蒙精神的物质基石，对外宣传交流的红色文化名片，联结抗大总校及分校研究的平台枢纽资源，也成为沂蒙革命老区颇具特色的红色文化资源；挖掘整理革命文物档案，推出一批红色艺术精品展览，推动革命精神弘扬和红色资源价值转化，擦亮红色档案品牌。其中，"传承抗大基因弘扬沂蒙精神档案展"展出抗大第一分校学员书信 100 封，给参观者留下了深刻印象，使他们深受教育。

2. 数字化平台建设

各高校充分利用现代信息技术手段，对红色文献进行数字化处理，建立红色文献数据库、数字图书馆等，提供在线访问和下载服务，并开发专门的红色文化资源检索系统，支持关键词检索、分类浏览等功能，方便师生快速查找所需资料。

西安音乐学院借助信息化手段和现代技术，在图书馆上线红色文化建设数字资源服务平台，进行党的建设与宣传，开展爱国主义宣传教育，铭记党的历史，讴歌党的光辉历程，发扬党的优良传统。红色文化建设数字资源服务平台共包含 11 个主题分类，分别是：开天辟地、苦难岁月、14 年抗战、新中国成立初期、抗美援朝、风流人物、中华崛起、继往开来、红色影视、红色连环画、学"习"新思想。

中国人民大学上线红色文献平台，以红色文献联合目录及部分数字化全文为基础，为读者提供目录统一检索、数字资源聚合、专题研究以及相关拓展研究功能。目前，平台主要包含 4 个模块，分别是书目统一检索库、全文数据库、专题红色数据库、相关研究。红色文献的期刊、报纸、档案资源正在开发中。同时，学校在校园官网中设置校史景观，开展 VR "云观展"，推出"红色教育家生平""红色家书及其背后的故事""学校名师系列"等展览；加强与学校旧址相关属地政府的沟通协作，建立健全工作沟通机制，加强办校旧址等校史纪念馆方阵建设，打造"校史教育基地"，将思政"小课堂"和社会"大课堂"有机融合；依托"智慧校园"建设，整体推进红色资源数字化管理转型，提高红色文献档案数字化率，加强数字时代红色文化资源的收集整理，搭建红色文化资源数字化共享平台。

二、特色场馆的建设及成效

特色场馆主要包括校史馆、博物馆和专门场馆三大类，主要展示本校的革命历史、特色文化等内容，在资政育人方面具有不可替代的作用。

1. 校史馆

校史馆是传承学校红色基因、弘扬优良传统的重要平台。各高校通过挖掘和整理红色校史资料，结合实物展览、图文展示、多媒体演示等多种形式，生动再现了学校在不同历史时期的奋斗历程和光辉成就，为师生和社会各界提供了一个深入了解学校精神传统和学术历史的平台。

（1）充分发掘中共创办高等教育的光辉历史。

在中国共产党发展高等教育的历史上，中国人民大学和延安大学是同根同源的两所大学，都体现了中国共产党重视高等教育、在艰苦的环境中坚持育人的指导思想。这对于当今的高等教育具有重要的启示和借鉴价值。

中国人民大学将红色文化资源与"大思政课"建设深度融合，充分发挥革命文物的社会教育功能，推动新时代高校红色文化资源育人工作与思政课改革创新融合发展，推动"大思政课"建设走深走实；持续建好陕北公学旧址、河北阜平华北联合大学文化聚落、北方大学旧址、华北大学旧址、"铁一号"旧址等校史纪念馆方阵和校史教育基地，为学校师生与属地提供高质量红色文化资源，进一步彰显红色校史的育人价值和精神力量；实施"高等教育红色基因传承和精神品格弘扬工程"，健全并完善校史挖掘整理、保护利用、研究阐释的制度机制，组织广大师生参观学校前身陕北公学、华北联合大学、华北大学旧址，引导广大教师从党史、校史中汲取智慧和力量。

延安大学是中国共产党创办的第一所综合性大学，其校史馆兼具中国共产党延安时期高等教育历史博物馆的功能，是全国红色教育的高地。学校非常重视红色校史文化传承与弘扬工作。一是红色"校训、校史、校歌"育人，发挥校史馆、博物馆文化浸润功能。二是加强校史馆建设，进一步加强对不同历史时期校史史料、实物档案的征集，丰富布展内容，提高校史文化资源供给。三是重视校史的讲解，积极宣传延安大学的悠久历史和优良传统，不断推动校园文化建设和精神文明建设。

（2）重视发扬院校和地域特色。

全国有多所具有鲜明的院校专业特色和地域特色的高校，充分发掘院校和专业的红色历史故事，阐释具有浓郁地方特色的革命历史，这也是一些高校校史馆和博物馆的重要使命。

西安电子科技大学是毛泽东等老一辈革命家亲手创建的我国第一所工程技术学校，其由半部电台起家、中央苏区诞生、长征路上办学、延安精神浸润，绵延着中国高校最长的红色根脉。毛泽东同志先后3次为学校题词，党的十八大以来，习近平总书记对学校作出4次重要指示批示。近年来，学校赓续光荣的革命传统和鲜明的红色基因，把红色校史文化资源作为立德树人的重要资源，创造性转化为铸魂育人的生动案例和有效载体，构建红色育人立体化格局。学校推出"西电博物馆里的中国第一""档案里的西电经典教材"等专栏，打造"西电往事""院士当年亦青春"等系列专栏，推出《谈往鉴今——西电往事访谈录》。

2. 博物馆

习近平总书记指出："一个博物院就是一所大学校。"各高校根据自身特色和优势，建立了各具特色的红色文化博物馆。这些博物馆通过收集、整理和展示革命文物、历史照片、音像资料等，再现了革命先烈的英勇事迹和中国革命的光辉历程。

井冈山大学建立的井冈山精神博物馆在以红色文化资源育人方面具有显著功效，已成为江西省国防教育基地、江西省爱国主义教育基地、吉安市中小学思想政治教育基地。2023年，井冈山精神博物馆先后接待社会各界群众和师生88批次共6000余人次，育人功效显著。

3. 专门场馆

专门场馆是具有某些内容特色或者形式特色的红色场馆，内容特色如专门的人物、军事、政治、经济、文化、卫生等；形式特色如美术、音乐和数字化技术等。其通过采用一些新颖生动的形式，对这些红色文化资源进行集中展示，使参观者能够更具体地感受特定的革命历史和特定人物的事迹，往往具有较强的吸引力和教育意义。

2023年12月26日，湘潭大学建设的毛泽东思想专题展览馆正式开馆。专题展以"马克思主义中国化的历史性飞跃"为主题，全方位、全过程、全景式地展现马克思主义中国化第一次历史性飞跃的历程。毛泽东思想专题展览馆融展示、教育、教学、研究、交流、体验等多功能于一体，综合运用图片文字、场景复原、仿真实物和多媒体技术手段，系统展示毛泽东思想发展的历史轨迹和理论体系，以及毛泽东思想在新时期的继承与发展。同时，其依托湘潭大学虚拟仿真实验室，制作并开放毛泽东思想专题展数字展馆。自开馆以来，该专题展览馆已累计接待参观学习的学生超过1万人。

三、共建场馆的建设及成效

共建场馆是指高校与社会各界合作建立的红色文化场馆。其通过校地合作、校企合作等形式，共同挖掘和展示红色文化资源，实现资源共享和优势互补，提高了场馆的运营效率和社会影响力。

湖南省革命遗址达2095处，国家级和省级爱国主义教育基地多达228处，红色文化资源丰富。为了更好地用好红色文化资源，发挥红色文化资源育人功能。2023年10月11日，湘潭大学、北京大学、中国人民大学、清华大学、东北师范大学、复旦大学、武汉大学等高校签署"6+1"共建协议。特别是在红色文化育人方面，共建学校在红色文化育人方面成绩显著，湘潭大学与北京大学国家革命文物协同研究中心、中国人民大学国家革命文物协同研究中心、武汉大学国家革命文物协同研究中心、复旦大学中国共产党革命精神与文化资源研究中心等研究机构，在科研、教学、人才培养等方面，实现跨域联动、平台协同、优势互补。

嘉兴大学通过与地方场馆的合作，实现红船精神育人走深走实。其坚持理论与实践融会贯通，构建多方协同、多维联动的实践育人大平台。一是打造红色研学基地。整合地方红色文化资源，建立南湖革命纪念馆等 31 个浙江省思政课研学基地，通过辅导报告、分组研学、调研考察、实践体验等打造特色"大思政课"。二是开展红色主题实践。依托红色教育基地设立 87 个社会实践基地，推出"红船领航"主题教育、"红船溯源"党史教育、"红船励志"公益服务、"红船向未来"共同富裕理论宣讲等实践活动。

总的来说，2023 年，全国各高校在建设和利用图书馆、校史馆、博物馆以及共建场馆来推进资政育人方面做了大量的工作，取得了很多成绩。第一，在建成红色专题图书、专题档案、专题图片、专题美术和音乐资源方面做了很多工作，建成了一系列专题图书档案的场馆、阅览室。第二，在红色图书文献、档案资料的数据库建设方面做了一些示范性的工作，为广大师生和社会各界查阅图书文献提供了很大方便。第三，在做好"大思政课"方面，通过校内场馆和社会各类场馆的大力合作，在打破壁垒、促进交流方面取得进展，在协同育人方面和宣传革命文化方面取得了一些成效。第四，在利用各类红色场馆来资政育人方面做了大量的工作，通过建立具有地域特色的红色场馆，讲解革命人物和革命历史，并举办各种专题性的展览活动，不但对广大师生起到了很大的教育作用，而且在对社会各界宣传、弘扬中国共产党人的精神谱系方面也取得了良好的效果。

第二节　红色校园景观建设

高校校园红色文化景观设计的本质是通过规划实体景观,将抽象的人文元素、文化价值、红色精神及意识形态具体化,反映高校群体的审美情趣、精神风貌及价值取向。红色文化景观是将中国历史文化中的红色寓意与社会历史实践的思想有机地整合起来而塑造的景观场所。

一、红色校园建筑景观

一般而言,红色校园建筑景观主要多见于红色文化资源较为丰富、中国共产党形成发展实践活动开展程度较深地区的高校。延安大学作为中国共产党创建的第一所综合性大学,有着深厚的红色历史底蕴,其在红色校园建筑风格上整体融入陕北黄土高原的窑洞建筑风格,呈现了延安风格、陕北特色,让学生穿梭在校园之中能够自然联想到中国共产党在延安的13年光辉历史。

集美大学利用历史建筑作为载体开展红色文化资源育人实践。其利用百年集大嘉庚建筑——允恭楼(图6-1)开展红色育人,不断激活校史红色文化资源育人功能,举办"忆集大芳华,追嘉庚荣光"校史讲解比赛,遴选优秀红色校史青年代言人;不断拓宽传播红色故事途径,承办"第四届集美区大学生嘉庚论坛",组建师生宣讲团走进二级学院开展"嘉庚精神与时代同行"主题微宣讲活动,传播校史红色故事;编写出版《集美学校100—110周年》《百年党史红色集大》,出版《嘉庚家风家训》;主持编纂《陈嘉庚文集》并被列入"十四五"时期国家重点图书出版专项规划;编辑出版《百年集大嘉庚建筑》图书,通过建筑的历史和现状呈现了学校百年办学历史和嘉庚先生创办学校的良苦用心与非凡成就。

河北建筑工程学院扎根于具有丰富红色记忆和光荣传统的"第二延安"张家口,修建校园红色文化景观,创作体现建院特色的校园景点,全面推进红色文化"润校园"。其将学校历史文化和建筑文化元素有机融合,使校园文化建设彰显建筑元素,发挥建筑环境育人功能。张家口校友集体复制捐建了老校区"游标卡尺"造型的南大门,以此引导教育学校学子弘扬"精益求精、追求卓越"的工匠精神。廊坊校友集体捐建的西大门外观造型像展开的"红色历史画卷",寓意学校将永远传承红色基因、弘扬优良校风、书写时代画卷的豪情与壮志。

图 6-1　百年集大嘉庚建筑——允恭楼

二、红色校园雕塑景观

延安大学注重在校园关键处放置雕塑,如新校区"毛泽东授课"雕塑(图6-2),向学生传递中国共产党在延安时期革命实践过程中建设延安大学的点滴历史,从而更好地让学生对延安时期的历史产生浓厚的兴趣。

湘潭大学依托其丰富的红色资源构筑红色校园雕塑景观,秉持"扎根伟人故里,赓续红色血脉"的理念,围绕立德树人根本任务,充分发挥湖南红色资源禀赋。湘潭大学在校园内建造了毛泽东铜像雕塑,并围绕该雕塑在铜像广场举办"纪念毛泽东诞辰130周年环校健身长跑"活动,2600余名师生参加了这一纪念活动。每年毛泽东诞辰,湘潭大学都要举行环校健身长跑活动,这既是湘潭大学对伟人毛泽东的重要纪念形式,也是对其倡导的"文明其精神,野蛮其体魄"理念的发扬。

图 6-2　延安大学新校区"毛泽东授课"雕塑

东北林业大学积极运用校园雕塑开展红色主题教育。其以新中国首位环保烈士、东北林业大学校友徐秀娟的英雄故事为素材,长期深入开展"鹤魂"精神传承与实践活动(图6-3)。学校塑造了以徐秀娟为主题的"鹤魂"雕塑,利用校园雕塑用心讲好"一个真

图 6-3　组织东北林业大学学生在徐秀娟的雕塑前开展"鹤魂"精神传承与实践活动

实的故事"，沉浸式开展团员和青年主题教育，依托学校青年讲师团讲述徐秀娟的英雄事迹，将徐秀娟的英雄事迹作为生态环保教育的生动教材，用最朴实、最真挚的情感向"鹤魂"精神告白，引导青年学生深刻理解"鹤魂"精神的内涵，强化其环保意识，使其树立生态文明观念。

三、红色校园人文景观

中南林业科技大学运用其独特的"绿色"林业资源，探索红色文化与生态文明共建育人模式。其坚守林区红色阵地，传播红色理念，在学校所属的北罗霄山芦头林场，定期组织学生干部队伍在喻杰故居、鹰嘴崖等红色文化教育场所进行学习、讲解、研学，将红色文化与学校历史紧密结合，让学生对红色理念进行学习、思考、转述、讲解，达到入脑入心的效果。与此同时，其创作林业红色作品，宣传红色艺术，结合建党百年、建团百年、党的二十大召开等重要时间节点，通过组织师生进行林业专业实践，打造具有红色教育理念的生态文明景观和进行红色艺术创造，让师生在共同实践中进一步感悟红色文化，如风景园林学院开展建党 100 周年花园设计（图 6-4）。此外，学校还打造红色景观打卡点，营

图 6-4　风景园林学院开展建党 100 周年花园设计

造红色文化教育氛围。

岭南师范学院活用红色文化资源铸魂育人，注重依托红色校史资源打造人工景观，找准切入点活化红色基因。其以师生的爱校情感为原动力，深化师生对红色校史的学习，使师生从中深刻感悟党的伟力，继而由知史爱校进一步升华为对党、对国家和对社会主义的热爱，达到爱党、爱国、爱社会主义和爱校的"四爱"情感的相互统一和互促循环，以情感驱动不断激活红色基因。

深圳北理莫斯科大学承载着促进中俄教育交流、增强中俄友好和服务"一带一路"建设的使命，通过人工展板形式构筑红色校园环境，开展了百年留苏主题展（图6-5），使红色文化资源进校园。百年留苏主题展分为"求索""奋斗""报国"3个部分，展出了从全国各地征集的实物档案180余件、图片及文献档案400余件，其中多份珍贵档案为首次公开展出。展览不仅增加了校园文化的历史厚度，而且为新时代留学报国、赓续红色基因提供了鲜活的样板，成为学校思政教育和社区党建中独具特色的爱国主义教育资源。

图 6-5　百年留苏主题展

沈阳建筑大学坚持深入挖掘红色文化资源，将红色文化作为校园文化之首精心打造，构建红色文化育人体系，形成了鲜明的工作特色。学校积极构建以红色文化育人为内核的党建工作新模式。学校注重发挥校园景观的育人功能：红色文化主题长廊的东出口为老校区建校初期的铁碌子以及校友返校捐赠的铜像雕塑组成的铁石广场。长廊北侧有从老校区搬过来的"老校门"，时刻提醒着全校师生要铭记学校的发展历史和曾经奋斗的峥嵘岁月，激励全校师生传承红色基因，"不忘初心、牢记使命"。长廊内有由学生从全国各地带来的家乡石组成的中国地图，激发师生的爱国情怀；还有教师创作的抗战题材巨幅画作《英雄》，以及据此打造的爱国主义教育阵地。长廊西出口有因地制宜仿建的老校长何长工同志曾经居住过的窑洞，让学生体会到陕北红军当年艰苦奋斗的创业精神；有由袁隆平院士题词"稻香飘校园，育米如育人"的稻田景观，让学生在劳动中感受到当代青年的责任。像这样的红色文化景观在校园内还有很多，这些景观在学校传承红色基因、落实立德树人根本任务中发挥了重要的作用。

第三节　红色文化资源传播媒体建设

目前高校红色文化资源传播媒体主要有 3 种，即传统媒体、新媒体和融媒体。这 3 种传播媒体在红色文化资源育人方面都发挥着非常重要的作用。随着数字技术的迅速发展，新媒体和融媒体在传播红色文化资源方面的优势越来越突出，国家相关部门也出台了一些政策，鼓励利用新技术来传播红色文化资源，创新红色文化资源的育人方式，加强红色文化资源的利用效果。2023 年 8 月，教育部等五部门印发了《用好红色资源　培育时代新人　红色旅游助推铸魂育人行动计划（2023—2025 年）》。这一文件对新时代利用数字技术传播红色文化资源提出了明确的要求。因此，在充分利用好传统媒体传播红色文化资源的同时，越来越多的高校重视利用新媒体和融媒体传播红色文化资源。

一、红色文化资源传播的传统媒体建设

传统媒体主要包括报纸、杂志、电影、电视、戏剧、广播、歌曲、漫画等形式。传统媒体的应用门槛较低，投入少、见效快，具有较大的灵活性和可信度，成为高校传播红色文化资源的首选。许多高校在利用传统媒体传播红色文化资源方面做得很有特色，主要体现在利用话剧、绘画、电影等传统媒体传播红色文化资源。

第一，利用话剧等传播红色文化。话剧是一种综合性的艺术，具有舞台性、直观性、对话性等特征，一直是中国共产党传播红色文化、弘扬革命精神的重要文艺载体。许多高校充分利用话剧这种艺术形式来传播红色文化资源，取得了比较好的育人效果。嘉兴大学精心打造高质量文艺作品，师生共同创演红色话剧《初心》、舞蹈《红旗颂》《南湖望月》《南湖船鼓》等，让红船精神可感、可悟、可体验。井冈山大学创作的音乐舞蹈史诗《井冈山》成为国内高校弘扬井冈山精神、传承红色基因的艺术典范。延安大学把读红色经典、唱红色歌曲、演红色剧目、写红色诗文、创红色版画等文艺创演常态化，让师生自编自导自演了《延安》《白毛女》《小二黑结婚》《路遥的世界》等话剧，大力弘扬了延安精神与时代精神，在全省乃至全国引起强烈反响。

沈阳音乐学院原创舞台剧《延水谣》（图 6-6），创作交响乐《辽韵颂》，深入挖掘本

图 6-6　沈阳音乐学院原创舞台剧《延水谣》

土文化,讲好辽宁故事,传播辽宁声音;创作舞剧《红山》,用舞蹈语言讲述红山故事,再现红山盛景,让文化遗产、陈列文物"活起来";创作广播剧《少年周恩来》,热情讴歌少年周恩来在面对家庭变故和国家民族危难时的坚定信念和爱国情怀。

第二,利用绘画传播红色文化。绘画包括国画、油画、版画、漫画等类型,这些绘画类型也都在高校的红色文化资源传播中得到了应用。浙江理工大学开展红色文化主题文学艺术创作,通过手绘红色地图、红色漫画、红色舞台剧、红色文物模型等形式,营造了浓厚的红色文化育人氛围。广东工商职业技术大学开展了巨幅炭精画"中国人民志愿军冰雕连"作品展等系列专题展出活动,吸引了5000余名师生到场参观,充分发挥了绘画的育人效果。

第三,利用广播、电影传播红色文化。中国传媒大学播音主持艺术学院推出了"读研播讲"党建工作品牌,录制了有声书《习近平与大学生朋友们》,在"学习强国"App上展播,并录制了习近平总书记系列重要讲话400余篇,累计阅读量近50万。深圳大学创建了思想政治影视教育基地,通过校园红色院线开展红色电影展映,通过让师生共同看电影、聊电影、评电影的形式,开展深圳大学影视思政周活动。

此外，还有一些高校的学报、校报也开设有"红色文化研究专栏"，在传播红色文化方面发挥了其他媒介不可替代的作用。

二、红色文化资源传播的新媒体建设

红色文化资源传播的新媒体主要包括QQ、微博、微信、微电影、微视频、虚拟仿真体验教学中心、数字化展馆、游戏化教学、数字人等。许多高校都在利用新媒体传播红色文化资源方面进行了探索，但由于受思想观念、资金投入、技术水平等方面的限制，高校在新媒体建设方面差异较大。从2023年各高校红色文化传播新媒体建设情况来看，绝大多数高校在思政微课和虚拟仿真课建设方面都取得了明显成效。

中国人民大学设置校史景观，开展VR"云观展"，推出"红色教育家生平""红色家书及其背后的故事""学校名师系列"展览。设在中国人民大学的"北京高校思想政治理论课高精尖创新中心"开发了许多虚拟仿真网络思政课。深圳大学利用VR技术自研VR党建实训系统，利用虚拟现实、3D建模和仿真引擎等信息技术，真实还原了中共一大会址、井冈山革命根据地以及遵义会议会址等历史场景，增强虚拟场景的真实感和沉浸感。学校计算机与软件学院党委打造"互联网+党建"模式，搭建党建VR云展厅，应用云计算、人工智能、5G、VR等技术，让师生沉浸式体验飞夺泸定桥、开国大典等场景。

内蒙古大学形成了以"乌兰夫纪念馆""大青山抗日革命根据地""世界反法西斯海拉尔纪念园"等为代表的系列红色文化数字化仿真教学资源，建好用好红色资源数字化平台和"红色基因库"，构建红色文化数字思政课程群。

武汉理工大学着力建设包含虚拟仿真平台、红色虚拟仿真资源库、虚拟仿真体验教学系统和在线评估与测试工具在内的思想政治教育教学虚拟仿真体验中心。该中心综合使用VR技术和AR技术，依托丰富的多媒体资源库，建立"走大国强国之路，筑民族复兴伟业"主题展览馆和"四史"教育实践馆，建成包括虚拟仿真"金课"资源库系统、"中国共产党人精神谱系"虚拟仿真教学体验系统、"四个自信"专题教育体验系统、"四史"教育虚拟仿真体验系统等在内的虚拟仿真数据采集平台。

广东工商职业技术大学VR党建馆广泛采用VR虚拟仿真、AR交互式数字体验等新技术，在展馆中央设置10台VR体验设备。该馆包括开国大典、长征、中共一六、井冈山会师等15个在线展馆，并可拆分为过草地、天安门城楼、石库门、遵义会议等100余个虚拟仿真体验场景，可让参观人员通过佩戴VR头盔实现沉浸式参观，在线营造声光影综合体验。其把书本中的抽象故事转化为VR场景,让参观人员如临其境,极大增强了现场实践教育的感受。

三、红色文化资源的传播平台建设

红色文化资源传播平台主要包括微信公众号、红色资源数据库、手机App、融媒体发布平台、红色文化网站等。这些传播平台是融合传统媒体与新媒体的新兴传播平台,也被称为融媒体平台。在当前信息、通信、网络技术快速发展的条件下,传统媒体和新媒体互相融合,借助文字、图像、动画、音频、视频等各种传播手段深度融合,实现了媒介传播形态和运营模式的创新,极大地改变了人们的思想观念与行为模式,将人类社会带入了一个融媒体传播的新时代。高校的红色文化传播适应了当前融媒体发展的新形势,在融媒体传播平台建设方面也取得了很大成效。

北京高校思想政治理论课高精尖创新中心充分发挥北京高校在思想政治理论课教育教学上的人才优势、资源优势、技术优势,通过建设马克思主义理论研究和文献支撑平台、思想政治理论课教学资源共享平台、思想政治理论课数字化教学平台、大学生思想政治教育质量评估平台和大学生思想动态调查分析平台,为高校思想政治理论课教育教学提供全方位、立体化服务。同时,该中心立足北京、联动全国、辐射全球,通过凝聚国内外马克思主义理论学科顶尖学者,培养优秀的学生和优质的师资,发挥汇聚和培养马克思主义理论研究和教学人才的集装箱和孵化器的功能。在此基础上,中心立足理论与实践急需,释放理论创新活力,搭建实践创新平台,打造服务和引领北京社会治理、理论创新、决策咨询、舆情研判的思想智库和创新基地。该中心建成了微信、微博、抖音、快手、头条、哔哩哔哩、人民号、光明号、"学习强国"App、中国教育发布等多个融媒体平台(图6-7),成为传播红色文化的重要创新平台。

北京理工大学自主开发的定制版"知行健"App,不仅能够动态跟踪学生的思想状况,还能运用大数据对其学情进行精准的分析,在"云端"实现师生"全时空互动",在课程教学与红色文物数字作品项目各个阶段实现过程留痕、动态管理以及全过程管理,通过数据抓取实现量化考评(图6-8)。此外,该App可通过虚拟教研室组建跨课程、跨年级的教师团队,实现对学生思想的动态持续追踪。

浙江理工大学扎实传承红色基因,形成了以"红立方"为品牌核心的红色文化协同育人体系,搭建了"一网、三号、四微"红色文化融媒体矩阵。其中,"一网"即浙江理工大学马克思主义学院官方网站;"三号"即"浙理骏马奔腾""浙理红"视频号及"青马

第六章 高校红色文化资源育人与校园文化建设

图 6-7 北京高校思想政治理论课高精尖创新中心的融媒体平台

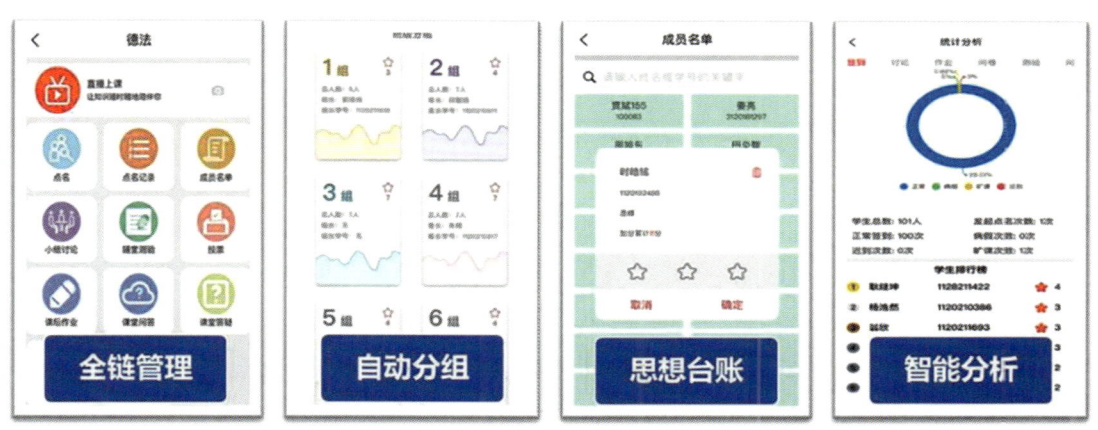

图 6-8 北京理工大学用"知行健"App 配合课堂教学

红创"官方抖音号;"四微"即"浙理骏马奔腾""浙理红""浙理红馆""青马红创"微信公众号(图 6-9)。学校利用 MOOC 平台、易班工作室等特色育人阵地,抓好网络教学平台,借助弹幕、抖播等新媒体技术,在"学习通""慕课堂""雨课堂"等平台进行班级数字化模块管理,开展多种形式的"云端"宣讲。

此外,浙江理工大学广泛运用多媒体、3D 建模、实时跟踪、智能交互、传感等技术

159

手段，建成"红色文化讲习馆"云平台。该平台整合了浙江省红色旅游景点，把省内的红色旅游景点、红色主题场馆搬到线上，集合到浙江红色文化资源在线小程序——"红宝藏小程序"（图6-10）中，让使用者可通过小程序的不同模块链接省内红色景点，学习浙江省红色故事，并持续推进浙江省红色文化资源在线平台的可视化、动态化，激发全民参与对浙江省红色文化资源的系统性保护、开发、挖掘、传播和研究。

图6-9 浙江理工大学红色文化融媒体矩阵

图6-10 浙江理工大学"红宝藏小程序"

内蒙古大学形成了以"乌兰夫纪念馆""大青山抗日革命根据地""世界反法西斯海拉尔纪念园"等为代表的系列红色文化数字化仿真教学资源平台。截至2023年年底，该校建设的红色文化大思政虚拟仿真资源平台已完成内蒙古红色文化资源基础数据库收集（共计585个资源点位），各点位配套形成"资源单体调查表"和"红色文化基因库"，同步完成全景游览体验系统132个，开发思政课虚拟仿真课程5门，平台点击量破百万，并获得中国高等教育学会"高校数字思政精品项目"立项。

第四节 红色文化资源融入党团活动建设

高校的党团组织，是实现和发扬党对高等教育领导作用的桥梁。在党组织、团组织的活动中，有红色文化资源发挥其教育作用的广阔天地。

一、红色文化资源在开展党课、团课中的运用

党课是党组织定期对党员和入党积极分子进行教育的一种方法，是中国共产党在长期的实践中总结出的一种行之有效的党员教育方式。团组织也会开展自己的团课教育。高校传统党课、团课多采用理论式的授课方式进行，现在以各种形式的沉浸式党课、团课开展主题党日教育活动，成为高校党组织运用红色文化资源的重要方式。

1. 红色文化资源在沉浸式党课、团课中的运用

理论的抽象性使理论式的授课方式在对学生党员进行党性教育过程中的教育实效性并不高。利用红色文化资源形式的多样性，如通过讲解现场感强烈的红色故事、参观红色革命圣地等进行直观课堂授课，增强理论教育的生动性，使入党积极分子、学生党员及其他受训党员能够真切地感受到革命先烈无私奉献的精神，接受革命精神的洗礼。这是当前多所高校党团组织突出强调的"沉浸式党课"所希望达到的效果。在这一形式的活动中，当地的红色文化资源具有不可替代的便利性和亲切感。所以，高校党团活动应依托当地的红色文化资源开展各种富有特色的活动，如组织学生参观红色革命圣地、实地慰问老党员、现场聆听红色故事等，充分调动党员学生、入党积极分子和团员在了解红色文化、感受红色文化、领悟红色文化的革命精神上的积极性，这不仅提高了他们的政治素养和思想道德素养，也丰富了高校党团活动的思想教育形式。

在沉浸式党课、团课中运用红色文化资源的意义主要体现在以下方面：

一是可以在红色革命圣地利用现场感，以直观的感受把受众拉入享受红色文化的氛围里，使其在心理上接受红色文化的浸染。北京外国语大学紧密围绕红色文化核心，精心策划并组织了一系列沉浸式专题党课，旨在将红色文化教育与思想政治教育深度融合，为青年学子呈现富有生动性和深刻性的红色课堂。学校结合 6 条精心筛选的资源路线，围绕

"传承红色基因,争做时代新人"的核心主题,精心打造了一系列每节时长为45分钟的沉浸式专题党课,让青年学子在亲身体验中深刻领悟红色文化的精神内涵,进一步激发其爱国热情与担当精神。

二是通过各种艺术形式营造现场感,让受众沉浸于红色文化资源所承载的理想、信念、精神中,达到党课、团课教育的浸润效果。红色故事、红色历程、红色精神本身具有的传奇、超越世俗的吸引力,与艺术有极强的相通性,使艺术党课、团课容易达到沉浸式的效果,让红色基因得到潜移默化的传承。如安徽艺术学院紧密结合学校学科和专业特点,将地方红色文化资源与艺术教育相融合,通过打造与实施艺术党课,使师生从百年党史和中国共产党人精神谱系中汲取智慧和力量,形成"崇德尚艺,知行合一"的精神特质。学校师生共同创作了艺术党课话剧《老班长李开文》(图6-11),再现了金寨籍革命家李开文胸怀大局、淡泊名利的浩然正气和甘于奉献、服务人民的人生追求,表现了其"清清白白做人、干干净净做事,自觉践行共产党人的价值观,始终保持共产党人的革命本色"的特质。这样朴素的道理在艺术创作中得到体现,既感染了创作人员,也感动了一大批观众。

图6-11 《老班长李开文》剧照

2.通过设定主题，开展党课、团课微课活动，以主题感染师生。

讲党课、团课不仅是党员教育管理的重要内容，也是在学生群体中创新开展学习贯彻思想主题教育的方法之一，而微党课、微团课是实现这一目的的便捷方式。主题微党课、微团课活动要求把握党性原则，发掘红色基因，运用"小"的事例或实践来阐述"大"的道理，给人以启发，使其产生共鸣。

中南林业科技大学组织师生开展"习近平总书记的生态足迹""绿水青山就是金山银山"等主题微党课、微团课，定期通过"三会一课"、主题党日活动、宣讲报告会等形式开展学习，组织党课、团课学习100余场，覆盖师生上万人。其打造的精品团课"总书记的生态足迹"成为学校团校课程，覆盖师生3000余人。西南科技大学制定浸润式的红色文化学习机制，开展形式多样的红色文化传播活动，如与学校各级党支部"1+1"，以宣讲、微党课比赛等方式沉浸开展主题党日活动，实施青年马克思主义培养工程。河北地质大学举办"青马学员说""燕赵青年说"等青年风采展示活动，将微党课搬上讲台，现场讲理论、讲故事、悟实践，打造理论学习微视域。

二、引入社会红色文化资源，助力高校党团活动

高校党团组织要促进运用红色文化资源，提高青年学生的认识水平，创建党建品牌，就需要引入社会的资源。主动出击、挖掘资源、提炼红色基因，是运用红色文化资源工作的应有之义。

北京语言大学与香山公园建立共建关系，采用"以老带新、以讲促学"的模式，由党支部党员、预备党员担任小组长，组织师生党员、团员在香山革命纪念地进行实地研学，设置"党史知识互动答题"活动，让师生党员在研学中思考、领会。此外，让师生通过参与"纪念中共中央进驻香山74周年"主题活动、"走进革命旧址 阅读红色文化"红色书籍阅读活动，感悟中共中央在香山时期的壮阔历史和伟大精神，挖掘红色文化内涵。

学校还与安徽省退役军人事务厅展开合作，在各学生党支部内招募党员与积极分子志愿者，参与安徽退伍军人褒扬视频剪辑活动，承担脚本撰写、素材整理、视频剪辑、后期配音等工作。在活动过程中，学生有机会深入了解退伍军人的英勇事迹，深刻体会退伍军人的无私奉献等崇高精神。

海南大学强化党建引领，以弘扬中国共产党人的精神谱系为抓手，聚焦青年成长，线上线下同频共振，系统打造"青梨党建"红色育人品牌，不断增强"青梨派"品牌影响力和学生喜爱度。学校设立专栏"'青梨'书囊"，沿着中国共产党人的精神谱系，讲述中

国共产党带领人民团结奋斗的历史故事,向学生推荐红色教育读本,大力传承与弘扬中国共产党人的精神谱系,引导青年学生筑牢根基、向上生长。

三、高校党团组织运用红色文化资源回馈社会思想政治教育

高校党团组织汲取红色文化资源的最终目标不仅要实现对大学生的思想政治教育,也要助力社会思想政治教育。在宣讲中创建品牌,扩大红色文化资源的影响力,形成扩大社会影响和提升宣讲群体素质的双重效应。

四川农业大学以社校联建为载体,推进红色文化资源研发的深度发展。学校与江油市团委共建"青马燎原"实践服务示范基地,共同拓展党的创新理论青年化阐释的新场景;与安顺场红军强渡大渡河纪念馆、江姐故里等结对共建"大思政课"实践教学基地,合作探索育人共同体发展路径,共同参与和推动红色文化资源的开发与研究。

金寨县是著名的"红军的摇篮,将军的故乡",红色文化资源丰富,红色文化底蕴深厚。为了进一步打响金寨的红色品牌、扩大老区影响,在更高层次、更广范围内传承金寨的红色基因,安徽金寨干部学院与安徽艺术学院在设立教学基地、开发艺术党课、加强人才培训等方面深化合作,实现优势互补、资源共享,凝聚发展合力,激发创新活力。两校合作打造的"传承红色基因,牢记初心使命"沉浸式艺术党课,以安徽金寨干部学院教师为主讲人,以百年党史为"经",以重大历史关头红色经典故事为"纬",再现了金寨这片红色热土上的动人故事,呈现了党在百年征程中凝聚的红色精神和中国力量。艺术党课的大部分节目的创作灵感来自金寨红色人物、红色故事。整堂艺术党课处处透露着金寨红色的气息,传承着金寨红色的基因。

延安大学充分发挥历史和地域优势,坚持以"大思政"思维统领全校思想政治教育工作,并坚持用延安精神铸魂育人,不断探索创新工作路径,走出了一条思想政治教育的特色之路。学校将延安精神教育全覆盖融入社会实践,组建以学生为主体的社会实践调研团队,深入基层调研,参与学生近5000人次,完成咨政报告37份。学校成立"张思德志愿者服务队""白求恩医疗服务队"(图6-12)等志愿服务队,深入基层开展志愿服务活动,利用专业知识服务老区群众。学校志愿者服务活动多次受到团中央、团省委的表彰。

沉浸式党课、团课通过音乐、舞蹈、戏剧等艺术形式及实地参观等方式,生动地再现了党的历史,让党员、团员更深刻地理解党的奋斗历程和优良传统。这种直观、生动的教育方式,使党史学习教育更加深入人心,让师生党员、团员对党的历史有了更深刻的认识

图 6-12　延安大学"白求恩医疗服务队"走进基层开展活动

和理解。沉浸式党课、团课以红色经典为题材,通过艺术手段展现党的光辉历程和英雄人物,激发了党员、团员的爱国情怀和民族自豪感。党员在接受教育的过程中,感受到了党的伟大和崇高,更加坚定了对党的信仰和忠诚。党课、团课在展现党的历史的同时,也注重对党员、团员进行党性教育。这种党性教育有助于提升党员、团员的政治觉悟和思想认识。通过学习英雄人物和感人故事,师生党员、团员更加深刻地认识到党的宗旨和使命,更加坚定了自己的政治信仰和理想信念。在党团活动中,红色文化资源扮演了重要角色。红色文化资源的运用,不但提升了党员、团员的思想政治素质,也强化了高校党团服务社会"大思政"的实效。

第七章 高校红色文化资源育人的不足、建议与展望

高校红色文化资源育人呈现总体向好的态势，育人队伍建设水平和素质稳步提升，育人形式和路径不断创新，育人成效显著提升，但还存在不足之处，如高校红色文化资源育人的亲和力、感染力不够，高校红色文化资源育人的形式有待进一步创新，高校红色文化资源育人的体制机制、保障措施有待完善，红色文化资源育人工作队伍的专业、年龄、学历结构有待优化，高校与各地方、各场馆在红色文化资源育人上的协同配合有待加强，高校红色文化资源育人大中小一体化有待提升等。

高校红色文化资源育人年度发展报告（2023）

第一节　高校红色文化资源育人的内容和形式有待优化

一、教育内容要突出"大视野"，契合中华民族伟大复兴时代主题

红色文化资源是中国共产党在领导中国人民推进中华民族伟大复兴历史进程中形成的宝贵精神财富，是高校红色文化资源育人的宝贵"教科书"。习近平总书记强调："当前形势下，办好思政课，要放在世界百年未有之大变局、党和国家事业发展全局中来看待，要从坚持和发展中国特色社会主义、全面建成社会主义现代化强国、实现中华民族伟大复兴的高度来对待。"①我们要以习近平总书记的这一重要论述为根本遵循，从中华民族伟大复兴的战略全局去看待并运用红色文化资源，落实立德树人这一根本任务。

1.讲明中华民族伟大复兴的历史进程

学习历史、研究历史、借鉴历史是中华民族的优良传统，也是中国共产党宝贵的历史经验。"党的历史是最生动、最具说服力的教科书""为有牺牲多壮志，敢教日月换新天"。建党100多年来，千千万万中国共产党人不惧牺牲地接续奋斗，才有今日山河日新、国力日盛，国殇不可忘，历史不可忘。每一种革命精神、每一个历史事件、每一位革命英雄、每一件革命文物，都代表着中国共产党走过的光辉历程、取得的重大成就，展现了中国共产党的情怀和担当、牺牲和奉献、梦想和追求，汇聚成中国共产党的红色血脉。讲明中华民族伟大复兴的历史进程是高校红色文化资源育人的基础性要求。习近平总书记强调："要通过在全社会开展党史、新中国史、改革开放史、社会主义发展史教育，引导广大人民群众特别是青少年弄清楚中国共产党为什么'能'、马克思主义为什么'行'、中国特色社会主义为什么'好'等基本道理。"②高校红色文化资源育人要坚持学史明理、学史增信、学史崇德、学史力行的基本要求，围绕革命、建设、改革各个历

---

① 习近平：《思政课是落实立德树人根本任务的关键课程》，人民出版社，2020，第22页。
② 《习近平参加青海代表团审议时强调　坚定不移走高质量发展之路　坚定不移增进民生福祉》，光明网：https://m.gmw.cn/baijia/2021-03/07/34667027.html，引用日期：2024.11.5。

史时期的重大事件、重大节点，讲好党的故事、革命的故事、英雄的故事，讲清楚中国共产党是如何从历史中走来、中华民族伟大复兴的历史进程是如何展开等基本问题，以红色文化资源为增进历史认知、培养历史思维、涵养历史自信的"营养剂"，确立坚定不移听党话、跟党走，在全面建设社会主义现代化国家伟大实践中担当建功立业的历史责任和使命。

2. 讲清中华民族伟大复兴的历史逻辑

历史是最好的教科书，是高校红色文化资源育人的"活教材"。高校要注重挖掘红色文化资源丰厚的理论价值，使学生在学习和体验过程中深刻领悟一系列重大认识问题。1840年鸦片战争以后，中国逐步成为半殖民地半封建社会，国家蒙辱、人民蒙难、文明蒙尘，中华民族遭受了前所未有的劫难。从那时起，实现中华民族伟大复兴就成为中国人民和中华民族最伟大的梦想。对于这段历史，我们不仅要讲述完整的历史脉络、历史过程，更要讲清中华民族伟大复兴的历史逻辑，即回答好"为什么"的问题，从而引导学生思考"今天的幸福生活是怎么来的"，并思考"中国共产党是什么样的党、马克思主义是什么样的理论、社会主义是什么样的社会制度、什么是中国特色社会主义、中国式现代化的本质特征、中国特色社会主义的制度优势"等一系列问题；真正地理解"历史和人民选择了马克思主义、选择了中国共产党、选择了社会主义道路、选择了改革开放"，中国共产党是怎样带领中国人民实现"中华民族从站起来、富起来到强起来的伟大飞跃"的；从中国共产党的百年奋斗中"看清楚过去我们为什么能够成功、弄明白未来我们怎样才能继续成功"；自觉从百年党史中读懂实现中华民族伟大复兴的历史逻辑。基于此，进一步增进青年学生对实现中华民族伟大复兴的使命认同，增强其信心和斗志。

3. 讲透中华民族伟大复兴的历史经验

善于总结历史经验是中国共产党认识历史规律、把握历史主动，不断推进党的事业走向胜利的重要法宝。2021年11月，党的十九届六中全会审议通过《中共中央关于党的百年奋斗重大成就和历史经验的决议》，全面系统地总结了中国共产党百年奋斗的历史经验，即坚持党的领导，坚持人民至上，坚持理论创新，坚持独立自主，坚持中国道路，坚持胸怀天下，坚持开拓创新，坚持敢于斗争，坚持统一战线，坚持自我革命。这"十个坚持"深刻地揭示了党和人民事业不断取得成功的根本保证，揭示了党始终立于不败之地的力量源泉，揭示了党始终掌握历史主动的根本原因，揭示了党永葆先进性和纯洁性、始终走在时代前列的根本途径。习近平总书记强调，要"深入研读和领会党的十九届六中全会决议，继续把党史总结、学习、教育、宣传引向深入，更好把握和运用

党的百年奋斗历史经验，弘扬伟大建党精神，增加历史自信、增进团结统一、增强斗争精神，动员全党全国各族人民坚定信心、勇毅前行，为实现第二个百年奋斗目标而不懈努力"①。中华民族伟大复兴进入不可逆转的历史进程，面对百年未有之大变局，要应对错综复杂的国内外形势，以及各种未知的风险与挑战，就需要我们"看清楚过去我们为什么能够成功、弄明白未来我们怎样才能继续成功"。讲透历史经验是站在新的历史方位，继往开来，以更加昂扬的姿态、更加主动的精神、更加坚定的信念，向着第二个百年奋斗目标前进，奋力谱写中华民族伟大复兴的新篇章的现实需要。高校红色文化资源育人不能停留在讲故事的层面，而是要以讲明历史进程、讲清历史逻辑、讲透历史经验，认识历史规律、把握历史主动、担当历史责任为根本旨归。高校要引导青年学生深刻地认识到，这些"历史成就""历史经验"不是从天上掉下来的，也不是从书本中抄下来的，更不是从其他国家照搬来的，而是中国共产党带领全国各族人民在中华民族伟大复兴的历史进程中，用艰苦奋斗、流血牺牲得来的，是经过实践检验证明了的重要历史经验，要使青年学生真正理解和认同"十个坚持"是推进中华民族伟大复兴的重要经验和制胜法宝。

二、教学理念要富有"大情怀"，切合高校立德树人根本任务

"大学之道，在明明德，在亲民，在止于至善。"高校红色文化资源育人的使命不仅在于传播知识、传播思想、传播真理，还在于塑造灵魂、塑造生命、塑造新人，给人以心灵启迪和精神滋养。在运用红色文化资源育人的过程中，高校要注重引导学生追求崇高的理想信念、树立高尚的道德观念、确立正确的价值理念，传承红色基因，强化使命担当。

1. 引导青年学生追求崇高的理想信念

青年的理想信念关乎国家未来，青年学生只有筑牢信仰根基，才能更好地担当使命，成为堪当民族复兴重任的时代新人。每一代青年有每一代青年的际遇，每一代青年有每一代青年的使命。当代中国青年的责任和使命归结到一点，就是坚持中国共产党的领导，坚定不移听党话、跟党走，同人民一道，为实现中华民族伟大复兴的中国梦而奋斗。党的二十大报告指出："加强理想信念教育，引导全党牢记党的宗旨，解决好世界观、人生观、

---

① 《习近平在省部级主要领导干部学习贯彻党的十九届六中全会精神专题研讨班开班式上发表重要讲话》，《人民日报》2022年1月12日，第1版。

价值观这个总开关问题，自觉做共产主义远大理想和中国特色社会主义共同理想的坚定信仰者和忠实实践者。"①这为当下高校红色文化资源育人工作明确了目标、指明了方向、提出了要求。在谈到我们要培养的社会主义建设者和接班人应该具备什么样的基本素质和精神状态时，习近平总书记强调，首先要在坚定理想信念上下功夫。"我们培养的人，必须树立共产主义远大理想和中国特色社会主义共同理想。"②在培养"什么样的人"的问题上，习近平总书记强调："我们的教育绝不能培养社会主义的破坏者和掘墓人，绝不能培养出一些'长着中国脸，不是中国心，没有中国情，缺少中国味'的人！"③引导学生追求崇高的理想信念，就是要树立马克思主义信仰、共产主义理想、中国特色社会主义共同理想的信念。坚定的理想信念不是自然产生的，其形成过程既不是一蹴而就的，也不是一劳永逸的。坚定的理想信念是建立在对科学理论的理性认同、正确认知、科学掌握的基础之上的。高校红色文化资源育人要引导学生深入学习马克思主义的基本原理，特别是学习习近平新时代中国特色社会主义思想，以科学的理论武装头脑，不断筑牢信仰之基、补足精神之钙、掌稳思想之舵；要深入挖掘红色文化资源蕴含的理想信念、价值理念，使学生做到学史明理、学史增信、学史崇德、学史力行，真正让理想信念成为学生心中的灯塔，做到虔诚而执着，至信而深厚。

2. 引导青年学生树立高尚的道德观念

"人无德不立，国无德不兴。"中国自古以来就有重德、贵德的优良传统。蔡元培先生说过："德育实为完全人格之本。若无德，则虽体魄智力发达，适足助其为恶，无益也。"④中国共产党历来重视以德育人，始终把德育摆在教育的突出位置。新中国成立后，中国共产党确立了德育、智育、体育共同发展的教育方针；改革开放以后，中国共产党提出了培养有理想、有道德、有文化、有纪律的"四有"新人的培养目标。党的十八大报告明确提出，教育的根本任务是立德树人，要培养德智体美劳全面发展的社会主义建设者和接班人。因此，立德树人，关系党的事业后继有人，关系国家前途和民族命运。国家和民族的命运系于青年，全面建成社会主义现代化强国、实现中华民族伟大复兴，归根到底就是要造就一代代德才兼备的时代新人。2024年，习近平总书记在《求是》撰文《培养德智体美劳全面发展的社会主义建设者和接班人》，在谈及如何培养社会主义建设者和接班人的问题时指出，要在加强品德修养上下功夫。立德为先，修身为本，这

---

① 《中国共产党第二十次全国代表大会文件汇编》，人民出版社，2022，第64页。
② 习近平：《培养德智体美劳全面发展的社会主义建设者和接班人》，《求是》2024年第17期。
③ 习近平：《习近平著作选读（第二卷）》，人民出版社，2023，第211页。
④ 高平叔编：《蔡元培全集（第三卷）》，中华书局，1984，第8页。

是人才成长的基本逻辑。要坚持教育引导学生培育和践行社会主义核心价值观，做到品德润身、公德善心、大德铸魂。要教育引导学生踏踏实实修好品德，成为有大爱大德大情怀的人。①红色文化资源是开展德育教育的宝贵资源，其中蕴含了中国共产党人在革命、建设、改革时期凝结而成的理想信念、优良作风、精神风范，有热爱祖国、忠于理想、人民至上的大德，有牺牲奉献、公而忘私、集体主义的公德，有立志修身、艰苦奋斗、勤俭节约的私德。高校应通过红色文化资源育人，引导新时代中国青年崇德向善、见贤思齐，从中华民族传统美德中汲取道德滋养，从英雄人物和"时代楷模"的身上感受道德风范，从自身内省中提升道德修为，明大德、守公德、严私德，培育良好的道德情感、正确的道德判断、自觉的道德实践。

3.引导青年学生掌握正确的价值理念

大学阶段是青年学生塑造世界观、人生观、价值观的关键时期。改革开放以来，在市场经济和对外开放的条件下，为人民服务、集体主义、艰苦奋斗、勤俭节约等社会主义价值观念受到严重挑战，个人主义、消费主义、拜金主义、功利主义等观念对青年学生价值观念的塑造产生不可低估的负面影响。特别是西方敌对势力同我们党争夺青年的企图从未停止，西方历史虚无主义等错误思潮的危害，更不容忽视。在这些错误观念和思潮的侵蚀下，有的学生信仰迷茫、精神迷失，对共产主义事业没有信心，认为共产主义是虚无缥缈的幻想；有的学生盲目崇拜西方的社会制度和价值观念；有的学生不信马列信鬼神，遇事逢考便去寺庙参拜、求签问卜；有的在物质崇拜中寻找精神寄托、丧失自我；对于自由，有的学生信奉"不自由毋宁死"的极端化自由；对于爱国，有的学生信奉"有家才有国"，宣扬个人主义，做精致利己主义者；对于奋斗，有的学生信奉"努力没用，结果早定"，躺平、摆烂、啃老。对于青年学生的价值观塑造，如果不加以正确引导和长期教育，其就难以树立正确的价值理想，甚至会误入歧途。通过红色文化资源育人，启智润心，在学生心中种下真善美的种子，引导青年学生自觉培育和践行社会主义核心价值观，从中国共产党百年奋斗历程及革命先烈和英雄模范的事迹中汲取奋进的力量，自觉抵制拜金主义、享乐主义、极端个人主义等错误思想，追求真善美、抵制假恶丑，追求更有高度、更有境界、更有品位的人生；教育引导学生树立高远志向，历练敢于担当、不懈奋斗的精神，培养积极有为、乐观向上的人生态度，涵养强国复兴的志气、骨气、底气，凝聚强国建设和民族复兴的青春力量，努力成长为担当民族复兴大任的时代新人。

---

① 习近平：《培养德智体美劳全面发展的社会主义建设者和接班人》，《求是》2024年第17期。

三、教学形式要立足"大时代",符合新时代中国的发展趋势

红色文化资源育人是高校思想政治教育的重要组成部分,两者在育人的目标、对象、内容、工作队伍等方面是一致的。当前高校红色文化资源育人主要依托思想政治理论课程体系,课堂教学是主要的形式。育人形式单一、创新不足是高校红色文化资源育人的突出问题。随着时代的发展进步,以互联网为代表的现代信息技术的发展,为红色文化资源育人方式的创新创造了条件。同时,我们也应当认识到育人实践条件、对象的思想状况等学情发生了变化,这对育人方式提出了新的要求。育人方式的创新并不是要放弃原有的育人手段和方式,而是要在立足"大时代"的基础上,坚持守正创新,强调与时俱进,突出知行合一。

1.要守正创新体现继承性

现代信息技术的发展,为红色文化资源育人打开了更广袤的创新空间,使育人方式朝着更加智慧、便捷、高效的方向发展。有的老师据此认为,传统的灌输式的育人方式抹杀了学生的主观能动性,这一方式既不能适应时代需要,也不能满足学生变化的需求,应当摒弃。在当前红色文化资源育人中,填鸭式的灌输是普遍存在的:在育人内容上,对着幻灯片(PPT)照本宣科,机械地"硬灌输"。在话语表达上,话语生硬、形式古板,缺乏感染力、亲和力。在语言形式上,多"官方"语言,少情感话语;多"大道理",少"小道理";多"高度",少"温度"。教学内容和教学形式与学生有距离感。由此造成了学生对"灌输"的误解和反感。现代信息技术的发展及应用,极大地丰富了教学手段、扩展了教学空间、提升了教学效果,也对传统教学方式提出了挑战。但就目前而言,全国各高校的发展水平有较大差异,传统的课堂教学依然是红色文化育人的主要途径和形式,灌输依然是教育的基本原则和基本方法。让学生接受马克思主义,离不开必要的灌输,但要注意灌输的方法和技巧,坚持灌输性与启发性相统一。比如,在话语表达上,应当是启发式的,而不是命令式的,应当用学生乐见的语气、语言,将理性话语与情感话语结合起来,既晓之以理,又动之以情;在形式运用上,要将传统的育人手段和各种创新手段有机结合,共同提升红色文化资源的育人成效。

2.要与时俱进彰显时代性

"互联网+教育"是教育发展的必然趋势。传统的课堂是由"固定的授课老师"在"固定的教学空间"和"固定的教学时间",教授"固定的学习内容"。教师是"一支粉笔打天下"。互联网技术在育人上的运用,大大提高了红色文化资源育人的便捷性、高效性。

比如，互联网打破了传统教育形式的时空限制，可以使学生随时随地学习；多样的教学互动方式，增强了育人过程的趣味性、学生学习的自主性；新信息技术通过视觉、听觉等多种形式呈现教学内容，提升了内容的吸引力、感染力。有的教师担心过分依赖形式创新会冲淡教师在教学中的主体地位，因而放弃网络阵地，拒绝形式创新，这势必会削弱红色文化资源育人的成效。当代青年学生成长于互联网高速发展的时代，这是学情的最大变化与最主要的特点。因此，红色文化资源的教学理念、教学形式必须与时俱进。学生的学习工具已由单纯的纸质教材，转变为个人计算机、平板电脑、手机等电子工具，教师的教具也必须从过去单一的教案、讲台、粉笔向"互联网＋"转变，教学空间由室内向室外延伸，教学活动由单一的灌输式教学向多样的教学方式和实践教学转变。从形式上来说，建设智慧课堂、虚拟仿真实验室，开展丰富多样的实践教学，是深受学生欢迎的。红色文化资源育人形式创新要立足时代，更要立足实际，各地方、各高校应当根据自身发展规划和建设实际，以不增加学生学业负担为前提，以提质增效为目标，稳步地推进红色文化资源育人的实践创新。

3. 要知行合一突出实践性

马克思主义是在实践中形成和不断发展的，实践性是马克思主义的本质特征。"内化—外化—内化"是思想政治教育的基本规律。在红色文化资源育人中重视实践，既是马克思主义教育的内在要求，也符合大学生身心成长的基本规律。忽视理论教学与实践教学的统一是当前高校红色文化资源育人过程中的突出问题，如有的教师教学理念落后，重理论教学，轻实践养成。实践教学形式创新不足，也阻碍了实践教学的深入与发展。现有的实践教学存在诸多问题：多流于形式，如组织各种参观学习活动时，若既没有设定教学环节、明确教学内容，也没有实践教学的交流反馈，则实践教学变成了拉横幅、走过场、拍照片、发新闻、刷成绩的形式主义，因而易遭到学生的抵触。实践教学是课堂教学的内容补充与形式拓展，两者是相统一的；实践教学意义不足，比如，有的学校在开展以劳动教育为主题的实践教学时，开展的却是社区活动，冲淡了实践教学的内容与意义。实践教学是他律内化的必要阶段，只有经过实践的体悟，学生才能将在课堂上学习的知识、道理内化为内在的稳定认知并外化为行为规范。学生只有在实践中不断提高认识能力和思想觉悟，才能在认知客观世界的同时改造主观世界。红色文化资源育人必须突出实践性，要综合运用经典诵读、歌曲传唱、剧目编创、艺术创作等校内文体活动和口述史访谈、红色纪念场馆参访、"三下乡"等校外活动形式，贯彻"生活即教育""社会即课堂"的教育理念，把校园"小课堂"与社会"大课堂"结合起来，把学习奋斗的"小目标"与中华民族伟大复兴的"大目标"结合起来，以行促知、以知促行，真正做到知行合一。

第二节　高校红色文化资源育人队伍的
　　　　能力有待加强

习近平总书记在思想政治理论课教师座谈会上指出："办好思想政治理论课关键在教师。"高校红色文化资源育人，首先要打造一支政治强、情怀深、思维新、视野广、自律严、人格正、专业精的红色文化资源育人工作队伍。2023年相关统计报告显示，全国各高校红色文化资源育人普遍面临师资队伍短缺、业务能力薄弱等突出问题，红色文化资源育人工作队伍的师资规模、素质能力，是影响和制约红色文化资源育人的成效和育人工作良性运转的关键性因素。

一、要抓好"大师资"，加强红色文化资源育人队伍建设

"教师承载着传播知识、传播思想、传播真理，塑造灵魂、塑造生命、塑造新人的时代重任。思政课教师，要给学生心灵埋下真善美的种子，引导学生扣好人生第一粒扣子。"[①]建设一支可信、可敬、可靠，乐为、敢为、有为的红色文化资源育人队伍是开展红色文化资源育人工作的重要支撑。

1. 提升红色文化资源育人队伍的道德素质

用好红色资源，传承红色基因，赓续红色血脉，关键在于建设一支高素质的育人队伍，而师德师风是建设高素质育人队伍的第一标准。"德才兼备、以德为先"是高校红色文化资源育人队伍选配的根本标准。2014年，习近平总书记在北京师范大学考察时发表讲话，勉励广大教师做有理想信念、有道德情操、有扎实学识、有仁爱之心的"四有"好老师，明确了师德师风建设的内涵与要求。习近平总书记在思政课教师座谈会上也明确提出，思政课教师选用、管理、考核中要把好"师德关"。高校红色文化资源育人承担着教书育人、立德树人的崇高使命，育人队伍不仅要用坚定的信念、扎实的学识吸引学生，更要用高尚的人格、崇高的品行感染学生。当前，在高校红色文化资源育人队伍中，师德师

---

① 习近平:《思政课是落实立德树人根本任务的关键课程》，人民出版社，2020，第12页。

风问题仍时有发生，这成为影响队伍形象、制约育人实效的重要因素。加强高校红色文化资源育人队伍师德师风建设，是一项长期的、系统性的工程，必须持之以恒、久久为功、狠抓落实。为此，各高校必须坚持党的领导，各部门协同加强师德师风教育；红色文化资源育人队伍要加强师德修养，强化自我约束，要以德立身、以德立学、以德施教，做学生为学为人的表率，做让学生喜爱的人。

2. 提高红色文化资源育人队伍的核心素养

第一，提升政治素养是根本。高校红色文化资源育人是高校思政课的重要内容，也是意识形态工作的重要抓手，政治性是其首要属性。习近平总书记在全国高校思想政治工作会议上说过，"讲思想政治理论课，要让信仰坚定、学识渊博、理论功底深厚的教师来讲，让学生真心喜爱、终身受益"[①]。可以说这是高校红色文化资源育人队伍建设的核心要求，信仰信念只有首先在思政课教师心中扎下根，才能在学生心中开花结果。提高红色文化资源育人队伍的核心素养，提升政治素养是根本。要善于从政治上看问题，只有通过理论学习，增强对大是大非问题的敏锐性、洞察力和判断力，才能将红色文化资源中蕴含的理想信念、价值理念和道德观念讲得坚定，讲得有感染力。对待大是大非的问题，要旗帜鲜明，讲得正、讲得准、讲得真。

第二，提升理论素养是关键。现有研究报告表明，在各高校红色文化资源育人队伍中，兼职队伍学历背景中专业结构相关性不强，马克思主义理论功底不够扎实，成为制约红色文化资源育人效果的重要因素。如果红色文化资源育人队伍不能自觉用马克思主义、习近平新时代中国特色社会主义思想武装头脑，便不能将马克思主义的"真经"讲得真切，也不能将中国共产党百年奋斗历程讲得真实，更不能将红色文化讲得真挚。红色文化资源育人不仅要讲历史、讲故事，更要讲道理、讲学理，要让学生知其然，更知其所以然。"理论只要彻底，就能说服人。"马克思主义理论就是彻底的理论。提高红色文化资源育人队伍的核心素养，提升理论素养是关键。要通过加强理论学习，强化理论功底，增强理论自信，要敢于讲矛盾、碰问题、说难点，要经得起现实的追问、学生的提问，在讲清历史、讲透理论的同时，为学生答疑释惑，从而赢得学生对教师的折服、对理论的信服。

第三，提升教育素养是基础。以文化人，教育是最基础的方式。课堂教学是高校红色文化资源育人最主要的途径。现有调研表明，红色文化资源育人队伍多数没有接受过系统的教学训练，在教学方法、教学能力等方面存在明显短板。如果红色文化资源育人队伍只

---

① 习近平：《思政课是落实立德树人根本任务的关键课程》，人民出版社，2020，第12页。

是照本宣科、应付差事，教育手段和教学方式落后于学情变化，落后于时代发展趋势，那么红色文化资源育人的感染力、吸引力必然大打折扣。因此，提高红色文化资源育人队伍的核心素养，提升教育素养是基础。红色文化资源育人队伍既要有扎实的理论功底，也要有过硬的教学本领。只有思想有境界、语言有魅力、教学有方法，才能真正发挥红色文化资源启智润心的教育功能。高校红色文化资源育人承担着传承红色基因、赓续红色血脉的光荣使命，因此高校红色文化资源育人队伍责任重大，育人队伍要提高政治站位，加强责任自觉，自觉提升教学能力。各地方、各高校、各文博场馆等要抓好红色文化资源育人队伍教学能力提升这项基础性工作，为育人队伍提升教学能力创造条件，让红色文化资源育人有高度、有深度、有温度。

3. 增强红色文化资源育人队伍的实践能力

进入新时代以来，时代发展和科技创新既为教育的勃兴提供了新的动能，也深刻地改变了教育发展的态势与格局，教育的场域、过程、方式呈现出多样化发展的趋势。高校红色文化资源育人的路径与形式也在不断丰富和创新，比如，教育的场域由校园延伸至校外、由线下扩展至线上、由现实推广至虚拟，形成校园"小课堂"、社会"大课堂"、网络"新课堂"全场域育人的格局；教育的方式也由过去单一的课堂灌输式教育，向启发式、研讨式、互动式、体验式等转变。这些新变化和新趋势，既丰富了红色文化资源的路径，也对红色文化资源育人队伍提出了更高的能力要求。增强红色文化资源育人队伍的实践能力是一项涉及多方面的工作：第一，加强理论学习与实践相结合。育人队伍应深入学习红色文化资源的相关理论知识，包括红色历史、红色精神、红色文化等，确保对红色文化资源有全面、深入的理解；同时，要注重理论与实践的结合，将所学知识运用到实际工作中，提高实践能力和育人效果。第二，开展实地调研与体验活动。高校等应组织育人队伍到红色文化资源丰富的地区实地调研，深入了解当地的历史背景、革命传统和文化内涵，使其通过亲身体验红色文化，加深对红色精神的理解和感悟，从而更好地将红色文化融入育人工作中。第三，创新育人方法与手段。育人队伍应结合红色文化资源育人新趋势，提升运用新信息技术的能力。第四，加强交流与合作。高校应加强与各红色场馆之间的交流与合作，各红色场馆可以为高校红色文化资源育人在实践教学、课程开发、整合师资等方面提供支持，高校可以为各红色场馆研究人员、讲解员等的师资培训与进修提供帮助。

二、要用好"大思政",推动红色文化资源育人队伍整合协同

1. 整合红色文化资源育人队伍

目前,全国各高校已基本建立以马克思主义学院教师为主、以辅导员为辅的红色文化育人工作队伍。专职思政课教师数量不足,辅导员队伍多不具备马克思主义理论、中共党史或红色文化相关专业背景,教学实践经历不丰富等师资短缺、能力不足的问题影响和制约红色文化资源育人的成效。因此,各高校建立一支红色文化育人的专业化、规模化的"常备军"势在必行。"要配齐建强思政课专职教师队伍,建设专职为主、专兼结合、数量充足、素质优良的思政课教师队伍。"①首先,严格落实《新时代高等学校思想政治理论课教师队伍建设规定》关于思政课专职教师配备与选聘的基本要求,壮大红色文化资源育人的中坚力量,弥补师资短板;其次,优化辅导员队伍专业与学历结构,实行文理搭配,既能兼顾各学院育人的特殊性,也可以达到红色文化资源育人的普遍性要求。最后,探索建立红色文化资源育人队伍特聘教师、专职教师制度,优化队伍年龄、学历、专业结构。比如,聘请各纪念场馆专职研究人员、优秀讲解员为高校兼职教师,通过育人队伍的结构调整与整合,促进育人内容的优化与形式的创新,推动红色文化资源育人工作走深走实。

2. 组建红色文化资源育人特色团队

推动高校红色文化资源育人,不仅需要配备专业的人才队伍,还需要打造红色文化资源育人示范性的团队,作为推进高校红色文化资源育人工作的"领头雁",发挥示范性、引领性的作用。各高校可依托学科、平台等优势,遴选一批政治素质过硬、教学能力突出、理论功底扎实、实践经验丰富、深受学生喜爱的教师,设立"高校红色文化资源育人名师工作室"。通过组建红色文化资源特色育人团队,在红色文化资源研究、教学、实践、社会服务等方面发挥示范引领作用。例如,在科研上,围绕红色文化资源研究,推动科研成果向教学转化,为课程体系、教材体系建设提供有力支撑;在教学上,在工作室组织下,汇集青年骨干力量,定期举行集体备课、教学研讨、教学观摩等教研活动,提升教学能力。此外,在创新教学方法、提升教学质量、促进教师成长、探索教学改革、协同教学科研等方面发挥示范引领作用,推动红色文化资源育人高质量发展。

---

① 习近平:《思政课是落实立德树人根本任务的关键课程》,人民出版社,2020,第25页。

3. 打造红色文化资源育人特色品牌

打造具有示范性、引领性的红色文化育人特色品牌是发挥红色文化资源影响力、感召力的重要举措。红色是中国共产党和中华人民共和国最鲜亮的底色，全国各地都有自己独特的红色文化资源。比如，伟大建党精神之于上海、苏区精神之于赣州、延安精神之于延安等。这些资源都印证着中国共产党走过的光辉历程，具有唯一性、原真性等特点，是开展高校红色文化资源育人的鲜活素材。高校红色文化资源育人应立足区域特色红色文化资源优势，将其转化为特色的育人优势，打造红色文化资源育人的特色品牌。如要打造红色文化育人特色品牌，需要从以下几个关键方面入手：第一，深入挖掘区域特色红色文化资源。对区域内的红色文化资源进行系统的梳理和分类，包括革命历史、革命精神、革命传统、革命旧址、革命人物等；并通过实地考察、访谈等方式，深入挖掘区域红色文化资源的内涵与价值，将其作为高校红色文化资源育人的素材。第二，创新红色文化资源育人的方式。将区域特色红色文化融入教学，开发具有地方特色的红色文化课程；组织学生参加红色文化实践活动，如参观红色场馆、革命遗址，参与红色文化志愿服务等，增进他们对红色文化的认知，增强他们的实践能力和社会责任感。第三，通过红色文化讲座、论坛、展览、演出等形式，打造具有辨识度、影响力的育人品牌。地方政府、高校、红色场馆共同推广品牌，形成育人合力。第四，加强红色文化资源育人队伍建设。培养一支有专业素养、有情怀的工作队伍，使他们既了解红色文化资源，又擅长育人工作；定期对育人队伍进行培训与考核，确保育人队伍的专业水平和育人能力得以不断提升。

第三节 高校红色文化资源育人的路径和机制有待创新

随着时代的发展和育人环境的变化，原有的育人路径与方式面临各种挑战，已经不能满足新时代育人的需要。因此，我们要紧紧围绕"立德树人"的根本任务，围绕培养德智体美劳全面发展的社会主义建设者和接班人的目标，结合时代发展趋势，创新红色文化资源育人的路径与机制。

一、探索多元有效的育人"大场域"

"大思政课"要求"大场域"，教育的空间不能局限于教室，育人场景应扩展至校外、线上、虚拟空间。高校红色文化资源育人必须紧跟这一形势变化和育人要求，积极探索多元有效的育人"大场域"。

1. 沟通校内与校外

通过调研发现，目前高校红色文化资源育人的主要场域在校园，主要形式是思政课，育人路径与形式比较单一，造成红色文化资源育人在内容和形式上吸引力、亲和力、感染力不足，这是各高校反映的主要问题。革命博物馆、纪念馆、党史馆、烈士陵园等是红色文化资源的聚集地，但这些资源基本分布在校外，且不可移动或不便移动，而学生的学习和日常生活都集中在校园，这种育人资源和育人主体分离的问题，不仅限制了育人的路径与方式，也制约了育人成效。因此，非常有必要加强校内与校外的沟通，推进高校与各革命博物馆、纪念馆、党史馆等场馆的合作，形成思政"小课堂"与社会"大课堂"的联动。高校在红色文化资源研究上有比较优势，在红色文化资源育人上有迫切的资源需求，而各红色场所有丰富的红色文化资源，两者具有互补性、协同性。校馆之间可以建立长期的协作关系，将这些红色场所作为红色文化资源育人的重要实践基地，同时加强对红色文化资源的研究与阐释、宣传、保护与利用工作，用心、用情、用力地将红色文化资源保护好、传承好、利用好。

2. 打通线上与线下

互联网引领了社会生产的新变革，创造了人类工作、生活、学习的新空间。当代青年学生是互联网时代的"原住民"，互联网已成为他们日常生活不可或缺的一部分，是他们"收音"和"发声"的主渠道。2021年，中共中央、国务院印发了《关于新时代加强和改进思想政治工作的意见》，指出"推动思想政治工作传统优势与信息技术深度融合，使互联网这个最大变量变成事业发展的最大增量"。高校红色文化资源育人本质上是做青年学生的思想政治工作，学生聚集在哪里，我们的工作就做到哪里。高校红色文化资源育人要积极拥抱互联网发展的趋势，开展线上红色文化资源育人既是壮大主流舆论阵地的必然要求，也是创新育人方式的重要举措。一方面，要利用好各类网络学习平台，比如，"学习强国""学习通""青年大学习""青梨派"等，将红色文化资源课程上传至网络教育平台。利用平台既可以及时掌握学生的学习动态、学习需求等，也能及时地反馈教育效果，提升红色文化资源育人的针对性。此外，还可以对课堂教学视频、参观讲解视频等进行剪辑加工，以契合青年学生媒介使用习惯和思维方式的短视频形式向学生传播。另一方面，要利用好青年学生惯用的微信、微博、QQ、哔哩哔哩、抖音、小红书等各类社交媒体平台。通过这些平台了解学生的思想状况、学习需求、疑难问题，以制订针对性的教学方案。高校在线上既要加强政治引导，也要积极参与互联网内容生产。教师在线下做一名优秀的老师，在线上做一名优秀的"UP主"，以学生喜欢的短视频等形式，传播红色文化，激发网络正能量。

3. 联通虚拟与现实

当前，人工智能、大数据、VR等信息技术不断迭代。在传统的红色文化资源育人方式面临困境时，数字化、信息化为红色文化资源育人提供了新思路、新方法，新信息技术赋能红色文化资源育人成为其发展的必然趋势。以人工智能、VR、3D影像、AR等为代表的信息技术，可以打破时空限制，将不可移动的红色文化资源以视频、图像、声音等多种方式呈现。特别是VR技术，将听觉、视觉、感觉等多种感知方式融合到一起，使学生不出校园即可获得身临其境般的生理体验和精神感知。这些技术能够丰富育人的内容与形式，从而激发学生的学习兴趣，提升育人效果。AR等信息技术赋能红色文化资源育人，也存在诸如经费、场地、技术支持、人才储备等方面的一系列限制，因此，各高校应根据自身发展情况量力而行，渐进发展。

二、建立科学长效的育人"大机制"

确保高校红色文化资源育人的系统性、长期性，建立科学长效的机制是根本。目前高校红色文化资源育人的制度建设存在一些问题：一是将红色文化资源育人等同于思政课教育，缺少有针对性的制度建设；二是制度建设滞后，有些制度文件出台时间久远，制度设计落后于时代发展的步伐，与社会发展形势、大学生的身心成长需求变化不完全适应；三是制度设计多宏观政策，少具体落实，制度"高悬"，可执行性差，难以落地见效。高校红色文化资源育人需要从创新工作机制、改革评价机制、落实保障机制等方面着手。

1. 创新红色文化资源育人工作机制

高校红色文化资源育人是一项系统性工程，必须建立工作协同机制。首先，健全党委统一领导的责任机制。办好中国的事情，关键在党。各高校党委要高度重视红色文化资源育人，要在红色文化资源育人队伍建设、工作格局、支持保障等方面采取有效措施。首先，建立常态化的工作机制。高校各部门要为开展红色文化资源育人充分调动各种资源，提供相关支持。其次，建立各部门齐抓共管、协同育人工作机制。高校红色文化资源育人必须明确党、政、工、团等各部门的责任，以马克思主义学院为牵头部门，其他学院、教务处、学工处、校团委、图书馆、校史馆等各部门密切配合，为红色文化资源育人工作提供便利。最后，建立学校主育、学生社团自育相结合的共育机制。高校共青团、学生会，以及各类社团组织，是学生自我管理、自我服务、自我教育的重要平台。其活动的组织程度和影响力都超过了一般的课堂教学，可以在红色文化资源育人中起到重要的辅助作用。高校可以通过组织各种以红色文化教育为主题的文体活动，激发学生参与的积极性，提升红色文化资源育人的有效性和穿透力，避免红色文化资源育人"课上讲，课后停"的尴尬局面。

2. 改革红色文化资源育人评价机制

建立科学合理、符合培养目标的育人评价机制是红色文化资源育人的重要支撑。红色文化资源育人的评价机制是衡量育人工作成效的重要尺度，涵盖了育人制度设计、育人队伍、育人过程、条件保障、育人成效等方面。评价机制既反映了育人的目标与方向、基本要求、基本原则，同时也是检验、衡量育人成效的重要尺度。"办好思政课，最根本的是要全面贯彻党的教育方针，解决好培养什么人、怎样培养人、为谁培养人这个根本问题。"①红色文化资源育人的评价机制要以党的教育方针为根本方向,要围绕"培养什么人、怎样培养人、为谁培养人"而展开。比如,在育人制度设计上,是否根据党情、国情、校情明确红色文化资源育人的目标定位、工作计划,是否建立工作机制、评价机制、保障机制、奖惩机制等;在工作队伍上,是否建立一支结构合理、素质过硬、队伍稳定的专兼职工作队伍,有无针对红色文化育人工作队伍的能力提升、学术评价、业绩考核、职称晋升等机制;在保障机制上,有无划拨专项经费支持,是否建有实践教学基地等。立德树人是高校红色文化资源育人的根本任务,"教师要围绕这个目标来教,学生要围绕这个目标来学。凡是不利于实现这个目标的做法都要坚决改过来"②。必须建立健全的红色文化资源育人评价机制,破除重科研轻教学,唯论文、唯文凭、唯帽子等弊端,充分调动红色文化资源育人队伍的积极性、主动性、创造性,红色文化资源育人工作才能走深走实。

3. 落实红色文化资源育人保障机制

要充分调动全员育人的工作积极性、主动性、创造性,形成协同育人的合力。要加强育人保障机制建设,通过坚实的物质保障、人才支撑,助力红色文化资源育人的开展。目前,各高校将红色文化资源育人作为高校思政课教育的重要补充,讲求的是将红色文化资源融入思政课教学,而不是两者协同。因此,当前高校红色文化资源育人既无充足的经费支持,也无充足的人才支持。要使红色文化资源育人取得实效,就必须正确认识红色文化资源育人和高校思政课之间的关系和区别,加强对红色文化资源育人工作的指导与规划:一是要加大物质支持力度,提供专项经费、办公场所、实践场地、平台支持、科研投入,不开"空头支票";二是要完善人才保障和激励机制,以及培养和激励工作力度,在教学、科研、职称晋升等方面落实政策保障,并加强荣誉奖励和物质激励,提高岗位对优秀人才的吸引力,提高育人队伍的工作热情和积极性;三是要制定红色文化资源育人的长远规划,不能因人因事而变。

三、构建协同高效的育人"大格局"

红色文化资源育人是一项系统性工作,必须加强各环节、各部门之间的协同性。就各高校育人现状而言,从育人主体上看,以各高校马克思主义学院为主,未能形成各学院有效联动的"全校一盘棋";从育人场景上看,以校园内为主,育人载体比较有限;从育人形

---

① 习近平:《思政课是落实立德树人根本任务的关键课程》,人民出版社,2020,第9页。
② 习近平:《培养德智体美劳全面发展的社会主义建设者和接班人》,《求是》,2024年第17期。

式上看，以思政课堂教学为主，辅以校园活动，形式比较单一。高校开展红色文化资源育人，思政课是主阵地、主渠道，但不能是唯一的渠道，必须打破思维定式和责任偏见，"要建立党委统一领导、党政齐抓共管、有关部门各负其责、全社会协同配合的工作格局"，加强专业协同、学段协同和校地协同。

1. 专业协同：打造"思政+专业"共育模式

课堂教学是当前高校育人最主要的形式，思政课是高校红色文化资源育人的主要抓手，其承担主体是各高校的马克思主义学院。但其他各专业中也蕴含了丰富的思政元素，因此其他学院和各部门必须发挥自身优势，形成"思政+专业"同向同行的共育模式。中国共产党的百年历程，是党领导的革命、建设、改革的百年奋斗历程。在党的领导下，政治、经济、文化、社会、生态、科学、艺术、体育等各个领域、各条战线都取得了历史性的成就。比如，形成"思政+国际政治"，讲清大国外交、"人类命运共同体"；形成"思政+环境类专业"，讲清习近平生态文明思想；形成"思政+工科类专业"，讲述"大国工匠"和科学家精神、工匠精神；形成"思政+艺术类专业"，讲述红色文艺；形成"思政+文学类专业"，讲述"两个结合"和文化自信；形成"思政+旅游管理专业"，讲述红色旅游、红色旧址、红色家书、革命精神、革命人物、文物保护、乡村振兴；等等。

2. 学段协同：推动大中小一体化育人

统筹推进大中小学思政课一体化建设是建好思政课的一项重要工程。知识体系的搭建，以及价值观的塑造和培养是一个循序渐进的过程。红色文化资源育人既要遵循学生在各阶段成长的客观规律，又要坚持不懈、久久为功。红色文化资源必须注重各学段的差异，加强衔接与协同，推动大中小一体化育人。首先，机制上要注重前瞻性，要加强"大中小"一体化的顶层设计。其次，内容上要注重差异性，要编制符合不同学段要求的教材、教辅读物，避免内容低质重复。最后，目标上要突出引领性，要根据各学段学生的特性和成长需要，推动教学目标由知识普及到情感塑造，再到价值引领的不断提升。红色文化资源育人要紧紧围绕"培养什么样的人、怎样培养人、为谁培养人"的使命任务，以红色文化资源涵养理想信念、培养道德品行、滋养人生境界，以丰厚的红色文化滋养心灵世界，引导学生扣好人生第一粒扣子。

3. 校地协同：实现产教研学融合、优势互补

有中国共产党奋斗足迹的地方，都生成了大量的红色文化资源。高校红色文化资源育人既要运用好党史、国史等重要资源，也要注重运用地方特色资源。高校要校地协同，依托自身人才与科研优势，了解清楚"家门口"的红色文化资源，通过梳理文献、实地考

察，了解地方红色文化资源的总体概况，整合区域内红色文化资源，建立地方革命文物库、红色人物库、红色地标库，打造具有地方特色的红色文化资源矩阵，扩展高校红色文化资源育人的内容。高校应将红色地标、红色场馆作为红色文化资源育人的实践场所，提升红色文化资源育人的效果。此外，高校要加强校馆协同。红色文化资源既有有形的红色文化遗产，如革命遗迹、革命旧址、人物故居、烈士陵园等不可移动文物，各类纪念馆、陈列馆、展览馆中数以百万计的可移动革命文物；也有大量无形的红色文化遗产，如红色音乐、戏剧、电影等革命文艺作品，以及革命精神等。这些红色文化资源都是高校红色资源育人的重要载体，因此高校要让青年学生走进博物馆、纪念馆、党史馆、烈士陵园等红色场馆，开展红色研学，使其在"历史发生地"接受教育，能够获得触景生情、以情化意、以意促行的教育效果。但从载体分布上看，大量红色文化资源的载体分布在校外。因此，高校要推动与各革命旧址、纪念馆、党史人物故居、党史陈列馆等场馆的联动协同，发挥各纪念场馆丰富的红色文化资源优势，以及高校在红色文化资源研究、阐释方面的科研优势，实现校馆之间优势互补，推动校馆实现产教研学融合发展。

第四节　高校红色文化资源育人的展望

高校红色文化资源育人具有广阔的发展前景。通过不断深化红色文化资源融入教育、创新育人路径和方法、加强师资队伍建设、构建红色文化育人体系以及强化红色文化资源的社会影响力等措施，高校将能够更好地发挥红色文化资源的育人功能，为培养德智体美劳全面发展的社会主义建设者和接班人做出重要贡献。此外，高校红色文化资源育人还可以在历史虚无主义批判、中国故事的国际传播和高校学生党员发展等方面发挥重要作用。

一、高校红色文化资源育人中的历史虚无主义批判不能缺位

建设教育强国是以中国式现代化全面推进中华民族伟大复兴的基础性工程。

建设教育强国，必须坚持社会主义的办学方向。青年是国家和民族的未来与希望，与我们党争夺青年是西方敌对势力颠覆中国的重要手段，历史虚无主义则是他们的惯用伎俩。相当长一个时期以来，历史虚无主义思潮打着"反思""揭秘""重评""还原"的幌子肆意抹黑党的历史和党的领袖人物，并借助互联网等形式大肆传播其有害观点。历史虚无主义歪曲党的历史、抹黑党的领袖、诋毁革命先烈，企图否定中国共产党夺取政权和长期执政的合法性基础，解构马克思主义在意识形态领域的指导地位，同党争夺青年群体，使党的事业后继无人。此外，一些历史虚无主义思潮打着"观照现实"的旗号，对新时代中国发展中面临的问题与挑战及青年成长中面临的各种困难，有目的地进行错误的引导和归因。在这些错误思潮的影响下，在青年学生群体中一度出现了政治信仰模糊动摇、价值取向扭曲混乱、思想认识分化对立等严重问题。一些青年学生在错误思潮的侵蚀下产生"恨党恨国"的极端情绪，时常在网络平台上发表诋毁英烈、贬损民族、侮辱国家的错误言论。历史虚无主义思潮动摇青年的信念、破坏青年的团结、瓦解青年的斗志，严重危害党和民族的事业，对这一问题必须高度警惕。

古人云："先立乎其大者，则其小者弗能夺也。"对于担负民族复兴大任的时代青年来说，这个"大者"，就是要树立正确的国家观、民族观、历史观、文化观、宗教观，以增强对伟大祖国的认同、对中华民族的认同、对中华民族文化的认同、对中国特色社会主义

道路的认同。然而，从目前的红色文化资源育人报告来看，各高校开展的红色文化创建活动在对历史虚无主义思潮的表现、观点、本质、危害的揭露与批驳方面是严重不足的。要肃清历史虚无主义在青年学生群体中的影响，就要坚持讲故事和讲道理相结合：一方面，要讲明中华民族的伟大发展历程。要引导学生认真学习中国共产党史、新中国史、改革开放史、社会主义发展史、中华民族发展史，着重讲述中国共产党由小到大、由弱变强的伟大奋斗历程，讲述党的艰苦奋斗史、理论探索史、自身建设史等；另一方面，要引导学生树立正确的历史观。要引导学生树立唯物史观，正确认识中国共产党史发展的主流、主线，正确看待探索前进中的曲折和错误，科学评价党史上的重大历史事件、重要人物，分辨和认清历史虚无主义的观点、表现与危害，让正史成为青年学生的普遍共识。

二、高校红色文化资源育人中的中国故事的国际传播值得重视

习近平总书记强调："必须增强底气、鼓起士气，坚持不懈讲好中国故事，形成同我国综合国力相适应的国际话语权。"①如何讲好中国故事、传播好中国声音，任重而道远。与此同时，随着中国国际影响力的提升，特别是"一带一路"倡议的不断推进，外国来华留学生的规模不断攀升。在当今复杂的国际背景下，数量庞大的在华留学生群体可以成为展现中国形象、传递中国声音的重要"窗口"。

长期以来，中国硬实力和软实力间存在巨大落差，东西方舆论格局不平衡导致的信息逆差，造成了外国青年眼中的中国和中国真实形象的强烈反差。为了更好地让世界读懂中国、了解中国，中国各高校通过各种形式的文化创建活动，向在华留学生宣传中国的饮食、戏剧、服饰、茶道、书法、武术等优秀传统文化，但这对向世界展示一个真实、立体、全面的中国来说是远远不够的。讲好中国故事，最核心的是讲清楚中国共产党为什么能、马克思主义为什么行、中国特色社会主义为什么好。在中国共产党百年奋斗历程中凝结而成的红色文化资源是彰显中国立场、中国智慧和中国理念的显著标识，中国道路、中国理论、中国制度、中国精神、中国力量也寓于其中，是世界真正读懂中国、读懂中国共产党的关键所在。高校要通过各种形式的活动，使外国在华留学生既要认识过去之中国，更要了解今日之中国；既要了解"舌尖上的中国""文化里的中国"，更要了解"红色的中国""发展的中国""开放的中国""和平的中国""为人类做

---

① 习近平：《加快推动媒体融合发展　构建全媒体传播格局》，《求是》2019年第6期。

贡献的中国"。从实践层面来看，利用红色文化资源讲好中国故事意义重大而紧迫，高校红色文化资源育人既有得天独厚的受众优势，也处在意识形态斗争的前沿。各高校要强化责任担当，坚持主动发声，积极引导在华留学生参加校园红色文化活动创建，通过精心设置议题、精练故事载体、精彩内容呈现，把"陈情"与"讲理"细腻结合起来，向世界展现出可信、可爱、可敬的中国形象。此外，各高校也可以带领在华留学生走出校园，走进"历史发生地"，使他们真切地感受到中国共产党之所以"能"，是因她从人民中走来、从历史中走来、从实践中走来。总而言之，高校红色文化资源育人既可是对内为党育人、为国育才的有力抓手，也可是对外宣介中国、传递声音的重要渠道。高校红色文化资源育人可以实现内宣外宣的一体化发展，通过在华留学生群体更加真实、真切、真挚地传播中国故事，让中国声音更加洪亮，中国形象更加明亮，实现"墙内开花墙外香"。

三、高校红色文化资源育人可与高校学生党员发展有效衔接

高校是青年人才的聚集地，承担着为党育人、为国育才的使命和重任。发展大学生党员是高校党建的基础性工作，也是中国共产党能够始终保持旺盛生命力和强大战斗力的重要保证。根据中共中央组织部最新党内统计数据，2023年，全年发展党员240.8万名，其中大专及以上学历128万名，占比53.1%；在校学生党员91.9万名，占全年发展党员总数的38.16%。可以说，毕业大学生和在校大学生党员逐渐成为中国共产党组织力量发展的最重要的基础。一方面，我们要看到，一大批优秀大学生党员加入到党组织中来，为党组织持续增添新鲜血液，在优化党员组织结构、提高党员质量、提升党组织活力等方面发挥重要作用。青年学生党员毕业后奔赴祖国建设的各条战线，发挥了共产党人的模范带头作用，比如，"时代楷模""七一勋章"获得者黄文秀同志。另一方面，贪腐"年轻化""低职化"的现象越来越突出，拥有高学历、强能力的党员干部的快速蜕化问题值得深思和反思。在大学生党员发展的源头上存在诸多问题，一些大学生入党动机不纯、理想信念不坚定，思想上"带病"入党，由此埋下贪腐的"种子"。与此同时，互联网条件下各种思潮的激荡、交锋，历史虚无主义思潮和西方所谓"普世"价值的侵扰，都给当前高校学生党员的发展带来挑战。

目前，高校学生党员发展的路径和形式主要是经过入党积极分子、发展对象培训班培训，通过结业考试后获得发展资格。从过程和环节上来看，该路径和形式存在重智育轻德育、重形式轻效果、重过程轻内容、重进度轻质量的问题。总的来说，重组织入

党、轻思想入党是突出问题。思想入党固然没有客观的标准，但可以通过思政课堂和常态化的校园红色文化创建活动，不断加强理论学习和理想信念教育，帮助大学生提高思想觉悟、端正入党动机。利用丰富的校园红色文化创建活动，可改变以往讲座、大会报告单向灌输的方式，增强学生的参与度、体验度，增强组织活动的亲和力、感染力，从而提升理想信念教育的效果。因此，高校红色文化资源育人可以与高校学生党员发展双向协同、有效衔接。

第八章

高校红色文化资源育人创新案例

高校红色文化资源育人师资队伍不仅是红色文化教育的实施者,更是高校育人体系的重要组成部分,在高校育人体系中发挥着重要作用,其红色文化素养和教学能力水平,直接影响到高校思想政治教育的质量和效果。对此,各高校党委都非常重视。近年来,各高校纷纷通过各种形式和途径,从红色文化素养、师德师风、教学能力提升等方面开展专题培训和实践研修，并整合各类资源，逐渐建成了一批师德高尚、业务精湛、充满活力的红色文化资源育人专兼职结合的大师资队伍，红色文化资源育人师资队伍建设取得明显成效，大学生思想政治教育的实际效果得到显著提升。

第一节 师资队伍建设篇

一、华中师范大学开展"校馆合作·协同育人",打造"红色金课"大师资队伍

华中师范大学结合学校教师教育特色,开设"教育强国""习近平总书记教育重要论述研究"等"红色金课",将党史故事、红色诗词等融入课堂教学,举办"沁园春·雪""忆秦娥·娄山关""不朽的丰碑 不竭的动力——永远的焦裕禄精神"等诗词党课,邀请领导干部、党史专家、革命后代纷纷走进"党史大讲堂",通过现场讲述和视频直播等方式,与学生共话党史,打造线上线下学习"大课堂"。学校组织召开"校馆合作·协同育人"联合集体备课研讨会,会上红色场馆负责人、领导干部、思政课教师和学生代表各抒己见、思维碰撞、共话共研。华中师范大学作为发起高校之一的武昌高校马克思主义学院联盟联合武汉革命博物馆打造"红巷里的思政课",面向不同受众分别推出了党史专家主讲的"红巷思政理论课"、青年大学生主讲的"红巷青马微宣讲"、少年儿童主讲的"红巷苗苗故事汇",组建起主体多元、梯度合理、优势互补的"讲师"团队,分别用党言党语、青言青语、童言童语做好百年党史的理论化、青年化、儿童化阐释,形成"专家导学、青马领学、朋辈促学"的良性闭环,将红色场馆的文物资源优势、高校的师资优势有机结合,实现"强强联合",共同担负"协同育人"的使命,实现"让党的创新理论走进青少年、飞入寻常百姓家"的良好效果。

二、广西师范大学打造"五望"品牌和"1+1+10"导师制,为"大思政课"保驾护航

广西师范大学深入拓展红色文化资源育人新合力,以红色文化资源奠定立德树人精神根基,以高质量教师队伍为有效引领。学校党委聚焦立德树人根本任务,以大师资体系为"大思政课"提供坚强保障;配齐建强思政课教师队伍,实行思政课特聘教授、兼职教师和校领导联系思政课教师制度,思政课队伍建设成效显著,2人获国家级人才称号、

28人获自治区级人才称号；强化广大教师育人意识，成立22个校级课程思政教学研究中心，遴选13名课程思政教学名师和9个课程思政优秀教学团队，发挥榜样带头作用；围绕专家讲授、理论研习、学术研究、理论宣讲等专题，分设"望道讲堂名师专家授课""望道宣讲团""望道研习社""望道书屋""望道学术活动月"5大子品牌活动，多层级、高频率邀请校内外专家学者做辅导报告。学校为师生提供全方位感知红色文化的机会，以互动式培训锻炼教师红色文化资源育人的实践技能，全方位提升师生的红色文化素养。

学校坚持将红色文化资源与日常思想政治教育工作深度融合，每学年带领全体教师进行外出研修，遴选优秀青年教师担任学业导师，兼任学生辅导员、班主任；积极构建教师思想政治工作绩效考核机制，进一步激发教师队伍参与思想政治教育的主动性与积极性；深化"三全育人"综合改革，建立"1+1+10"辅导员成长导师制，建设16个辅导员工作室，有20余名辅导员获"全国教育系统先进工作者""全国高校辅导员年度人物"提名等荣誉，打造了一支政治过硬、思政本领强的辅导员队伍。

学校在2023年，获评国家级一流本科课程1门；举办公开课14次；有2名教师在2023年广西高校思政课教师基本功暨"精彩一课"比赛中分别获得本科组一等奖、二等奖，3名教师分别获得2023年全区高校"大思政课"示范课堂一等奖、二等奖、三等奖，3名教师在全区高校建设"壮美广西"系列思政课"示范课堂"决赛中分别获一等奖、二等奖，实现学校在相关赛事中的奖项新高。

三、西南大学推进"四化同构"思政课教学改革，融通育人新合力

西南大学打通育人队伍壁垒，着力加强思政课教师队伍建设。学校打造一支理论功底扎实、学术水平较高、学缘、学历和职称结构合理的教学科研专职梯队；壮大党政干部、思想政治工作人员、青年教师和大学生兼职教师队伍；引进全国知名学者，聘请红岩历史博物馆专家跨岗教学，实现专业拔尖人才涌现聚集。

学校全面改革课程体系，夯实师资队伍，创建协同育人平台，深度融合育人资源，创新考核评价机制；实现课程的引领作用、师资的联动效应、平台的促进作用、资源的带动能力和评价的驱动效果，为红色文化育人提供坚实保障；强化党委主体责任，充分调动家校社企多方资源，汇聚思政队伍、教育科研人员、管理服务人员、学生骨干群体四方主体合力，建立健全"横向协作、纵向贯通、教书与育人并举"的人才培养机制；实施困难学生能力提升工程，设立朋辈学业帮扶"加油站"和老师领航"成长驿站"；

构筑党政协同发力、全员协同聚力、朋辈协同助力的就业服务保障体系，突出全员育人温度聚合力。

学校推动形成以课堂教学为主体，实践教学、网络教学和文化育人有机衔接的全方位育人场域；建立思政课程与课程思政教师教学发展中心，开展"四化同构"思政课教学改革（即教学讲义标准化、教学资源可视化、教学方式立体化、教学队伍专业化）；打造10门"革命精神与红色文化"思政大课，原创编排"千秋红岩"情景式思政大课；结合学科特色，充分挖掘川渝红色文化资源，通过建设"红心向党"党员学习室、打造"伟大的阶梯"党史学习教育墙，始终注重质量导向促成长；承担教育部"高校思想政治理论课教师队伍后备人才培养支持计划""高校思想政治工作骨干在职攻读博士学位专项计划"培养任务。

学校通过一流专业的建设，提升专业的整体实力和社会影响力，同时培养更多优秀的红色文化传承人和思想政治教育工作者。学校思想政治教育专业成功列入国家级一流本科专业建设点，进一步助推了学校在国家"双一流"建设学科中的立项工作。

四、渤海大学打造"经师"与"人师"相统一的新时代教师队伍

习近平总书记在中国人民大学考察时强调："培养社会主义建设者和接班人，迫切需要我们的教师既精通专业知识、做好'经师'，又涵养德行、成为'人师'，努力做精于'传道授业解惑'的'经师'和'人师'的统一者。"

基于此，渤海大学一方面在知识积累上下功夫。为了进一步弄明白解放战争辽沈战役的来龙去脉、前因后果，对"大思政课"的讲授内容在不同学段的知识上进行有效衔接，把知识以润物无声的方式融入"大思政课"，让"大思政课"蕴含"真理的味道"。渤海大学马克思主义学院成立以院长金毅教授为组长的"辽沈战役红色资源实践组"，选择在党史党建、"大思政课"建设方面有建树的思政课教师入组，开展教学、科研、实践工作。

2023年6月，渤海大学马克思主义学院奔赴塔山阻击战纪念馆、配水池战斗遗址、辽沈战役纪念馆，录制了22集微党课《传承红色基因 讲述辽沈故事》。

另一方面，校外的思政工作队伍在实践教学上有呼应。从2023年秋季学期开始，渤海大学马克思主义学院开始选聘优秀文博场馆工作者、军退干部、烈士遗属来担任兼职"大思政课"教师，2023年度已经选聘了5人。这5人均是辽沈战役革命烈士后代，他们身上既有优秀家教、家风的传承，又有长期在文博场馆从事社教、宣传工作

的实践经验。同时，学校注重选派校内外思政课、文物系统优秀专家学者进校园、上课堂、做宣讲，开展辽沈战役相关教研活动，回顾辽沈战役的峥嵘岁月，筑牢师生的理论基础。

渤海大学正通过"大思政课"，建设一支政治强、情怀深、思维新、视野广、自律严、人格正的思政课教师队伍，使其在新时代育人工作中焕发新的时代光芒。

五、内蒙古大学构建引育并举制度体系，建设高水平师资队伍

内蒙古大学首先通过红色主题科研项目汇聚校内各专业师资。学校以红色文化科研项目为牵引，协同构建多向有机融合的大师资团队。校内师资团队以马克思主义理论、旅游管理、历史学、计算机、汉语言文学等学科教师为主，锚定红色文化科研与实践育人主题，汇聚多学科人才资源共同开展红色文化资源共建和课程思政协同建设，并共同开展"内蒙古红色文化旅游知识库和全景传播平台建设与推广""内蒙古红色文化弘扬与乡村振兴协同发展机制研究""乌审旗红色文化发展规划纲要""大南山红色旅游助推乡村振兴规划"等多个融合性的科研课题攻关。学校通过持续建设，打通了阻碍学科间红色文化资源共建共享的壁垒。

其次，学校以红色基地实践与红色文化赛事项目为依托整合校内外师资。"校内外联动、专兼结合"是大师资建设的重要要求，配套开展的实践教学体系是大思政教学的有力保障。学校在建立了一系列红色文化实践教学基地的基础上，开展了校外实践导师团队建设，并通过红色文化主题赛事与活动开展了跨校项目合作。在基地建设方面，学校各学科在共同的红色文化实践教学基地遴选专家、馆长等专业技术人员，为学生各学科实践教学提供专业科研实践指导，形成了校内外协同、专业科研导师与实践产业导师相结合的校内外师资队伍；聚焦大思政实践课程共建，开发了"'红色之子'乌兰夫""迈向世界乳业科技之都——呼和浩特向未来""大青山抗日革命根据地"等系列实践研学课程，并同内蒙古博物院建立了以大思政实践教学为目标的馆校合作教育联盟。在校际联动方面，学校同内蒙古艺术学院等院校进行了红色文化传播项目的合作，联合推出了"内蒙古自治区红色文化资源巡礼"系列红色文化主题融媒体传播项目，从青年人的视角讲述红色故事、传承红色精神；跨院校、多学段组织学生开展"青年红色筑梦之旅"和全国大学生红色旅游创意策划大赛等主题赛事，促进校际导师联合、学生联动交流。学校还特聘了渠长根等校外专家顾问为"'习近平新时代中国特色社会主义思想概论'课程研究中心"提供指导，多方协同推进学校"大思政课"建设和育人工作。

六、武汉轻工大学以"名师示范""明德讲坛""品味中国"推进学校师资建设

学校高度重视对红色文化资源的应用,从顶层设计上加强红色文化制度建设,成立以马克思主义学院为总牵头,多个部门相互配合、相互支撑的教学保障团队,建设了一支由校内思政课教师、校外思政课指导教师组成的实践队伍。

学校不断优化思想政治理论课教学体系,推送湖北省高校思想政治理论课骨干教师"名师示范课堂",打造"明德讲坛"名家论坛,推进"品味中国"省级一流课程建设,举办思政课教师下基层理论宣讲活动,全面推进"大思政课"建设。2023年,除常规的学校学院培训和教研室集体教研活动之外,思政课教师全年开展教育部每周五下午"周末理论大讲堂"集体备课、教育部思政课骨干教师新思想学习培训和形势政策课培训、教育部思政课新教材培训、教育部新思想概论培训、教育部全国第三届思政课教学展示活动"云上大练兵"磨课观摩、教育厅暑假思政课教师骨干教师新思想培训、华中师范大学"同课异构"联盟教研活动等。经过多年的探索实践,任课教师积累了丰富的红色文化知识,能熟练准确地运用地方红色资源开展教学,进行学术研究。例如,在讲授"中国近现代史纲要""习近平新时代中国特色社会主义思想概论"等思政课程和开展"品味中国"思政通识课时,思政课教师或用武汉红色文化进行专题授课,或灵活适时地融入武汉红色革命旧址、革命伟人等教学内容,充分挖掘武汉红色革命故事,用近在身边的红色历史激励、触动和启迪学生,厚植红色文化基因。

七、浙江大学强化使命担当,持续开展"育人强师"专题培训

浙江大学重视师资队伍建设,持续开展"育人强师"专题培训,面向思政课教师队伍常态化组织高质量的红色文化理论培训,多维度增加教师知识容量,激发教师红色文化资源育人的主动性、创造性和善用红色资源的自觉意识,鼓励、引导教师将红色教育元素巧妙融入课堂教学,探索体验式、情景式教学模式,加强理论研究,形成浓厚红色文化资源育人氛围。

学校每年组织教职工党员发展对象、党建骨干、新入职教师和海外归国教师、"双专计划"干部等走出校园,参与革命传统教育、国情社情考察、社会实践锻炼活动。2023

年，学校举办校级培训班 115 期，累计培训党员干部、教师、学生 2.3 万人次；组织"青年教师国情教育专项研修""双专干部追寻浙大西迁足迹""教职工党支部书记主题教育专题培训"等赴实地红色教育培训 13 个班次，培训 1600 余人次。与此同时，学校注重创新"育人强师"教师干部培训实践途径，开设"线上课程库"，拓展线上线下一体化学习教育载体，其中 2023 年举办教师干部线上教育培训 5 个班次，培训 2.65 万人次。

八、中国医科大学健全"全链条、贯通式"育人共同体，构建红医"大思政课"育人格局

中国医科大学立足红色资源优势，落实立德树人根本任务，以"政治坚定、技术优良、救死扶伤、人民至上"的红医精神为核心，以习近平总书记重要贺信中提出的"情系人民、服务人民、医德高尚、医术精湛的仁心医者"为人才培养总目标，全面推动思政课改革创新，积极挖掘红医精神的丰富内涵和育人价值，积极融入"大思政课"大平台建设，为"大师资"能力提升提供有力支持，打造"红医""大思政课"品牌，提升"大思政课"的吸引力和影响力，以全链条、贯通式的推进方式形成"育人共同体"，并形成红医"大思政课"育人格局。学校善用"大思政课"，将其与现实结合起来，与红色文化资源融合起来，这对广大思政课教师提出了更高要求、更多期待。学校一方面组织思政课教师利用寒暑假赴华南师范大学等全国高校思想政治理论课教师研修基地开展实践研修培训活动，并开展"讲好党史故事，传承红色基因""品'六地'文化，强育人使命"等实践活动，开阔教师视野，丰富教学素材；另一方面围绕红色文化资源融入，邀请英雄人物、劳动模范、"大国工匠"、红色基地讲解员共同参与思政课教学，夯实铸魂育人的红色力量。

九、齐鲁工业大学立足"人才强校"战略，引培并重，全面加强人才队伍建设

齐鲁工业大学在以下几方面着手推进红色文化资源育人师资队伍建设工作。

一是建设红色文化铸魂育人宣讲团。学校连续 3 年推进组织齐鲁工业大学红星讲师团，开展专家学者讲理论、党员干部讲精神等活动，提升红色文化宣讲队伍能力。

二是优化红色文化铸魂育人教学团队。学校凝聚思政课教师力量，打造以红色文化专家、教学名师、红色劳模、教学竞赛获奖教师为主体的教学团队；邀请山东大学马克思

主义学院张士海教授、山东师范大学马克思主义学院徐稳教授等知名专家学者作为团队成员，组建阵容强大的授课队伍。

三是开展红色文化铸魂育人师资能力培训。学校创办"学习大讲堂""思政工作室""青衿学堂"三大品牌，邀请专家学者做专题报告。团队先后邀请清华大学李蕉教授、山东大学徐艳玲教授、山东大学郑敬斌教授等10余位思政领域知名专家学者为团队成员做教学专题报告，并围绕课程开展过程中出现的难点、堵点、痛点问题向各位专家学者进行咨询。创办青年课程思政工作坊，加强红色文化教学能力培训等。

十、广西民族大学以全周期"五强化"师德教育模式增强师资队伍战斗力

广西民族大学将立德垂范作为建强教师队伍的优良传统和时代主题，着力引导教师将师德师风要求落实到为学、为事、为人各方面。学校面向全体教职工开展"师德集中学习教育""新时代展初心强师德 新征程勇担当育新人"思想政治和师德师风常态化建设专题培训，建立组织领导、师德考核、思想铸魂、师德监督、师德宣传全周期"五强化"师德教育模式，不断提升广大教师的思想政治素质和师德素养，形成立师德、铸师魂、正师风、强师能的良好师道教育氛围。在学校建设师资队过程中，涌现出第二批"全国高校黄大年式教师团队"、第十批"广西壮族自治区优秀专家""广西最美家庭""广西最美高校辅导员"等一批优秀教师典型，汇聚了思政教育的最强主体力量。

学校紧扣立德树人根本任务，围绕提升教育教学水平、培养卓越拔尖人才，实施"相思湖青年学者创新团队"计划，遴选6个创新团队，强化青年教师创新团队的培养。学校有8名教师被列入"广西高校思想政治教育卓越教师"支持计划第一期支持对象名单；有7名教师分别在2023年全区高校"大思政课"教学改革优秀工作案例和示范课堂征集活动中获得一等奖。此外，学校设立、建设了13个辅导员团队建设培育项目，同时发挥部省校三级培训体系作用，组织辅导员参加各类培训1300余人次。

十一、大连工业大学以学铸魂、以思促行，在"大实践"中打造高素质思政课教师队伍

为深入贯彻落实习近平总书记关于"大思政课"的重要指示精神，打造高素质思政

课教师队伍，2023年，大连工业大学先后组织思政课教师赴河北西柏坡、正定古城、雄安新区和天津平津战役纪念馆等红色实践基地开展实践研修活动。通过现场教学、体验教学、理论授课等，教师们追寻红色足迹，再次见证了中国共产党的革命实践伟业，在实践中深刻体会红色革命精神的实质，感念先辈艰辛，筑牢育人的初心使命。为传承红色基因，让革命精神"内化于心、外化于行"，教师们将学习成果有机融入思政课教学，提升自身理论联系实际能力，不断推进思政课高质量发展。

同时，大连工业大学以打造传承红色基因专业队伍为圆心，构建多元主体共同参与的育人格局。辅导员作为最接近学生的思政队伍，必须理想信念坚定、政治素养过硬。学校立足学生成长成才需求，依托辅导员培训、主题沙龙、素质拓展、竞赛文体活动等实践形式，多措并举提升辅导员红色文化知识水平和育人能力；积极组织辅导员参加各类省市培训，定期开展"思政大讲堂"、主题沙龙、网络培训等内训工作，帮助辅导员更新红色文化知识结构，提升业务能力，开阔职业视野，使其切实肩负起为党育人、为国育才的根本使命。

十二、对外经济贸易大学以"三结合""六位一体"培训体系打造特色导师培训体系

对外经济贸易大学常态化开展教职工红色教育，先后组织前往河南固始县、河南大别山干部学院等地开展"传承红色基因，赓续红色血脉"社会实践，引导教职工传承红色基因，了解国情，深植理想信念之根，铸牢对党忠诚之魂。学校邀请先进典型代表讲述红色故事，充分发挥引领示范作用，常态化开展党委书记、校长讲思政课，组织奥运冠军、劳动模范等先进代表进学校、进课堂，用真实感人的历史资料和亲身经历，让学生学有榜样、行有示范；开展新时代高质量发展高层次人才培训，组织高层次人才赴延安参加"汲取信仰力量，迈向高质量发展新征程"红色文化教育暑期培训班。

学校将红色文化教育与社会实践相结合，开展"千村千企千红"社会实践，组织273个团队的1736名青年师生前往祖国各地开展实践活动，组织8支研究生暑假社会调研团队开展乡村振兴主题社会调研，推荐报送5支"乡村振兴行动计划"师生团队参加北京市评选；组织教师前往贵州贵阳、河北易县、山西兴县等红色教育基地开展新入职教师岗前实践培训。

学校启动"'知行中国'计划2023年国情教育"，组织34名青年教师分赴3个实践地开展教育教学、调查研究等为期3个月的社会实践；选派辅导员参加全国高校网络教育

优秀作品推选展示活动，网络育人案例获评"北京高校党建思政工作优秀成果奖"。

学校推进课程思政系列教程建设，将建设成果融入教师课程思政教学；推进教师课程思政教学能力实训，开展"'党的二十大精神进课堂'系列活动暨惠园课程思政讲习活动"9场；组织教师参加首届中国财经慕课联盟"同课异构"课程思政教学竞赛，获得一等奖4项、二等奖1项。

十三、成都理工大学以"三事一场五问七理"田野教学模式构建师资学习新体系

成都理工大学创新教学理念，引入田野教学，以红色文化为田野，创造性地提出"三事一场五问七理"的田野教学模式，构建起从理论场到实践场的红色文化田野教学体系，并取得良好的教学效果。该教学改革受到新华社、《中国教育报》、《四川日报》、光明网等重要媒体的关注和报道。

田野教学不同于理论课堂教学，组织难度大、安全风险高、覆盖全体学生难。为顺利推进田野教学，学校专门成立思政课实践中心，全面统筹设计田野教学；教研室具体负责，教师负责实施；成立求实社、求真社等学生社团，协助组织田野教学；教师配备助手，协助管理，初步构建起新的课程组织体系。

校内田野教学，主要为校外田野教学夯实基础，做好各种准备，包括经典文献研读、技术准备、熟悉相关事件的背景资料等。校内田野教学主要通过教学比赛促进学习，如对应四门思政理论课，举办"马列经典讲读比赛""习近平新时代中国特色社会主义思想传播能力比赛""微电影比赛""情景剧比赛"等，以赛促学，一课一赛，一课一品。

校外田野教学分为示范田野教学、基地田野教学、自选田野教学三个层次。示范田野教学、基地田野教学均由教师亲自带队进行现场教学；充分利用本地红色资源举办"云端上的课堂""红飘带课堂""雪山草地课堂""改革开放史课堂"等，为师生学习观摩田野教学提供示范；组织学生到建川博物馆等30余个实践教学基地开展田野教学，要求学生返校后在班级内分享汇报，以点带面，间接覆盖全体学生。

经过多年的探索实践，田野教学改革已取得显著成效。课堂出勤率、抬头率、满意率大幅度提高，教学效果明显，初步实现了五个转变：从单一理论课堂到多种课堂并行的教学形式转变，增强了学生的参与性，真正实现了以学生为中心；从封闭的书斋教学到书斋与田野并重的教学模式转变，增强了课堂的开放性；从单一知识考核到注重知识、行动、信仰变化过程的教学评价方式转变，增强了教学的互动性；从单一文本教学到面向社会资

源开放的教学内容转变，教学资源得到丰富，学生的感受性更强；从"要我学"到"我要学"的学习态度转变，学生的积极性主动性、获得感幸福感显著提高。

十四、中国人民大学构建具有人大特色的"先锋"社会实践体系

中国人民大学依托红色资源优势，构建起具有人大特色的红色文化资源育人体系，让红色基因薪火相传、红色精神生生不息。为利用好红色资源、弘扬好红色文化，学校深化高等教育改革创新，充分释放大学能量，红色文化资源育人工作成效明显。一是加强教师队伍建设，向全体新入职教师发放图书《战火中的大学》，举办"吴玉章教育思想研讨会""人民教育家高铭暄教育思想研讨会"，并面向青年教师开展"红色之路""读懂中国"等系列主题实践活动，组织教师团队前往浙江嘉兴、贵州遵义等地瞻仰革命旧址，带领百余位青年教师去陕西延安和河北正定、阜平等地参观学校前身陕北公学、华北联合大学、华北大学旧址，引导广大教师从党史校史中汲取智慧和力量。二是以无产阶级革命家、中国人民大学首任校长吴玉章之名创设新的人才岗位体系，设置"吴玉章资深教授""吴玉章讲席教授""吴玉章青年学者"等岗位，强化价值引导，鼓励人才身怀爱国之心、砥砺爱国之志，主动担负起时代赋予的使命责任。三是推进实践育人体系建设，组织校院教师带领学生前往云南、陕西、浙江、贵州等地的红色旧址调研，把社会实践作为加强师生联系、促进学生成长成才的有效载体，以课程体系、项目体系、指导体系、管理体系、保障体系建设为支撑，构建具有人大特色的"先锋"社会实践体系。

学校创办精品示范课项目"北京中轴线上的'大思政课'"，发挥示范带动作用。该项目获评"第七届首都大学生思想政治工作实效奖"特等奖第一名，入选全国"以革命文物为主题的'大思政课'优质资源十佳示范项目"、全国"高校思想政治工作质量提升综合改革与精品建设项目"、北京高校思政工作创新示范案例，已成为具有全国影响力和突出示范效应的"京字招牌"。

十五、桂林电子科技大学重塑校园服务，引领"多位一体"智慧教育主体机制

为更好地将桂北红色文化资源融入大学生思想政治教育，桂林电子科技大学不断建立健全教育主体机制，从培育、评估、保障3个角度入手，进一步提高红色文化育

人过程的实效性。

一是健全主体培育机制，加强红色文化资源教育人才队伍建设。学校加强红色文化资源育人研究，加大本校专业化研究生人才培育，及时吸纳引进在红色文化研究、桂北红色文化研究方面具备一定水准的高层次人才，不断扩充、更新本校红色文化教育主体队伍，为桂北红色文化资源融入大学生思想政治教育提供充实的人力资源。学校组织辅导员、教职工、思政队伍定期开展专业技能培训活动，组织了首期电子信息特色高校处级干部提高政治能力专题培训班、学习宣传贯彻党的二十大精神培训班、思政教师赴河南红旗渠举办暑期集体研修班等。此外，学校组织开展了红色文化资源育人专题研讨的论证、实践调研活动，组织思政课师生代表一行30余人前往桂林兴安县源江村，以"走进大美源江，开展乡村振兴调研"为主题进行实践教学，把思政课"搬到"田间地头。

二是健全主体评估机制，完善红色文化资源教育"评价—反馈—再评价—再反馈"过程。学校积极推进桂北红色文化资源教育"评价—反馈—再评价—再反馈"过程，为取得优质教学成果的教育主体团队提供红色文化资源科研经费的支持，从物质上激励、保障团队发展，推动质量更优、效果更强的桂北红色文化资源育人活动的创新与研发，树立了一批在思政课、红色文化资源教育课中取得显著成效的典型案例。在2023年全区高校"大思政课"教学改革优秀工作案例和示范课堂征集活动中，《"大思政课"实践教学的动力机制探索与实践——以桂林电子科技大学五届"大学生思政课社会实践优秀成果展示活动"为案例》荣获"大思政课"教学改革优秀工作案例二等奖，《走进山水龙胜感悟民族团结》荣获"大思政课"示范课堂本科组二等奖。

三是健全物质保障机制，夯实红色文化资源育人物质基础。在夯实红色文化资源育人物质基础方面，学校对一系列实效举措进行了探索。首先是坚持按标准配备思政课教师。学校严格按照教育部1∶350的配比要求设置思政专职教师，并实现职称评审单列。其次是配齐配强辅导员队伍。学校按照生师比不低于1∶200的比例要求设置专职辅导员和兼职辅导员，实现职称评审指标单列，岗位聘任实行职级制，聘请高级辅导员。另外，在经费保障方面，学校根据相关经费划拨办法全面保障教育主体的各项权益，鼓励思政课教师和辅导员积极配合、主动开展桂北红色文化资源育人工作，将桂北红色文化资源育人融入日常思想政治工作中，为桂北红色文化资源育人奠定了扎实的物质基础。

十六、西安交通大学构建教师教学发展体系，锻造"四有"好老师

西安交通大学秉承薪火相传的精神，注重锻造党和人民满意的"四有"好老师。

一是传承"坚持党的领导、建设好教师队伍"的宝贵经验，开展"走中国青年知识分子成长的正确道路"、新时代"大先生"讲坛等活动，发挥国家级教师教学发展中心作用，构建"五阶段递进式"教师教学培养体系，提高教书育人能力。

二是夯实教师立德树人第一责任。学校制定"八要十不准"师德准则，构建三级教学督导体系，坚守"课比天大"原则，坚持院士给本科生授课，所有教授担任本科生导师，撰写学科史、专业史，引导教师与国家发展同向同行，通过言传身教激发学生热爱专业、关注前沿的热情。

三是做好传帮带，打造西迁新传人。学校设立"西迁纪念日"，开展"领军学者谈教学""名师示范课堂""师德师风教育月"系列活动，实施青年教师导师制，培育出"全国黄大年式教师团队""最美科技工作者"等一大批西迁榜样。

十七、深圳大学将"良心活"变为"内心活"，以文化引领实现教师心态转变

深圳大学紧紧围绕立德树人根本任务，以习近平新时代中国特色社会主义思想为指导，遵循大学生的成长规律，匠心打造新时代校园"红色学府"，传承红色基因，培育时代新人，为引领推进红色文化融入思想政治教育工作提供鲜活实践案例。

一是建设高水平教师队伍，厚植家国情怀。学校落实教育部《关于加强和改进新时代师德师风建设的意见》，构建全校齐抓教师思想政治素质的工作体系，出台学校《教职工政治理论学习办法》，充分发挥院士、国家各类人才、文化名家、教学名师等的示范带头作用，凝聚教师育人共识，使教师牢记为党育人、为国育才的初心使命。

二是强化师德养成，加强教师道德自律。学校落实《新时代高校教师职业行为十项准则》，出台《深圳大学师德考核实施办法》，严格实行师德"一票否决制"，加大对失德教师的惩戒力度，推动师德建设常态化。

三是构筑长效机制，提升教师对红色文化的认识水平，做到"学高为师"。学校将学习和宣传红色文化融入教师集中教育和日常培训，培养一批在红色文化育人实践中业务精湛、能力高超、情怀深厚的"大先生"。

第二节　党团支部建设篇

一名党员就是一面旗帜，一个支部就是一个堡垒。将红色文化资源有效融入高校党团支部建设，对于提高高校党团支部的凝聚力、向心力、战斗力，加强和改进高校党团支部建设工作水平等具有积极作用。当前，各高校在利用红色文化资源加强党团支部建设过程中，创造性的做法主要如下。

一、西北农林科技大学打造红色党课"讲学自助"工程，用红色资源做出"风味菜"

西北农林科技大学充分发挥样板党支部在红色文化的挖掘、传承和发扬中的思想政治教育功能。学校以入党鉴优为动力，以党团共育为载体，着力打造红色党课"讲学自助"工程、红色印记"岁月寻访"工程、红色品牌"价值塑造"工程、红色先锋"成长蓄能"工程、红色标尺"行为丈量"工程，将红色文化资源转化为思想政治教育资源，构建"五位一体"红色文化育人体系。

学校打造的红色党课"讲学自助"工程极具特色，让理论学习走深走实、有滋有味，进一步提升了理论学习的质效。具体做法：以党员为主体、以党史为主线、以"初心使命担当"为主题，每月一期，每期不超过30分钟，以微言传大义的形式授课。一是以学促讲，将马克思主义中国化最新理论成果作为备课基础，通过学讲话、学纪律、学文件、学经典、学时政、学专业的"六学制度"，安排有清单、活动有方案、参加有签到、交流有材料、学习有记录的"五有标准"和每周一次理论学习、每月一次集体研讨、每季一次成果展示、每年一次学习总结的"四一行动"，让理论学习有组织、有内涵、有实效；二是以讲促学，将"四史"作为授课主线，按照"党支部制订授课计划、党员自选授课题目、专人把关授课内容"的原则，采取"台上讲授＋线上展播"的形式，通过党支部党员互讲、研究生党员给本科生讲、本科高年级党员给低年级学生讲、退休老党员给青年师生党员讲，让学生在备课、授课、看课、听课中长知识、受教育、练本领。目前学校已讲授并录制《"红"扬党魂　"船"承精神》《春天里的"信仰"故事》《山间巨变的人间奇迹》等红色党课视频25期。

二、河北经贸大学打造以艺术党课为载体的红色文化浸润工程

河北经贸大学以历次主题教育为契机,充分发挥艺术专业校本资源优势,打造以艺术党课为载体的红色文化浸润工程,用艺术教育形式赓续红色血脉、传承红色基因。学校对艺术党课在内容上进行了精心设计,按照历次主题教育的总要求,结合高校思想政治工作面临的新形势,结合重大节点、重大事件,明确主题。截至目前,学校已经推出多期艺术党课,分别为:"担当新使命、开启新征程""知四史、守初心、担使命""团结就是力量""《白毛女》""唱支山歌给党听""永远跟党走"等。此外,学校根据主题创作编排与之相契合的红色艺术作品,通过对作品的可视化呈现与艺术化表达,让广大党员在感受艺术美的同时,也感悟中国共产党的精神伟力。

近年来,艺术党课"行走"在校内外系列主题教育中,吸引了千余名师生参与,先后受到新华网、学习强国 App、《河北日报》等媒体的关注报道。2021 年,《中国教育报》头版以《用行走的艺术党课丈量青春》为题对艺术党课进行专题报道,网络点击量突破 200 万次。2023 年,艺术党课获得河北省党建工作案例一等奖。

三、中南林业科技大学坚持"红""绿"融合,"全方位"赋能驱动党团员实践创新能力

中南林业科技大学地处红色文化资源丰富的湖南省。学校注重结合自身农林专业学科特色,将"红色"教育与"绿色"理念融合、贯通,精心打造精品专题微党课、微团课,开展党团员的学习教育,让农林学子感悟有高度的红色文化。

一是开设"中国林业精神"特色课程,讲述塞罕坝精神、原山精神、右玉精神、大兴安岭精神等,以及一系列共产党员带领群众致力于祖国生态文明建设的事迹,从林业精神拓展到共产党员的先锋模范作用,再挖掘林区所在地的红色故事,以点带面带动广大师生学习红色故事。

二是组织师生开展"习近平总书记的生态足迹""绿水青山就是金山银山"等主题的微党课、微团课,定期通过"三会一课"、主题党日活动、宣讲报告会等形式开展学习,组织党课、团课学习 100 余场,覆盖师生上万人;打造精品团课"总书记的生态足迹",并将其作为学校团校课程,覆盖师生 3000 余人。

四、西安财经大学抓好"四个融入",用延安精神铸魂育人

西安财经大学立足办学特色,凝练红色基因内涵,把延安精神融入大学精神文化体系。学校坚持"对青年的思想引领是共青团组织存在的基础",始终将思想引领工作作为重点来落实开展。

学校在党团支部建设过程中,严格落实党课、团课、"青马微课堂"等"规定动作",将延安精神融入党团课学习,每学期针对入党积极分子、发展对象、预备党员组织开展相关主题党课培训;深入开展团员和青年主题教育,组织开展"砥砺奋进正青春""百年恰是风华正茂"等主题高质量团课,累计开展14季"青马微课堂"暨"青马工程"星火班,每季分为4讲,围绕"学党史,话人普,做新人""汲取伟大建党精神磅礴伟力,奋进青年学生向上向好新征程""坚定理想信念,提高政治三力""劈风斩浪,行稳致远""我心向党,初心永挚"等主题进行一系列团课学习,参与学习活动人数超过3万人次;多措并举强化青年思想政治引领,校院两级团委多方协同开展团员教育培养工作,打造特色品牌活动。

五、东北林业大学以鹤魂传承东林魂,用"鹤魂"精神开展党团员学习教育

东北林业大学在长期的办学实践中积淀了丰富的红色文化资源,形成了厚重的东林精神谱系。校团委以新中国首位环保烈士、东北林业大学校友徐秀娟的英雄故事为素材,长期深入开展"鹤魂"精神传承的实践活动。

学校常态化开展主题团日活动。学校利用清明节、志愿者日等重要时间节点,组织开展主题团日活动,通过重温入团誓词、诗歌朗诵、敬献鲜花等形式,诉说广大团员青年对徐秀娟烈士的深切缅怀和传承"鹤魂"精神的坚定决心,进而鼓励团员青年以实际行动践行"鹤魂"精神,为筑牢生态屏障贡献力量。

六、遵义师范学院打造"一站式""红青"社区,助力培育新时代"红心"青年

遵义师范学院党委牢记习近平总书记"传承红色基因,讲好遵义故事"的殷切嘱托,

高度重视育人工作，认真思考谋划。校党委书记、校长亲自上党课，让学生接受红色文化熏陶。学校成立红色文化建设工作领导小组，深挖遵义红色文化资源，建立遵义师范学院红色文化校史馆，同时将长征精神、遵义会议精神渗透到教学科研、学科建设、课程设置、学生培养、校园文化等方面，构建全方位育人体系。在党团组织建设中，学校充分利用地方红色文化资源优势，以党建带团建，以地方红色文化资源为载体，开展大学生党团员的教育培养工作。

一是在每学期的党校和业余团校课程中，都会将长征精神、遵义会议精神作为必修内容，对学生党团员进行红色文化教育；每逢党的重大节日或者纪念活动等重要时间节点，都有红色文化的渗透；每学期都组织党团员到遵义会议会址、娄山关战斗遗址、四渡赤水纪念馆等教育基地开展沉浸式主题党日活动或团日活动。

二是打造"一站式""红青"社区，辅导员下沉，打通服务学生的"最后一公里"，做到思想解惑、学生解困、就业解忧、生活解难、心理解压，创建学习型、平安型、活力型、创新创业型、美丽型社区。《"红青"社区擦亮红色底色，谱写遵师'三全育人'新篇章》工作案例在全国高校思想政治工作网"一站式"学生社区云平台进行成果展示。

七、北京语言大学跨界联学做示范、党支部共建促发展，激发党建新活力

北京语言大学充分发挥学校与专业优势，通过与中国音乐学院、香山公园等单位的跨界合作，开展文化理论联学共建活动，拓宽学习视野，增强学习实效。学校与香山公园党委建立了共建关系，采用"以老带新、以讲促学"的模式，由党支部党员、预备党员担任小组长，带头参与活动，逐步将参与范围扩大到积极分子与新一批入党申请人。2023年，学校组织师生党员、团员到香山革命纪念地实地研学，设置"党史知识互动答题"活动，让师生党员在研学中思考领会；组织代表参与"纪念中共中央进驻香山74周年"主题活动、"走进革命旧址 阅读红色文化"红色书籍阅读活动，感悟中共中央在香山时期的壮阔历史和伟大精神，挖掘红色文化内涵。学生党员以活动为契机，与党的二十大代表、金牌讲解员贾莉老师一同朗诵红色诗歌，高唱《歌唱祖国》，向党的二十大代表学习榜样精神，积蓄奋斗力量。

八、中国农业大学开展"红色1+1"党建共建活动，首创全国学生党建工作新模式

中国农业大学自 2004 年起就在全国率先发起"红色 1+1"党建共建活动，组织学生党支部与北京农村基层党支部结对共建，这是全国首创的学生党建工作新模式。学校将其推广成北京高校党建品牌活动。学校 200 余个本科生党支部，先后与农村、社区、企业等基层党支部开展共建，围绕脱贫攻坚、乡村振兴、助力冬奥、服务首都 4 个中心主题共建 258 个示范项目，开展理论宣讲、扶残助老、科技推广、文化普及、街区治理等活动 900 余次，活动涉及北京市、天津市、河北省、吉林省等 8 个省区市，覆盖北京 90% 以上的区县，涉及 150 个乡镇。

九、广州中医药大学坚持杏林燕帽红，党建引领育人，打造"三全育人"品牌项目

广州中医药大学坚持以红色文化资源引领党团建设，遵循思想政治教育工作规律、高等教育教学规律、大学生成长成才规律，持续长效开展育人工作，建立"党建+思政"育人模式。

一是构建党建育人品牌，通过"教学相长锻党性，思想引领传国情"品牌建设，遴选优秀港澳台学生参加教工党支部党建活动，使其耳濡目染夯实信念之基、补足精神之钙。

二是打造优秀主题党日育人平台，以"中国援外医疗队派遣 60 周年"为契机开展"一株青蒿感受济世情怀"主题党日活动，组织 30 名港澳台学生与党员教师在药王山上种植青蒿，破译青蒿"密码"，聆听援外医疗队救死扶伤的事迹。活动被《中国中医药报》等 8 家媒体专题报道。

三是推动建设党员师生与港澳台学生"结对子"工程，形成育人合力。学校遴选思想素质过硬、专业成绩优异的内地党员学生，以"2 名港澳台学生＋2 名内地学生"的形式同住，通过多交益友实现潜移默化的影响，这一工程得到中央广播电视总台《新闻联播》的关注和报道。

十、河北师范大学狠抓"固本强基",重抓"凝心铸魂",强抓"学习教育",探索"四工程"理论学习机制

河北师范大学坚持以习近平新时代中国特色社会主义思想为指导,狠抓"固本强基",重抓"凝心铸魂",强抓"学习教育",积极探索"五维度四工程"学习机制,弘扬红色基因,赓续精神血脉。

第一,开展"头雁领学工程",领导班子、党委委员、党支部书记带头学,先进典型引领学,从精神传承中汲取砥砺奋进的力量。第二,开展"飞燕讲学工程",举办优秀党员代表讲解的"微党课"和"学生党员讲党课""党史故事我来讲"等讲学活动,分享党史党史故事,进一步宣传党的创新理论,深化学习效果。第三,开展"横纵联学工程",横向联学扩大学习外在影响力,与正定塔元庄党支部、马克思主义学院、河北医科大学基础医学院、民建河北师范大学党支部、民建长安二支部和河北小五台山国家自然保护区杨家坪管理区党支部联合共建,与北京师范大学等28家全国师范类高校党委签订党建共建协议。纵向联学强化学习内在协作力,在校内,师生联合党支部与本科生各党支部对接开展联学,研究生党员带动本科生党员开展联学,进一步扩大联学成效。2023年,学校举办全国师范类高校生命科学学科建设与党建工作研讨会,围绕"全国党建标杆院系、样板支部"进行经验交流,群策群力共促高校"一融双高"建设,资源共享、优势互补,助力高质量党建促进高质量发展。第四,开展"红色研学工程",学校组织党员开展"传承红色精神,聚力再建新功""追寻习近平总书记足迹"研学活动,赴革命圣地西柏坡、红旗渠、涉县129师司令部、江西井冈山、石家庄平山李家庄中央统战部旧址、正定塔元庄等地,开展沉浸式学习,感悟革命先烈英雄事迹,回顾党的历史,缅怀革命先烈,重温理想信念,学习传承党的艰苦奋斗的精神,汲取党史力量,践行初心使命,厚植家国情怀。

十一、江西科技师范大学创建"红五星"党建品牌,构建"红五星"育人矩阵

江西科技师范大学注重强化党建引领作用,凸显红色意蕴,创建了"红五星"党建品牌。学校充分依托"军旗升起的地方"这一地缘优势,发挥"中国共产党建军精神研究"

的理论优势,凝练全校红色文化资源育人理论成果和实践经验,在广泛征求意见、开展实践调研、组织专家论证等基础上,以中国工农红军帽子上的"红五星"为精神标识,打造"红五星"党建品牌。

一是开展中国共产党建军精神、井冈山精神研究等,丰富"红五星"的内涵和外延;二是深入推进"时代新人铸魂工程"、"大思政"育人格局和"十育人"体系,构建"红五星"育人矩阵;三是组织青年学子论坛、研究工作坊、学术沙龙、专家讲座等,打造"红五星"讲坛。

另外,学校注重推动专业课与党团课协同育人,通过精心设计方案,切实将红色文化融入党员、团员主题教育之中。学校学习贯彻党的二十大精神党员轮训工作受到江西省委教育工委的高度肯定,软件动漫学院学生第一党支部入选第三批"全国党建工作样板支部"培育创建单位等。

十二、海南大学开展联合阵地、多元融合,打造"青梨党建"红色育人品牌

海南大学以"青梨派"试点建设为契机,强化党建引领,以弘扬中国共产党人的精神谱系为抓手,聚焦青年成长,线上线下同频共振,系统打造"青梨党建"红色育人品牌,不断增强"青梨派"品牌影响力和学生喜爱度。主要做法如下:

一是发动青年,精心组建"青梨"宣讲团。"青梨"宣讲团围绕党的理论、路线、方针政策以及社会热点展开学习与宣讲,将"课堂式"宣讲、"示范性"宣讲、"五进"宣讲和线上宣讲模式相结合,着力掀起学习热潮。宣讲团成员每月开展集体备课会、试讲会,已形成"习近平外交思想""习近平生态文明思想""中国式现代化""习近平总书记考察海南重要讲话精神""载人航天精神""海大精神"等12个主题宣讲作品,面向学校各班级、党支部等开展理论宣讲46场,覆盖人数达2500人。"青梨"宣讲团相关活动先后获新华社海南频道、全国易班中心头条等权威媒体报道。

二是感召青年,创意开设"'青梨'微课堂"。学校依托"海大易班"微信公众号,开设"'青梨'微课堂",同时在"海大易班"微信公众号、海南大学易班——"青梨派"哔哩哔哩平台等发布《青梨微课堂 | 入党启蒙教育——大学生发展党员工作流程讲解》《青梨微课堂 | 毕业了!当兵去》《青梨微课堂 | 拒绝套代购 维护自贸港》《青梨微课堂 | 廉洁文化微视频〈选择〉》等原创作品。其中,《青梨微课堂 | 入党启蒙教育——大学生发展党员工作流程讲解》被中共海南省委教育工作委员会评为"2023年全省教育系统党员

教育电视课件优秀创意奖"。

三是引导青年，推出"青梨书囊"。海南大学易班设立专栏"青梨书囊"，沿着中国共产党人精神谱系，讲述党带领人民团结奋斗的历史故事，向学生推荐红色教育读本，大力传承与弘扬党的精神谱系，引导青年筑强根基、向上生长。

四是服务青年，倾情开通"青梨热线"。学校易班开设"青梨热线"，针对学生常见的入党等问题，精心编制相关推文，及时为学生答疑解惑。现已发布《青梨热线 | 预备党员是不是党员？》《青梨热线 | 如何理解党支部委员会的分工及职责》《青梨热线 | 佩戴党员徽章的正确方法与场合》等多篇推文。

十三、中国传媒大学发挥传媒专业所长，打造"读研播讲"党建工作品牌

中国传媒大学深度融合学校"播音主持"的专业特色，创新性地推出了"读研播讲"党建工作品牌、讲好"微党课"主题活动、"推普助力乡村振兴"暑期社会实践志愿服务活动等一体化的党建育人新模式。在2023年全党上下开展学习贯彻习近平新时代中国特色社会主义思想主题教育期间，学校紧紧围绕"读研播讲"4个锚定方向举办了有方向、有特色的党建活动。主要做法如下：

一是"读"。师生党员坚持读原著、学原文、悟原理，强读强记，常学常新，往深里走、往实里走、往心里走；把自己摆进去、把职责摆进去、把工作摆进去，做到学思用贯通、知信行统一。

二是"研"。师生党员深入基层一线进行调查研究，开展集中研讨和交流座谈。师生各自侧重不同方向，教工党员运用党的创新理论研究新情况、解决新问题，做到"有目标""有效果"；学生党员发掘党的红色基因，赓续红色血脉，传承伟大精神，做到"有案例""有特色"。

三是"播"。学校发挥专业特长，开展播音创作实践。党支部党员和入党积极分子先后参与录制了《习近平与大学生朋友们》有声书，并在"学习强国"App上展播；参与中国文明网《同学，你早！》栏目，录制习近平总书记系列重要讲话400余篇；参与新华社《新华通讯社90年90篇精品选》（有声版）录制；参与教育部语合中心汉语教育中文教材课文示范录音，面向海外展现播音学子专业风采。

四是"讲"。学校开展主题宣讲，通过精心创作的"微党课"作品，以青年化的视角和阐释方式，将党的理论创新成果以可视化的形式传播给广大青年。同时，学校还选拔了

一批优秀党员加入中国传媒大学"中传青年说"朋辈领学宣讲团,通过开展宣讲,实现朋辈引领,讲好"青言青语"。

十四、西安工程大学以"三心"工程为抓手,构建网格化公寓党建工作体系

西安工程大学将红色文化资源育人作为各党支部常规工作,与"三会一课"、主题党日活动、谈心谈话等党的组织生活制度紧密结合,通过发挥党支部的战斗堡垒作用,真正做到一名党员就是一面旗帜,营造浓厚的红色文化学习氛围。学校先后搭建了3类红色文化学习教育平台,强化学习教育载体。

一是组建红色班级,凝聚"上进之心"。学校以党员、入党积极分子、团员、学习困难学生等为主体,组建红色文化学习班,通过发挥红色文化资源的感召力和优秀学生的先锋模范作用,在培养更多优秀学生的同时,还能够影响、带动一部分学习困难学生,使其主动学习、走出困境、重获自信。该学习班目前已开办8期,培养学员400多人。

二是讲红色故事,凝聚"奉献之心"。学校通过创建"红色故事会"红色文化育人品牌,组织学生党员诵读《红星照耀中国》《梅岭三章》等红色经典书刊,讲述《毛泽东与黄炎培的"窑洞对"》《革命女英雄江姐》等红色故事93期,并录制成视频进一步推广,使红色文化"从书本上来,到学生中去",达到红色经典人人传诵的成效。

三是演红色剧目,凝聚"为民之心"。学校组织学生党员、入党积极分子,根据红色英雄人物、改革先锋、"时代楷模"等人物故事,自编自导自演《特级战斗英雄——黄继光》《戍边》等"红色小剧目",用情景剧的表演方式激发学生胸怀天下的家国情怀,使其在身临其境中涵养无私奉献的为民之心。

十五、大连海事大学探索打造"五航"红色文化党建育人品牌

大连海事大学在多年的教育实践中,探索打造了"五航"红色文化育人品牌,即"红色航运启航""红色党课领航""红色教师导航""红船实践远航""半军管护航",走出了一条具有海事教育特色的红色文化育人创新之路。学校的"红色党课领航"品牌极具特色,开拓了党建工作新思路。

学校首创"情景党课"组织育人模式,通过展示实物、图片、视频、场景、讲述等,

运用多媒体手段，声情并茂地叙述、点评人物和事件，潜移默化地把学生带入特定的情境，启发和引导思想共鸣。"情景党课"已成为学校近年来持续探索和完善的党员教育创新形式和组织育人创新模式。目前，学校已举办 4 届"情景党课"大赛，累计创作《信仰，一篇红色的诗章》等情景党课作品 87 部，遴选精品党课作品 28 部，在拓展党课创新载体、丰富党课教育形式、增强党课教育实效方面发挥了积极作用。

十六、嘉兴大学创建"2211"红色党建阵地，实现"党员之家"全覆盖

嘉兴大学充分发挥地方红色资源优势，把弘扬红船精神与党建工作相结合，全员协同推进红船育人。学校结合时代特点，以高质量党建引领高质量发展，大力弘扬红船精神，通过制度建设将弘扬红船精神融入立德树人全过程。学校始终把党的政治建设摆在首位，自觉肩负起中国革命红船启航地高校的政治担当，全力打造红船精神办学鲜明特色。学校创建"2211"红色党建阵地，实现"党员之家"在二级学院全覆盖，在有条件的二级学院建设"双带头人"党支部书记工作室；以全覆盖多层级的党建制度保障彰显红船精神的课程思政体系的高效育人，引导学生听党话、跟党走，全面助推学生成长成才。学校创建了 20 个可看、可听、可学的党建特色品牌，有入选"全国党建工作标杆院系"培育创建单位的二级党委 1 个、入选"全国党建工作样板支部"培育创建单位的基层党支部 2 个，不断擦亮着嘉兴大学红色文化育人的特色名片。

十七、广西工商职业技术学院探索"三融合"的党建工作模式——用实效擦亮基层党建的底色

广西工商职业技术学院以红色文化和民族文化资源为主体，进行契合新时代发展要求的创造性转化和创新性发展，精心打造红色山歌文化特色育人品牌，开创以"歌"立德、以"歌"铸魂、以"歌"化人的红色文化育人新形式。学校精心设计特色山歌党课，创新党的理论传播手段和话语方式，以红色山歌讲理论、传理论、用理论，将习近平新时代中国特色社会主义思想编成山歌，赋予新的时代内涵；推动新思想走进基层、深入人心、落地生根，让党的创新理论"飞入寻常百姓家"。结合党建工作，创新师生同讲一堂思政课的新形式，形成"山歌中唱党课，党课中有山歌"的新模式。同时组织师生到湘江战役旧

址、龙州起义旧址等地学习，收集原生态红色山歌 300 多首，创作红色山歌、案例并运用于理论宣讲，党员教育的吸引力显著增强。

十八、河北地质大学开展"学思践悟铸忠诚，挺膺担当建新功"系列活动

河北地质大学统筹全校力量，注重立足党史、革命精神和本地红色文化资源，不断充实育人内容，打造育人特色精品。学校将"青马工程"作为为党育人、为国育才的重要载体，推动塑造了一批在理论学习中掌握"经典"、在红色教育中体悟"初心"、在实践锻炼中担当"使命"的青年大学生政治骨干。2023 年 5 月和 10 月，学校组织召开了第八期"青马工程"培训及第九期"弘毅"团干部读书班培训，加强对学校团干部、团组织成员的思想教育培训，累计培训人数 500 余名。培训以"讲座教学＋读书分享＋实践活动"为基本形式，创新开展相关活动，举办"青马学员说""燕赵青年说"等青年风采展示活动，将"微党课"搬上讲台，现场讲理论、讲故事、悟实践，打造理论学习"微视域"。

第三节　数字化建设篇

当前，互联网、大数据、人工智能等数字技术不断更新迭代，借助数字化手段展示红色文化的精神内核，建设数字化的红色文化资源，对于优化红色文化传播、创新红色基因传承工作、推进红色文化保护传承发展迈上新台阶具有重大历史和现实意义。通过数字赋能充分挖掘红色文化资源，引导高校学生赓续红色血脉，全方位利用网络数字资源，以技术赋能协同推进"互联网＋红色文化资源"模式，与高校"大思政课"深度融合，全面促进红色文化资源与数字化教育技术的深度融合。

一、赣南师范大学创新打造"苏区红"数字资源库 激活"大思政课"新生态

随着数字时代的到来，如何将"家门口"的红色资源融入青年大学生的学习生活，成为高校推进红色基因传承的新课题。赣南师范大学围绕立德树人根本任务，不断完善定位、优化措施，推动红色文化育人工作效率提升、效果增强。2021年，学校着手建设"苏区红"数字资源库，持续运用数字技术对赣州各地的红色资源进行搜集整理和"两创"（推动中华优秀传统文化创造性转化和创新性发展）实践。目前，"苏区红"数字资源库集成红色课堂、红色记忆、红色艺术、红色研究、红色走读等5大类的图文、视（音）频资源5万余个，拥有在线用户2万余人，并立项为中国高等教育学会高校数字思政精品项目（第二批）。

学校利用数字化技术绘制红色展馆地图，并在数字地图上建构知识图谱，以此打破资源"孤岛"，创建"云游"场域和"云端"课堂，并指导思政课实践教学，打造了形式新颖的一线课堂。具体做法如下：

一是绘制数字地图。学校对各地红色展馆进行分类统计，在"苏区红"数字资源库中以县为单位绘制革命博物馆、纪念馆、党史馆、烈士陵园、革命遗址等数字地图，实现各地红色展馆（革命遗址）数字资源在一张地图上呈现、在一个端口上链接。

二是开展校馆合作。学校与中央革命根据地历史博物馆等红色展馆联合实施"跨越时空的对话"场域构建与资源开发，共同打造"革命文物里的苏区精神"等数字课程，并通

过"苏区红"数字资源库实现校馆数字平台内容共建、资源共享。

三是生成知识图谱。学校将红色展馆视频、图像和文本信息转化为结构化数据，建构红色展馆数字资源知识图谱，指引学生进行"云"端学习，为思政课和课程思政提供教学素材，实现红色展馆数字资源有效作用于"大思政课"建设。

四是赋能实践课堂。学校依托"我为红色展馆画数字地图"项目深化校馆合作，推进思政课大资源、大师资、大场域建设，打造红色展馆里的一线课堂：校馆连线"云游"课堂，让师生通过手机即可一键出发，在云端参观数字展馆、聆听数字课堂；红色走读"文创"课堂，组织师生沿着红色展馆数字地图开展一次实地走读、撰写一篇学习心得、采写一则红色故事、拍摄一组红色照片、讲述一堂红色微课，并举办"走读归来晒成果"线上展示活动，将师生实践形成的文创成果转化为共享数字资源；多师同堂"项链"课堂，整合红色展馆讲解员、研究员力量，形成校馆协同互补的"大师资"，采取同课异构、双师同堂、一课多师等方式，打造内容多维、形式多样、结构多层、意义多重的"大思政课"，促进校馆师资联动起来、思政课堂生动起来。

二、安徽师范大学"小课堂"联动"大课堂"，立足网络打造"智慧的思政课"

安徽师范大学不断创新红色文化资源育人的内容、形式、方法、载体等，一体推进"课堂教学＋校园活动＋社会实践＋网络教学""四位一体"的"四维思政课"协同建设，着力增强红色文化资源育人的吸引力与感染力、针对性和实效性。学校立足网络打造"智慧的思政课"，让红色课堂"火"起来。

此外，学校系统推进红色文化数字资源建设，与地理信息科学、物联网信息技术、艺术设计、新闻传播等专业融合，以"红色＋大数据""红色＋VR""红色＋新媒体"等手段，进一步实现红色文化资源的汇聚展示、数字管理、高效应用和共建共享，增强红色文化资源育人的吸引力和时代感。具体做法如下：

一是聚焦"红色＋大数据"，打造红色旅游"云地图"。学校师生立足旅游管理、地理信息科学等学科专业特色，采取"互联网＋地理信息＋红色旅游＋党史学习"模式，组织近百名师生围绕党的十八大以来习近平总书记亲自到访考察过的中共一大会址、井冈山、西柏坡等24个革命纪念地，撰写红色讲解词8万余字，录制红色讲解宣传片24个，创新研发出可在个人计算机（PC）端、移动端同时使用，集数字地图漫游、红色基地导览、总书记寄语学习、雷锋导游在线影音讲解、数字三维实景参观、卫星交通导航等内容于一体的"习近平总书记的红色足迹"红色旅游智慧"云地图",带动更多人线上游览红色足迹、云端开展党史学习教育,让师生足不出户沉浸式地体验学习,变"灌输学"为"沉浸学"。相关事迹被《中国教育报》《光明日报》《中国青年报》和中新网安徽等主流媒体宣传报道。

二是聚焦"红色+VR",创建红色基地"云展馆"。学校积极创新红色教育的网络育人载体,发挥学校计算机与信息科学技术、物联网工程等学科专业人才优势,组建180余名师生志愿者构成的团队,综合运用VR、Unity3D和流媒体、超高清等技术手段,累计构建模型2000余个,先后建成了嘉兴南湖红船、延安宝塔山、遵义会议纪念馆、红二十八军军政旧址纪念馆、芜湖烈士陵园、邓稼先生平纪念馆、王家坝抗洪纪念馆等多个VR红色纪念馆,内容紧扣中国共产党伟大建党精神的丰富内涵,串联百年党史的光辉历程,化学生兴趣为专业实践,化实体展馆为虚拟场景,将红色文化教育搬到"网上课堂",成功打造了顺应红色文化教育技术革新趋势、辐射带动校内师生和广大人民群众的红色教育VR基地,助力红色教育在广大人民群众中走深走实,累计网络浏览点击量150万余次,受众人数超过10万人次。王家坝抗洪纪念馆全景展馆项目荣获"全国大学生暑期实践项目TOP100",邓稼先生平纪念馆志愿服务团队入选2023年全国大学生"乡村振兴"志愿服务团队。

三是聚焦"红色+融媒体",实现红色精品"云"传播。以学校新闻与传播学院学生为代表的一批青年学子,依托自身学科专业知识,利用自身专业所长,立足青年学生视角,以短视频创作传播为主攻方向,结合新媒体传播规律,先后创作了《金寨映山红花海》《万佛湖山水画卷》《舒城水墨江山画卷》等多部反映中华优秀传统文化中人与自然和谐相处理念的优质作品以及聚焦红色文化的作品,被《人民日报》、新华社和央视新闻微博等多家主流媒体同步转载。这些青年学子受邀参与了央视新闻《中国一县》栏目和新华社音乐剧《万疆》的策划制作。他们用镜头讲好中国故事,传播好中国声音,展示真实、立体、全面的中国形象,推动红色文化更好地走向世界。

三、上海戏剧学院运用多媒体、融媒体,创造话剧新样式

上海戏剧学院构建大思政格局,形成以思政课为核心,以课程思政、教师思政和"戏剧+思政"为重点的内容体系,深入推进立德树人。学校通过"以重点提升思政课程质量""全面推进课程思政建设"等提升艺术人才培养质量,并不断深化"戏剧+思政"品牌效应,形成具有推荐高校特点的思政工作品牌。话剧《前哨》就是一项重要成果。

《前哨》以20世纪初至20世纪30年代风云激荡的社会为背景，展现了5位青年作家从不同的人生路径汇聚到上海，加入中国共产党，参加中国共产党领导的第一个文学组织——中国左翼作家联盟（以下简称"左联"），最终为理想和信仰献出年轻生命的感人革命事迹。

《前哨》通过套嵌式的"戏中戏"结构，设置了5位烈士所处的时代背景、剧本创作时的20世纪90年代和剧本排演时的当下这3个年代和时空，精心构筑3个不同时代青年人的跨时空对话。3个时空，3代青年整体的互动穿越，为观众搭建了不同的审美和想象空间。多重叙事和舞台手法的运用、情节场景的合理虚构，《前哨》用全新舞台呈现方式在纪实与虚构中传递革命精神。其通过多媒体的无限展现，突破舞台的有限空间和限制，将有限的舞台延伸到无限的空间，实现有限与无限的虚实交替，现实向历史的转换，场景切换迅速，手法简洁。如剧中舞台从多媒体视频向室内场景切换，室外的表现是事先录制的影片，而室内的场景则是舞台上正在发生的故事场景，这一场景通过数字技术实现虚实切换。直接用多媒体画面作为背景表现，或者用多媒体与实物桌椅等结合进行舞美表达，现代科技的融入给场景切换节省了时间，增加了整部话剧的流畅性和表达的深刻性，充分展现了当代学子对20世纪30年代左联进步青年壮烈理想的回望与对心灵世界的探索。

《前哨》成功融合电影、多媒体等多种媒介手段，在"戏"与"影"之间跨越，有效激活了青年观众对主旋律题材的共情、理解和认知。话剧突破传统演出的模式，打造全新的舞台演出风格，在影像创造（大量与时代背景、人物关系、情节发展相生发的多媒体和3节约10分钟以故事片标准拍摄的高清电影）上的大胆创新，以及100%的原创音乐，形成了戏剧和电影相结合的舞台呈现新方式。话剧深入挖掘了左联5位烈士事迹背后的精神逻辑，敏锐抓住烈士精神与当代精神的交汇点，对当代观众特别是青年观众理解左联、上海龙华在党史上的重要地位、共产主义信念的伟力、革命精神传承的意义有着重要启示作用，最终给社会各界尤其是青年群体带来巨大的情感冲击和价值影响。《前哨》以其强大的艺术感染力，以深入人心的"探讨式"而非"说教式"艺术呈现，引起了广大青年群体的共鸣。

四、井冈山大学演绎出火与热的红色经典——大型音乐舞蹈史诗《井冈山》

井冈山大学坚持引导和教育广大学生树立远大理想和坚定信念，努力将红色资源融入大学生教育教学的全过程，取得了显著的成果。学校创编的音乐舞蹈史诗《井冈山》，包括《序》《引兵井冈》《星火燎原》《伟大创新》《尾声》5 个部分共 20 多个歌唱、舞蹈、朗诵节目，以舞台表演的形式，真实再现了 1927 年 10 月至 1930 年 2 月间，毛泽东、朱德等老一辈无产阶级革命家创建井冈山革命根据地的艰苦卓绝的斗争史。

《井冈山》充满故事性的表演，将一个个历史人物塑造得立体丰满，让观众穿越时空，走进历史场景，完成了和历史人物的对话。这台演出融合了歌曲、舞蹈、朗诵、表演等各种艺术形式，通过声光电的艺术处理，成为一台非常通俗易懂的红色历史启蒙课，具有很强的艺术感染力，受到青年大学生、中小学生的喜爱。整场演出的道具、背景、音响、灯光、烟幕、特型化妆和字幕等工作，都由舞台保障部的同学承担。师生进行明确分工，实行科学化、精细化管理，由专人分别负责道具、字幕、背景、舞台监督、灯光音响等工作，制定了详细的工作流程。每一个细节的衔接，在时间上精确到秒，台前幕后全体师生的努力和坚守保证了每一场演出的成功。他们以传承和弘扬井冈山精神的使命感和责任感，克服种种困难，以高昂的斗志和良好的精神风貌，在《井冈山》的演绎中滋养精神、磨炼意志，践行和弘扬井冈山精神，演好《井冈山》，在安排紧凑、奔波数地的巡演活动中，向观众呈现了高质量、高能量的红色艺术盛宴。《井冈山》融思想性、艺术性和观赏性于一体，是一堂鲜活的思想政治课，对青少年坚定理想信念、增强文化自信、弘扬革命传统、传承红色基因具有非常重要的意义。

历时十余年的演绎打磨，大型音乐舞蹈史诗《井冈山》从井冈山演到了上海、北京、厦门等地，从校园演到了教育部、科技部，自 2006 年公演以来，累计演出 270 余场，观众达 32 万余人，共计 4000 余人次参与演出。一届又一届的大学生参与该剧演出，使该剧在全省乃至全国高校中有较大影响力，成为国内高校红色经典艺术教育的典型案例。《井冈山》先后获得全国高校校园文化创建优秀成果奖和江西省高校校园文化建设优秀成果一等奖，并被教育部、财政部评为"高等学校本科教学质量与教学改革工程"特色专业建设点项目，是中国井冈山干部学院常规教学剧目、江西省高雅艺术进校园精品剧目。

五、北京理工大学科技加持、打造沉浸式数字舞台剧《大道更光》

北京理工大学创排红色精品舞台剧《大道更光》，通过沉浸式数字表演，展现我国兵器科学事业重要奠基人徐更光院士波澜壮阔的一生，颂扬老一辈科学家爱党爱国、崇尚理想、艰苦奋斗、敬业奉献的精神和品格，将"延安根、军工魂、领军人"品格融入其中。学校通过高质量的文艺作品教育引导广大青年树立正确的世界观、人生观、价值观，到党和人民最需要的地方建功立业。舞台剧全部演员均由普通学生担任，在角色塑造和戏剧表演中，让红色基因、科学家精神在学生心中落地生根，帮助青年学生以自我学习教育的方式，将个人理想融入党和人民的事业，达到启智润心、转识成智、由智化行的育人效果。

2023年3月18日晚，《大道更光》在学校良乡校区沉浸式演出空间首演。舞台剧通过学校官方微信视频号、抖音、哔哩哔哩、"延河课堂"等平台进行直播，线上线下约8万名观众观看了演出。《大道更光》用青年学生听得懂、记得住、受鼓舞的平实话语和生动故事展现了我国国防科技工业体系从无到有、从小到大、从弱到强的沧桑巨变，增强了青年学生对党的二十大精神的政治认同、理论认同、情感认同。

在排演舞台剧《大道更光》的过程中，学校注重贴近青年学生熟悉的交互体验式沟通交流方式，积极探索数字化、智能化、混合式的戏剧观演互动模式。学校数字表演与仿真技术北京市重点实验室运用数字资产创作、数字人身份引入、虚拟交互机制、大规模即时云渲染等成熟的数字仿真、数字舞台与数字影像信息技术，推出大型沉浸式数字交互观演空间，在开放测试期间累计吸引登录人次逾15万，总阅读量突破1200万。以先进的数字排演VR技术打造智慧戏剧，帮助青年学生在观剧的同时，能够在宏大的模拟场景中获得更直观、沉浸式的学习体验，实现"知情意行"相统一，极大地提升了学习的实效性。

学校将舞台剧《大道更光》作为带领广大青年学生学习宣传贯彻党的二十大精神的重要载体，深化课内课外融合，构建学生团体学习模式。学校采取线上线下相结合的方式制作"云端舞台剧"，打造线上展演平台，把舞台剧转化为网络慕课资源；开展校内校外联合，将舞台剧作为常态化开展宣传思想工作的重要手段和创新载体，服务新生教育、毕业生教育等，并带领演出团队走出校门，在中国工程院等校外单位进行展演，反响强烈。

六、中国科学技术大学围绕科学家精神打造《永怀初心》等系列微电影

2023年，学校以习近平新时代中国特色社会主义思想为指导，运用已有的红色文化资源，引进优秀的红色文化创作人才，深入挖掘中国科大红色校史，在开学季、学期中、毕业季等重要时间节点，积极开展各类有温度、有高度、有深度的特色教育活动，在"三全育人"体系、"思政课程"建设、校园文化建设等方面都取得了明显成效。

一是充分把握重大活动契机，强化红色引领。在新生入学之际，中国科大以年级、班级为单位，举办各种形式的入学教育：组织新生学习习近平总书记关于中国科大系列重要指示精神；发放《百位著名科学家入党志愿书》《校训读本》等书籍；将观看"老一辈科

学家精神"系列微电影，教唱校歌、团歌等加入新生入学教育活动方案，采取领学、自学、师生交流等多种形式，强化"红色"引领。

学校举办 2023"永远科大人"毕业纪念系列活动，通过活动育人、典礼育人，为毕业生们奏响一曲动人的毕业骊歌，增强同学们爱国爱校荣校的理念。2023 年 6 月，学校召开 2023 届毕业生离校暨"我为母校建言献策"座谈会。会上，与会人员集中观看微电影《科学的春天》。该电影以郭沫若先生投身革命为切入点，讲述了中国科大首任校长郭沫若等老一辈科学家率领师生创立科大、勇于探索、献身科学、科教报国的先进事迹，展现了老一辈科学家科研报国、为党育人的家国情怀，激励着一代代中国科大人牢记"科教报国、追求卓越"的初心使命，坚持"红专并进，理实交融"的校训，奋力把红旗插上科学的高峰。

二是感知文化之力，讲好红色故事。2023 年，中国科大、新华网、新华社安徽分社策划推出微电影《人民的数学家》，并于 2023 年 12 月 28 日举行首映仪式，缅怀华罗庚等老一辈科学家为创立中国科大和推动学校发展所做出的卓越贡献。《人民的数学家》讲述了华罗庚以数学为基础辐射各个学科，从理论到实际，从教育到生产，将数学思维在学术领域、应用领域的成效发挥至最大，为新中国的建设以及数学、计算机人才培养做出卓越贡献的光辉事迹，展现了以华罗庚为代表的老一辈科学家的人民情怀。《人民的数学家》荣获北京国际电影节短视频单元娱乐类一等创优作品，并与《永怀初心》《月是故乡明》《科学之光》《永恒的东风》《科学的春天》[①]等 6 部系列微电影一起参加中国科协组织的 2024 年"光影科学梦"科幻科普科学家精神电影巡映活动。同时，学校成立了 8 个以老科学家名字命名的科技攻关突击队，在《中国科大教学评论》中发表老一辈科学家纪念专辑，举办钱学森、郭沫若、严济慈等老一辈科学家及中国科大与"两弹一星"等系列专题展，引导学生在爱国爱校教育中厚植家国情怀。

七、北京科技大学师生共同创作微电影《粉笔印》，上好行走的"大思政课"

北京科技大学坚持思政工作规律和学生成长规律，形成"课堂实践""校园实践""社

[①] 微电影《永怀初心》荣获第八届亚洲微电影艺术节好作品奖，《月是故乡明》荣获第四届中国红色微电影盛典"最佳微电影"奖，《科学之光》入围第十二届北京国际电影节短视频单元"最具社会影响力作品"，《永恒的东风》荣获第十三届北京国际电影节短视频单元"年度特别关注短剧"，《科学的春天》荣获中国科协"风启学林"年度风云榜优秀传播作品奖。

会实践""三位一体"的链条化、阶梯化育人机制,实现不同类别实践项目的整体设计和有效衔接。

一是创设教学情境,注重课堂教学实践。学校借助数字工具营造课堂良好氛围,为思政课教学提供全新互动方式和情感体验,有效增强教学的生动性、实效性。在教学实践中,思政课教师注重通过创作红色微电影、思政脱口秀、虚拟现实体验、话剧角色扮演等多样化形式推动学生互动,通过数字手段的呈现,从静态的图片变成动态的画面,从无声的文字变成有声的语音,激发学生兴趣,让他们对经典理论思想、红色历史文化、当代发展现实进行主动探索。学校将理论知识和案例解析相结合,通过校园访谈、校园微调查、课堂情景剧、微电影等学生喜闻乐见的形式,启发学生深化对理论知识的理解认同,打造一批线上线下结合、理论实践一体的沉浸式立体课堂。在虚拟实践方面,学校通过慕课教学、VR技术等丰富课堂教学方式,不断提高思政课的针对性和吸引力。

二是建立数字教学平台,实现"大思政课"的资源共享。师生围绕思政课教学内容创作微电影、动漫、音乐、短视频等数字化教学资源,通过在线慕课、直播课程、专题研讨、同课异构等方式进行协同备课、经验共享,不断推动教学资源的传播更新与信息交互。教师可以随时调用各类视频信息和网络数据,打造实时共享、身临其境的课堂场景。在互动模式上,思政课教师通过充分运用慕课、直播、短视频等方式,让课程中的理论思想"活"起来、人物事件"动"起来、历史文化"亮"起来,不断增强思政课程的亲和力和感染力。目前,学校有国家精品(一流)本科思政课程4门,建设了全国首家"数字马院"平台。同时,学校也培育了一批学生实践作品:228名学生结合专业知识对中国古代钢铁文化遗产保存现状进行调查和研究,汇总整理原始数据并出版发行《寻铁记》一书;学生调研论文《中国革命精神的当代价值及实现路径研究》荣获首都高校思政理论课社会实践优秀论文"特等奖";纪录片《粉笔印》荣获国际新媒体节最佳导演奖、首都"中国梦微电影拍摄计划"十强作品。

三是重视实践导向,传承红色精神。学校以"为国奉献筑新程,钢筋铁骨育新人"为主题,在每年寒暑假组织学生、实践团走进乡土中国、行业一线,上好行走的"大思政课"。2023年,北京科技大学组织开展学生暑期社会实践,4000余名师生、400余支实践团队奔赴全国各地,以"实践绘就最美青春——为国奉献筑新程,钢筋铁骨育新人"为主题,开展了"钢铁脊梁助力乡村振兴""求实鼎新服务首都发展""满井青年红色寻访与理论宣讲""钢筋铁骨青年成长成才"4大专项行动和"学思践悟《习近平与大学生朋友们》,上好行走的'大思政课'"特色活动。实践团队累计开展调研、访谈10万余次,寻访红色文化、传统文化1500余次,举办宣讲会1000余场,进行公益服务3000余次,支教时长20 000余小时,形成科技发明168个、调研报告500余份,拍摄制作微电影(视频)750

余部。2023年，学校获评"全国暑期实践大学TOP10——最佳实践大学"，全国"三下乡"社会实践"镜头中的三下乡"优秀组织单位等，实践团队累计入选省部级以上重点（优秀）团队120余次，实践事迹被人民网、新华网、央视网、中国青年网、《新京报》等省级及以上媒体报道150余次，学校收到了100余家实践单位的感谢信。

八、大连交通大学通过录制"红色印记"接力宣讲短视频，培养又红又专的"网络短视频制作专家"

大连交通大学开展"红色印记"接力宣讲活动，将红色文化融入思想政治理论课程，以短视频激活红色文化，以契合现代审美的形式生动立体地再现红色历史，将抽象的红色文化理念转化为具象、可感知的视听宣讲内容，通过学校媒体平台向学生传播分享。学校将短视频作为开展青年思政教育的新形式之一，使青年思政教育得以由线下转为线上。短视频作为一种新的传播媒介，具有承载性、中介性、技术性和可控性等显著特征，成为学校青年思政教育工作的新阵地。

在新时代背景下，高校辅导员作为青年学生思想政治工作的"主力军"，承担着引导学生坚定理想信念、树立正确价值观的重要任务。大连交通大学将"短视频+红色文化"与大学生思想政治教育进行有机融合，搭建育人理论教育新方法，让短视频的内容既具有深度又具有可接受度，通过制作与宣传党史相关的理论宣传短视频，利用红色文化资源育人取得显著成效。

学校结合青年学生的兴趣点和时代特点，选取具有代表性和感染力的党史故事和红色文化资源，进行内容策划和创意构思。其精选宣讲内容包括：党的光辉历程，回顾党的奋斗历程，讲述党的光辉业绩，让青年了解党的历史地位和伟大成就；革命先烈的英勇事迹，讲述革命先烈的英勇事迹，传承他们的革命精神，激发青年的爱国热情；党的创新理论，如习近平新时代中国特色社会主义思想，引导青年树立正确的世界观、人生观和价值观。

"红色印记"接力宣讲活动推出以来，共计录制18期，阅读量达到5.4万人次，内容依托红色遗产、红色档案及红色故事，包括一些革命圣地，如井冈山、延安、遵义等，这些红色文化资源都承载着优秀的革命传统和宝贵的红色精神。学校充分利用VR等技术，打造红色文化展现、体验、传承的全新模式。此外，学校还借助云存储技术，实现红色文化资源的分布式存储，通过物联网系统广泛传播多种虚拟化红色文化资源；根据群众认知习惯开展红色文化资源服务，一对一帮助高校青年学生了解革命故事、体验革命斗争、感

悟红色文化。为了培养一批具有崇高思想觉悟、扎实艺术功底的懂传播、会推广的又红又专的"网络短视频制作专家",学校加强了思想政治教育的理念创新、手段创新和基层工作创新,以互联网思维推动传统媒介与新媒介的融合发展。学校通过培养红色文化网络短视频创作人才,推动高校大学生思想政治教育工作与日常网络短视频艺术创作深度融合,大力宣传红色文化,增强红色文化的感染力、号召力、传播力和影响力。

九、海南大学打造理论宣讲抖音视频号"了不起的共产党"

海南大学认真学习贯彻习近平文化思想,充分用好习近平总书记4次视察海南的系列重要讲话和重要指示批示精神,用好海南红色文化资源和海南大学校史等丰富资源,深入挖掘其中蕴含的育人要素,把握青年学生的思想特点和成长规律,使红色成为立德树人的鲜亮底色,形成具有海大特色的思政工作新局面。

一是将红色文化融入课堂教学。学校充分运用好课堂教学主渠道,将红色文化教育融入课程体系之中,纳入人才培养方案之中,在强化思政课程群建设、凝练特色思政课程教学内容、加强课程思政建设的同时,开辟网络课堂新阵地,形成立体式、特色化的红色文化课程体系;深度整合学科、海南红色文化等资源,成功打造一批覆盖面广、影响力大的网络思政平台,其中理论宣讲抖音视频号"了不起的共产党",累计录制了包含李硕勋、王文明、王国兴等琼崖革命先辈故事的系列短视频600余期,累计点击量破亿、点赞量超190万,视频号粉丝超30万。

二是将红色文化融入理论宣讲。学校坚持学思用贯通、知信行统一,成立多支宣讲队伍,围绕党的创新理论、习近平总书记关于海南的系列重要讲话和重要指示批示精神、海南红色文化资源和海南大学校史等内容,让"关键少数"带头讲、专家学者深入讲、青年学生广泛讲、退休老党员亲身讲,用通俗易懂的语言、深入浅出的表达、喜闻乐见的形式,通过理论宣讲推动红色文化往深里走、往心里走、往实里走。由此,学校制作了一批高质量网络宣讲视频,其中《筑梦青年说——我与航天共成长》获评中宣部2023年度"优秀理论宣讲微视频",《国际青年说——"骑楼老街"》等短视频作品得到了中央广播电视总台国际在线频道、"中青报"App、"学习强国"App等媒体首播。2023年,学校各类宣讲团以"线上线下+校内校外"相结合的方式开展各类宣讲累计超过150场,线下覆盖人数3万人次,线上覆盖80万人次。

三是将红色文化融入研究阐释。学校发挥学科和平台优势,深入开展琼崖红色文化研究,推出高水平研究成果,努力打造研究阐释品牌,进一步发挥革命精神和红色文化资源的资政育人作用；开展"习近平海南足迹"数据库建设、海南省新时代红色地标勘查，现已采访了"七一勋章"获得者、琼海市潭门镇潭门村党支部书记王书茂等20余人，收集了一批图片、视频等红色文化资源，陆续打造了与具有海南地域特色的"琼崖革命第一人"王文明、"南天一柱"冯白驹、"红色娘子军"等相关的一批高水平视频、微电影；开展"海南省抗美援朝战争口述资料采录与整理"工作，真实展现海南省抗美援朝老战士的战斗经历、人生感悟和精神风貌，充分发挥抗美援朝战争口述资料库的育人功能。

十、重庆医科大学推出《向西而歌》短视频等力作，传承西迁精神

重庆医科大学（以下简称"重医"）创校历史中蕴含着丰富的红色文化资源，构成了学校文化育人的"红色"底色，成为学校进行思想政治教育、落实立德树人根本任务、厚植师生爱国主义情怀的重要素材和主要抓手。学校已逐步形成多方位、多形式、多层次的西迁精神品牌特色和西迁文化品牌矩阵。

一是挖掘梳理西迁历史资料，厘清西迁精神传承要点。2021年9月，西迁精神被纳入中国共产党人精神谱系，诠释了"爱党、报国、为民"的深刻内涵。学校成立专班开展西迁史料研究工作，收集整理各类史料文物1100余件；访谈西迁专家及其亲属、同事等100余人，形成口述实录100余万字，录制口述视频32集；组织人员在学校档案馆、各附属医院档案馆完成200余位西迁专家的档案信息查询和整理录入工作，建立了西迁专家电子档案，初步完善西迁人物基本信息，同时建立了西迁史料图文数字资料库，为西迁历史文化的挖掘提供了重要基础，为宏大叙事提供了大量真实客观、鲜活饱满、有据可查的史料。

二是全面展示西迁创校历史，开展西迁精神宣传教育。学校将西迁精神纳入课程思政，融入第二课堂，通过短视频、广播剧、主题展、报告会等线上线下多种方式和途径进行传播，以学生喜闻乐见的方式开展宣传，让社会主义核心价值观以润物细无声的方式进头脑、入人心。学校与复旦大学上海医学院联合举办"弦歌西进——上医重医西迁精神主题展览"；在市委组织部的指导下，历时数月倾力打造一支高水平西迁精神宣讲团，讲述西迁故事，宣传西迁精神；在学校网站和官方微信公众号上开设校史专栏。学校在"重医春秋"专栏刊发校史宣传文章30余篇，约25万字，多篇文章被媒体转发；在"西迁口述实录"专栏发布视频20余期。学校还充分利用新中国成立70周年、中国共产党成立100周年等重要时间节点，广泛宣传西迁精神，并结合重大主题，展示学校创建发展历程和"重医人"的奋斗故事。

三是推出一批西迁精神精品力作。第一，拍摄西迁创校历史纪录片《向西而歌》。这是学校首次以纪录片的形式完整回顾学校建校历程，历经20余稿的脚本创作，拍摄辗转沪渝两地，深入访谈40余位健在的西迁前辈、西迁后代及校友等相关人物，历时半年完成，时长50分钟。影片在《重庆日报》平台上全片发布，引发热议。该纪录片获2022年全国人才工作新闻摄影暨短视频比赛一等奖。第二，编撰西迁人物传记图书《向西而歌：400位上医人西迁重庆的故事》。2023年，新书发布暨西迁浮雕揭幕仪式被新华网、中国教育电视台、"学习强国"App、中国新闻网、《重庆日报》等20余家媒体报道，入选央视2023年度"十大好书"，并在中央电视台《读书》栏目播出。

学校深入挖掘西迁历史，传承西迁精神，赓续红色基因，得到学校师生的高度认同和广泛参与。西迁精神主题系列线下活动，覆盖师生9万余人次；线上观看西迁精神宣讲团等西迁精神传承系列直播活动，覆盖人群30万余人次；线上阅读、观看"重医春秋"专栏、"西迁口述实录"、校史宣传专题片、纪录片等西迁文化、红色文化作品，阅读量达100余万人次。西迁精神的红色基因在重医师生员工心中埋下信仰的种子，新时代重医人积极投身于脱贫攻坚、乡村振兴、抗击疫情、帮扶凉山卫校、援藏、援外、对口支援新疆第二医学院等伟大事业中，涌现出全国脱贫攻坚先进个人、南丁格尔奖章获得者、感动重庆年度人物等一大批先进模范人物。学校连续28年帮扶凉山卫生学校建设，被评为第十批"全国民族团结进步示范学校"。

附录
2023年高校红色文化资源育人重要学术会议和主要研究成果

一、重要学术会议

1. "新时代红色文化的理论与实践"学术研讨会，黑龙江，2023年1月。
2. 第十届抗日战争史青年学者研讨会，北京，2023年4月。
3. 第一届"中共组织建设史青年学者论坛"，江苏，2023年4月。
4. 第四届全国党史和文献论坛，河南，2023年4月。
5. 纪念井冈山胜利会师95周年全国理论研讨会，江西，2023年4月。
6. "传承红色基因·赓续红色血脉"红色文化传承与创新发展座谈会，贵州，2023年4月。
7. "中国工农红军长征胜利与山城堡战役"学术研讨会，甘肃，2023年5月。
8. 红色文旅发展与中国式现代化专题研讨会，江西，2023年5月。
9. "红色资源及展陈场馆赋能思政课改革与实践"学术研讨会，浙江，2023年5月。
10. 研究生党建思政工作研讨会（2023），四川，2023年6月。
11. "革命文物保护与利用研讨会"暨河北省革命文物保护利用联盟成立大会，河北，2023年6月。
12. 红色基因融入高校思政课学术研讨会，上海，2023年6月。
13. 第四届"红色文化传播 红色基因传承"学术研讨会，山东，2023年6月。
14. 第二届北大红楼与伟大建党精神学术研讨活动，北京，2023年6月。
15. 冀鲁豫伟大建党精神暨七师红色文化理论研讨会，河北，2023年6月。
16. "大思政课"实践教学协作共同体成立大会暨"弘扬长征精神 讲好新时代思政'金课'"主题研讨会，江西，2023年6月。
17. "中国式现代化与红色基因传承研究"学术研讨会，江西，2023年7月。
18. 第三届中共党史党建学研讨会暨《中共党史党建研究年度报告（2022）》出版座谈会，北京，2023年7月。
19. 冀鲁边抗日根据地创建85周年"传承红色基因 凝聚奋进力量"专题研讨会，山东，2023年7月。
20. 第一届中国共产党与延安精神学术研讨会，陕西，2023年7月。
21. "传承平南红色基因　弘扬革命斗争传统"——2023年平南红色文化研讨会，北京，2023年7月。
22. 第二届革命根据地经济史暨苏区研究学术研讨会，江西，2023年7月。
23. 《长征学刊》创刊暨弘扬长征精神理论研讨会，四川，2023年7月。
24. "伟大建党精神与中国式现代化"学术研讨会，上海，2023年8月。
25. 2023首届"弘扬井冈山精神"学术年会，江西，2023年8月。
26. "雨花英烈与伟大建党精神"学术研讨会，北京，2023年8月。
27. 中国式现代化中的红色教育研究暨首届"弘扬东北抗联精神"理论研讨会，吉林，2023年9月。
28. 第三届"新四军和华中抗日根据地"学术研讨会，南京，2023年9月。
29. "红色基因传承与中国式现代化"学术研讨会，江西，2023年9月。
30. 新时代红色档案文化学术研讨会，辽宁，2023年9月。
31. 第六届中共党史研究青年学者论坛，广东，2023年10月。
32. 教育部"四史"教育思政课分教指委2023年年会暨中共党史党建学与高校"大思政课"建设论坛，安徽，2023年10月。
33. 韶关原中央苏区和革命老区红色资源保护与传承研讨会，广东，2023年10月。
34. 2023井冈山红色教育课程开发研讨会，江西，2023年10月。
35. "大思政课建设"与红色文化传承学术沙龙，上海，2023年10月。
36. 第三届"伟大建党精神"学术研讨会，浙江，2023年10月。
37. 纪念井冈山会师95周年学术研讨会，江西，2023年10月。
38. 全国第九届红色文化资源研究理论研讨会，江西，2023年11月。
39. 湘鄂赣苏区革命史料研究暨第三届地方高校利用红色资源铸魂育人研讨会，江西，2023年11月。
40. "弘扬长征精神　传承红色基因"，中国工农红军第二方面军长征历史研讨会，湖南，2023年11月。
41. 第五届红色文化传承与创新发展学术研讨会，福建，2023年11月。
42. "高校红色文化传承与中华民族伟大复兴"理论研讨会，上海，2023年12月。
43. 全国高校党史教育研讨会，江西，2023年12月。
44. 传承弘扬红色文化　精心培育时代新人——第五届四川红色文化学术论坛，四川，2023年12月。

45. 江西省中国工农红军研究会学术年会，江西，2023 年 12 月。
46. 陕西省中共党史学会 2023 主题年会暨"中国共产党与革命根据地"学术研讨会，陕西，2023 年 12 月。
47. 第二届全国高校红色文化论坛，江西，2023 年 12 月。
48. 红色基因传承高端论坛，江西，2023 年 12 月。
49. 第三届中共党史高端论坛——"深化新时代党的历史与经验研究"理论研讨会，北京，2023 年 12 月。
50. "留苏共产党人与闽浙皖赣苏区史"研讨会，江西，2023 年 12 月。
51. 学习贯彻习近平文化思想暨辽宁"六地"红色文化学术研讨会，辽宁，2023 年 12 月。

二、主要研究成果

1. 刘继东：《新时代高校基层党建工作实务》，辽宁人民出版社，2023。
2. 丛珊珊、李乐、秦文征：《高校学生党建工作创新与发展研究》，吉林大学出版社，2023。
3. 贾红霞：《红色文化资源赋能贵州高校红色育人研究》，南开大学出版社，2023。
4. 曲青山：《漫谈党史学习》，中共党史出版社，2023。
5. 饶宝美、钟婧：《新时代大学生红色文化精神教育研究》，吉林大学出版社，2023。
6. 董树军：《新时代大学生红色文化教育亲和力研究》，吉林大学出版社，2023。
7. 刘军君：《协同共育 高校党建引领组织育人的理论与实践研究》，吉林大学出版社，2023。
8. 陈刚、王震远、高蕾：《学史力行开新局 深学笃行育新人：北京建筑大学党只学习教育成果》，光明日报出版社，2023。
9. 李红霞、刘玲、吴国斌：《高校红色教育实践课程开发与实践——北体马院"革命传统教育"实践活动成果集（上）》，九州出版社，2022。
10. 李红霞、刘玲、吴国斌：《高校红色教育实践课程开发与实践——北体马院"革命传统教育"实践活动成果集（下）》，九州出版社，2022。
11. 江西省统计局、中共江西省委党史研究室、赣州市人民政府：《红色统计：中央苏区调查统计史料汇编（下卷）》，江西人民出版社，2023。
12. 刘佳雪：《文旅融合背景下红色文化体验传承与价值共创研究》，中国农业出版社，2023。

13. 刘茜：《网络时代红色文化的认知传播研究》，电子科技大学出版社，2023。
14. 许秀锋：《打造学生社区党建的红色引擎：同济大学学生社区党建活动室建设》，同济大学出版社，2023。
15. 肖龙海等：《新时代红色文化进课堂：大课程思政建设》，光明日报出版社，2023。
16. 张春美、周峥：《党的诞生地用好红色资源的实践创新》，上海人民出版社，2023。
17. 高正礼：《中共党史研究与教学论文集》，中共党史出版社，2023。
18. 陈松友：《长征精神》，东北大学出版社，2023。
19. 韩洪泉：《长征文化研究》，学林出版社，2023。
20. 高俊玲、董国疆：《新时代高校基层党建工作的创新性探索与实践》，燕山大学出版社，2023。
21. 范小青、韩绍卿：《高校思政课理论教学解析——基于融入红色文化的视角》，经济科学出版社，2023。
22. 朱海嘉、周璇：《红色文化融入大学生文化自信培育的价值意蕴与实践路径》，《学校党建与思想教育》2023年第23期。
23. 程霞、周燕来、田聪：《红色文化融入研究生"大思政"工作的三重向度》，《研究生教育研究》2023年第5期。
24. 周国桥、李培良、陈娉婷：《红色文化融入高校党史学习教育的价值与实践探析》，《学校党建与思想教育》2023年第14期。
25. 王晨：《新时代红色文化融入"大思政课"建设探赜》，《学校党建与思想教育》2023年第13期。
26. 胡忠英：《红色文化融入高校思政课的路径选择——评〈红色文化与高校思想政治教育耦合发展研究〉》，《中国教育学刊》2023年第6期。
27. 张志强、郝琦：《红色文化融入高校思政课教学的内在逻辑与实践路径》，《学校党建与思想教育》2023年第10期。
28. 吴云志、李子玄：《红色文化融入高校马克思主义信仰教育体系的理论依据、现实价值与实践路径》，《社会主义核心价值观研究》2023年第9卷第2期。
29. 蔡振春：《地方红色文化融入高校思想政治教育探析》，《中国高等教育》2023年第10期。
30. 张晨宇、蔡雨欣：《高校立德树人中弘扬延安精神的重要意义》，《中国高校社会科学》2023年第3期。
31. 程虹、杨满仁：《高校构建党史学习教育常态长效机制的意义及路径》，《学校党建与思想教育》2023年第18期。

32. 刘晓华:《红色文化资源融入高校思想政治教育信息化发展路径探析》,《思想教育研究》2023 年第 8 期。

33. 冯淑萍:《红色资源融入高校"大思政课"的价值意蕴与实践进路》,《思想理论教育导刊》2023 年第 7 期。

34. 张莉鑫:《运用红色资源推动思政课提质增效的路径探索》,《学校党建与思想教育》2023 年第 13 期。

35. 孙绍勇、任雯:《红色资源在高校思想政治教育中涵养化育的集成优化》,《江苏高教》2023 年第 4 期。

36. 曾祥明、胡元:《高校红色专题思政教育传播的路径探索》,《传媒》2023 年第 6 期。

37. 李智慧:《党史学习教育助力高校立德树人的机制探讨》,《中国高等教育》2023 年第 5 期。

38. 王娇、严实:《新媒体红色文化资源融入高校思政教育的作用与策略》,《传媒》2023 年第 2 期。

39. 胡庆宇、李猛镇:《全媒体时代大学生党史教育具象化传播路径研究》,《学校党建与思想教育》2023 年第 22 期。

40. 赵嘉君、王占仁:《以党史教育推进高校思想政治理论课改革创新的理论逻辑与实现路径》,《社会科学战线》2023 年第 11 期。

41. 杨智平:《红色文化融入高校育人体系的探索》,《学校党建与思想教育》2023 第 6 期。

42. 张顺涛、杨天明、巩建宇:《党史学习教育融入高校"大思政课"的实践进路》,《学校党建与思想教育》2023 年第 12 期。

43. 李明锡、白艳:《全媒体时代高校常态化长效化开展党史学习教育的路径探析》,《学校党建与思想教育》2023 年第 12 期。

44. 孙赫泽、娄淑华:《党史教育融入高校思政课的价值意蕴与目标理路》,《学校党建与思想教育》2023 年第 9 期。

45. 黄颖、杨贺晴、李双鑫:《高校图书馆文化育人工作实践探索与启示——以东北师范大学具体实践为例》,《图书馆理论与实践》2023 年第 6 期。

46. 荣华伟:《高校思想政治教育的历史逻辑与创新发展》,《江苏高教》2023 年第 9 期。

47. 陶然:《红色戏剧的育人价值与路径》,《学校党建与思想教育》2023 年第 11 期。

48. 季伟峰、包丽颖:《新时代高等教育"红色育人路"的探索与实践——以北京理工大学为例》,《思想教育研究》2023 年第 2 期。

49. 刘燕、李楠:《新时代高校红色文化育人的价值意蕴、现实困境及优化路径》,《国家教育行政学院学报》2023 年第 2 期。

50. 王春霞:《高校思政课讲好红色故事的价值蕴涵及创新理路》,《学校党建与思想教育》2023年第1期。

51. 陈豪:《大学生红色经典阅读状况调查分析》,《中国出版》2023年第1期。

52. 丰硕、李华岩:《长征精神融入高校思想政治教育探析》,《学校党建与思想教育》2023年第12期。

53. 殷豆豆:《红色文化资源与高校思政教育》,《山西财经大学学报》2023年第S2期。

54. 鲁宽民、李运:《延安精神融入大学生党性教育的价值意蕴及实践路径》,《学校党建与思想教育》2023年第16期。

55. 唐燕妮:《红色文化传承与大学生思政教育》,《山西财经大学学报》2023年第S1期。

56. 易金华、钟声:《红色文化融入大学生党员党性教育的理论认知与实践路径》,《湖南社会科学》2023年第1期。

57. 郭婷婷:《红色文化资源融入党建工作的路径》,《中国文化报》2023年11月24日,第3版。

58. 杨忠祥:《将伟大建党精神融入高校思政教育》,《山西日报》2023年12月27日,第10版。

59. 唐献玲、李娜:《宿迁学院:高校"形势与政策"课程系统化改革探析》,《中国教育报》2023年12月22日,第10版。

60. 杨丽晨:《不断提高红色教育吸引力影响力》,《吉林日报》2023年12月21日,第7版。

61. 武晶:《传承红色基因 涵育时代新人》,《吉林日报》2023年12月11日,第8版。

62. 严悦文、王裕根:《用红色文化推动社会治理走深走实》,《江西日报》2023年2月6日,第10版。

63. 祖昊:《用好红色资源,凝聚新征程奋进力量》,《光明日报》2023年6月29日,第2版。

64. 王岚、张利辉:《让红色文化在新征程上焕发光芒》,《吉林日报》2023年5月3日,第4版。

65. 王伟光:《让红色文化在新征程上焕发时代光芒》,《人民日报》2023年1月18日,第9版。

66. 张艳:《成都理工大学:将思政教育融入课堂 培养优秀设计人才》,《中国教育报》2023年3月8日,第12版。

67. 吴丹:《用好红色资源 开好"大思政课"》,《人民日报》2023年6月8日,第5版。

68. 山东省委宣传部:《传承红色基因 凝聚精神力量——红色文化论坛综述》,《学习时报》2023年11月27日，第4版。
69. 陈洪生：《方志敏的社会治理思想及时代启示》，《江西日报》2023年3月1日，第10版。
70. 杨凤城：《从百年党建史看习近平总书记关于党的建设的重要思想》，《中国社会科学报》2023年12月27日，第A08版。
71. 肖卜文：《永葆生机与活力的百年大党》，《湖南日报》2023年12月7日，第9版。
72. 马君俊：《百年大党的理论自觉》，《光明日报》2022年1月20日，第6版。
73. 曹文宏：《从党章百年演进中探寻中国共产党成功之道》，《福建日报》2023年9月5日，第9版。
74. 张春晓：《百年大党的独特历史优势》，《中国社会科学报》2023年8月14日，第A04版。
75. 吴德刚：《坚持不懈弘扬伟大建党精神》，《学习日报》2023年2月13日。
76. 罗文江：《党建评论：以高质量党建引领高质量发展》，《中国组织人事报》2023年10月9日，第6版。
77. 《山东泰安：强化党建引领　汇聚"红色动能"》，《学习日报》2023年11月15日，第A（4）版。
78. 赵志斌：《发挥好红色资源铸魂育人功能》，《解放军报》2023年12月6日，第1版。
79. 李铁林：《用好红色资源　凝聚奋进力量》，《人民日报》2023年5月6日，第1版。
80. 苏丽蓉：《从爱国情到报国行　青年须经实践淬炼》，《光明日报》2023年11月21日，第14版。
81. 唐亚阳：《用法治力量保障爱国主义教育在高校深入实施》，《光明日报》2023年12月29日，第6版。
82. 王丽莎：《从中国共产党人精神谱系中汲取奋斗力量》，《贵州日报》2023年12月20日，第9版。
83. 何良军：《以良法善治深化爱国主义教育　凝聚强国复兴的磅礴力量》，《人民日报》2023年12月19日，第11版。
84. 尤琳、郭新熠：《让红色成为思政课的鲜亮底色》，《中国社会科学报》2023年12月15日，第A04版。
85. 张剑霞：《从课程、场域、实践发力，探索新时代爱国主义教育实践路径》，《光明日报》2023年11月21日，第14版。
86. 徐攀：《推动教育强国建设行稳致远——5年来我国教育事业改革发展综述》，《人民日报》2023年9月8日，第1版。

87. 《南京邮电大学：传承红色基因，以党建高质量引领发展高质量》，新华网 2023 年 9 月 20 日。
88. 北岸:《人民网评：以红色资源滋养"大思政课"》，人民网 2023 年 11 月 29 日。
89. 孙巧真:《构建"以学生为中心"的红色文化教育体系实践理路》，光明网 2023 年 11 月 9 日。
90. 《坚持以红色资源优势　点燃党员教育"新引擎"》，新华网 2023 年 12 月 8 日。
91. 《国家民委直属高校深化"三全育人"综合改革：坚定爱国情怀　培育时代新人》，国家民委微信公众号 2023 年 9 月 4 日。
92. 吴桂韩:《党的统一战线百年发展的重要经验》，中国理论网 2023 年 10 月 18 日。

后 记

为贯彻落实党的二十大和二十届三中全会精神、全国教育大会精神，弘扬伟大建党精神，充分发挥红色文化资源育人功能，推动红色文化资源研究宣传工作，教育部高等学校科学研究发展中心、高等学校中国共产党革命精神与文化资源研究中心组织编写《高校红色文化资源育人年度发展报告（2023）》，集中展现2023年高校红色文化资源育人的整体状况、主要成果、发展态势和典型经验。

2024年3月，教育部高等学校科学研究发展中心组织复旦大学、嘉兴大学、湘潭大学、井冈山大学、赣南师范大学、遵义师范学院、延安大学、河北师范大学等8个中国共产党革命精神与文化资源研究中心研究基地召开基地主任联席会议，聚焦高校红色文化资源育人出现的新动态、新趋势和新变化，成立以基地主任为核心的编辑委员会，启动《高校红色文化资源育人年度发展报告（2023）》编写工作。同年4月，面向全国高校征集2023年度高校红色文化资源育人优秀成果，收到高校提交的红色文化资源育人报告427份。为保证编写质量，教育部高等学校科学研究发展中心多次组织召开编写工作推进会、作者队伍碰头会、书稿统稿会等，对书稿进行专题研讨和集中审读。为确保报告的准确性与客观性，编辑委员会针对书稿的框架与体例广泛征求专家意见，对每一个案例和数据与高校反复核实论证，对每一段文字表述字斟句酌，力求全面、准确地展现高校红色文化资源育人成效。

本书参与编写人员如下：

教育部高等学校科学研究发展中心：罗方述、刘红斌、王婧、张劲松、张翔、付水宝；

复旦大学：朱鸿召、梁君思；

嘉兴大学：罗理章、许惠芬、马赛；

湘潭大学：高文学；

井冈山大学：张泰城、肖发生、陈岭、陈刚、曾昭镇；

赣南师范大学：钟小明、张勇华；

遵义师范学院：钟金贵、张容、李小莉；

延安大学：崔海亮、黄会奇、杨利文、刘顿；

河北师范大学：刘建民、吴乾、赵茜、陈昕；

江西科技师范大学：刘国云、刘琳、梁小军、刘星、张丽。

本书出版得到教育部"加强教育部习近平新时代中国特色社会主义思想研究中心建设专项"（教改专项）和教育部高等学校科学研究发展中心基本科研项目"中国共产党人精神谱系融入思政课教学的方式与路径研究"（项目编号KYYWF2023006）的资助，以及北京大学出版社的大力支持，在此表示衷心感谢！

由于编者水平有限，虽竭尽全力将优秀成果全部编入，但难免有所疏忽，恳请读者不吝赐教。

编者
2024年12月